KB215962

시편에 감추인 보화

상 권 인자와 성실

시편에 감추인 보화 상권
인자와 성실

Copyright ⓒ 머릿돌 2021

초   판 1쇄 발행 1997년 10월 7일
증보판 1쇄 발행 2021년 4월 15일

지은이 유도순
펴낸이 유효성
펴낸곳 머릿돌

등록번호 제17-240호
등록일자 1997년 5월 20일
주소 경기도 성남시 분당구 성남대로 30, 동아그린프라자 501호
Mobile. 010-9472-8327
http://cafe.daum.net/gusoksa
E-mail yoodosun@hanmail.net / yoohs516@hanmail.net

총판 기독교출판유통
경기도 파주시 월동면 통일로 620번길 128
(031) 906-9191
디자인 참디자인

ISBN 978-89-87600-13-0 (03230)
세트   978-89-87600-12-3 (03230)

▶ YouTube KR   유도순 구속사   ⌨   🔍

시편에
감추인
보화

유도순 지음

상권

인자와 성실
[1-89편]

The treasure hidden in the psalms

머리말

    시편을 대할 때에 시인은 시(詩)적인 관점에서 보려고 할 것이요, 교육자는 교훈적인 면을 찾으려고 할 것입니다. 그러나 구속의 은총을 받은 성도는 구속사의 관점에서 보려고 합니다.

    누구보다도 주님 자신이 시편을 어떻게 보고 계시는가를 보십시오. 부활하신 후에 제자들에게 나타나시어 "…시편에 나를 가리켜 기록된 모든 것이 이루어져야 하리라 한 말이 이것이라"(눅24:44)하시므로, 시편도 모세의 율법과 선지자들처럼 궁극적으로는 예수 그리스도를 증언하고 있는 것으로 보셨습니다. 또한 "다윗이 성령에 감동되어"(마22:43) 시편을 기록하였다고 말씀하십니다. 그리고 인용한 시편이 110편인데, 이는 명백한 그리스도에 대한 증언입니다. 110편만 성령의 감동을 받아 기록한 말씀이겠습니까? 성령님의 사역은 궁극적으로 그리스도를 증언하는 일입니다(요15:26). 시편은 직접적이든 간접적이든 아니면 반영하든지 그리스도가 중심입니다.

    시편의 중심 인물은 다윗 왕입니다. 이것은 무엇을 의미하느냐 하면 다윗 왕을 예표적 인물로 사용하셔서 다윗의 위에 오르셔서 영원히 왕 노릇하실 그리스도를 증언해 주고 있음을 의미합니다.

우리는 메시야에 대한 언약 당사자인 아브라함의 증언을 갖고 있지 못합니다. 그러나 성령께서는 또 한 사람의 언약 당사자인 다윗을 감동시키셔서 증언하여 주셨는데 이것이 바로 시편입니다. 성경은 다윗을 가리켜 "그는 선지자"(행2:30)라고 말씀합니다. 이미 맹세하사 그 자손 중에서 한 사람을 그 위에 앉게 하리라 하심을 알고, "미리 본 고로" 그리스도의 부활하심을 증언했다고 말씀합니다(행2:31).

언약 당사자요 선지자로서 미리 본 그가 메시야를 바라보며 증언하는 일보다 우선해야 할 일이 달리 무엇이 있었겠습니까? 성령께서는 시편을 통해서 영원한 왕 되시는 그리스도를 왕인 다윗과 일치시켜 그의 경험을 통해서 다양하고 자상하게 그리스도가 겪으실 일들을 묘사해 주고 있습니다.

사도행전 2장에 성령이 강림하셔서 베드로를 통하여 행한 첫 설교에서 시편 두 편을 인용하여 그리스도의 부활하심(16편)과 승천하셔서 높아지심(110편)을 증언하고 있는 것만 보아도 시편의 비중과 귀중성을 짐작하게 합니다. 뿐만아니라 바울도 비시디아 안디옥에서 행한 설교에서 시편 둘째 편(행13:33)과 또 다른 편, 즉 16편(35)을 인용하여 예수가 그리스도요 하나님의 아들 되심과 죽은 자 가운데서 부활하심을 증언하고 있습니다. 이는 다윗을 감동시켜 시편을 기록케 하셨던 성령께서 베드로와 바울을 감동케 하여 그 시편을 들어서 그리스도를 증언케 하신 성령님의 사역인 것입니다.

그러므로 문학 양식이 비록 시적인 양식을 빌어서 표현하고 있다 하더라도 그 내용은 선지서나 다를 바가 없으며 승화된 시적인 표현으로 인하여 그 농도는 더욱 진하다 하지 않을 수 없습니다. 시적인 양식으로 표현하게 하심도 성령님의 의도하신 바가 있으셨을 터인데 이는 찬양으로 부르게 하심이었을 것입니다.

혹자는 역사적인 본문이 아닌 시편도 구속사의 관점에서 관찰한다는 것이 가능하느냐고 반문할 수도 있을 것입니다만, 각 편의 기록 동기가 역사적인 배경 하에서 기록되었음을 말씀해 주고 있습니다.

본서는 강해서가 아닙니다. 구속사의 관점에서 그리스도를 찾고, 만나고, 증언하는데 초점을 맞추었습니다. 주님께서 "시편에 나를 가리켜 기록된 모든 것"이라 하신 계시가 구약시대에는 감추어져 있었으나 "이제는 그의 성도들에게 나타난"(골1:26) 이후 시대에 살고 있습니다. 그러므로 이제는 나타난 계시의 빛(신약성경)을 받아 감추어 있던 영광스러움을 증언하여야만 합니다. 그러함에도 "오늘날까지도 구약을 읽을 때에 그 수건이 벗겨지지 아니하고…마음을 덮고"(고후3:14-15) 있다면 안타까운 일입니다.

시편을 통해서도 예수 그리스도만이 증언되고 그 영광만이 나타나서 그리스도를 만나게 되고 하나님의 신실하심을 찬양하게 된다면 본서의 사명은 다한 것이 됩니다.

"눈을 감았던 자"가 "눈을 뜬 자"가(민24:15-16) 되어 시편을 새롭게 보십시오. 귀가 막혔던 자가 "나의 귀를 통하여"(시40:6) 들려주시는 성령님의 말씀을 들으십시오. 그리하여 시편을 통해서 하나님을 더욱 경외하며 찬양하게 되시기를 기원합니다.

1997년 3월 1일 아침에
우리교회 유도순 목사

재발행에 즈음하여

"시편에 감추인 보화"는 25년 전에 "인자와 성실"(상), "감사와 찬송"(하), 상하권으로 발간한 책입니다. 그 후 너무나 아쉬워서 이를 보완한 것이 약 1,500페이지에 달하는 〈시편 파노라마〉 상·중·하의 증보판입니다.

그런데 많은 분들의 요청에 의해 절판되었던 "인자와 성실"(상), "감사와 찬송"(하)"이 어렵게 다시 태어나게 되었습니다. 왜냐하면 방대한 시편의 핵심을 집약해 놓은 "시편에 감추인 보화"이기 때문입니다.

시편에는 주님의 "탄생(2편), 고난(22편), 부활(16편), 우편 재위"(110편) 등 전 생애를 증언하고 있습니다. 부활하신 주님은 "시편에 나를 가리켜 기록된 모든 것이 이루어져야 하리라 한 말이 이것이라"(눅 24:44)고 말씀하셨습니다. 그러므로 "시편에 감추인 보화"는 예수 그리스도를 증언하는데 초점을 맞추고 있습니다. 150편 각 편이 한편의 설교로 되어있어서 설교자·큐티·그룹지도 등에 최적화되어 있습니다.

사도바울은 "그(그리스도) 안에는 지혜와 지식의 모든 보화가 감추어져 있느니라"(골 2:3)고 진술합니다. 그렇다면 시편은 성경의 백과사전이요, "보물창고"인 셈입니다. 본서를 통해서 "좋은 진주를 구하는 장사와 같은 분들이 밭에 감추인 보화"를 만나게 되시기를 간구합니다.

　"시편에 감추인 보화"가 다시 태어나기까지 수고한 참 디자인 강인구 대표님과 머릿돌 유효성 대표에게 고마움을 표합니다.

2021년 사순절에
유도순 목사

목차

The treasure hidden in the psalms

서론

시편의 이해를 위한 길잡이

시편을 대할 때에 세 가지 면에서 바라보아야만 한다. 첫째는 시를 기록한 장본인의 입장이다. 다윗의 시는 다윗이 어떤 역사적인 배경과 환경에서 이 시를 기록하였는가를 관찰하여야 한다. 둘째는 다윗의 경험을 통해서 예수 그리스도께서 당하실 일들을 반영해 주고 있다는 점이다. 만일 이를 간과해 버린다면 시편을 통해서 계시하시고자 하는 영광스러움을 놓치게 될 것이요, 시편을 기록케 하신 성령님의 의도를 알지 못하게 될 것이다. 셋째는 시편 기자의 경험과 예수 그리스도의 겪으신 일들을 통해서 그의 자취를 따르는 성도들에게 적용되는 점이다. 시편만큼 성도들에게 위로와 격려를 준 말씀도 달리 없을 것이다. 왜냐하면 시편에 수록 되어있는 다양한 경험들이 신앙생활의 현장에서 성도들을 통해서 재현되고 있기 때문이다.

1. 다윗이 당한 수난의 의미

다윗과 관련된 시편들을 보면 대부분이 박해로부터의 구원을 호소하고 있는 내용들이다. 다윗이 왜 이런 수난을 당해야만 했으며, 그가 당한 수난의 의미가 무엇일까. 그것을 알기 위해서는 삼상 16장으로 가 보아야만 한다.

하나님께서는 사무엘에게 "너는 기름을 뿔에 채워 가지고 가라 내가 너를 베들레헴 사람 이새에게로 보내리니 이는 내가 그의 아들 중에서 한 왕을 예선하였음이니라"(삼상16:1)고 말씀하신다. 그러나 그 아들 일곱으로 다 사무엘 앞을 지나게 하나 "택하지 아니하셨느니라"(10)였다. 마지막으로 양을 치던 말째 다윗을 데려왔을 때에 "이가 그니 일어나 기름을 부으라"(12)는 명령이 떨어진다. "이후로 다윗이 여호와의 영에게 크게 감동 되니라"(13) 그러나 사울에게는 악신이 그를 번뇌케 했다고 말씀했다.

다윗의 수난은 하나님의 택하심과 기름부음 받아 성령의 충만케 됨으로 시작된다. 다윗은 성령의 충만케 됨을 받아 골리앗을 물리치게 되고 환영하는 백성들은 "사울의 죽인 자는 천천이요 다윗은 만만이로다"(삼상18:7)고 다윗을 더 높임으로 증오를 사게 된다. "여호와께서 사울을 떠나 다윗과 함께 계시므로 사울이 그를 두려워한지라"(삼상18:12), "사울이 다윗을 더욱더욱 두려워하여 평생에 다윗의 대적이 되니라"(삼상18:29)고 성경은 말씀한다. 만일 하나님이 다윗에게 기름 부으심이 없었다면 그는 수난당함이 없이 양치는 목자로 평생을 편안히 마쳤을 것이다. 그러므로 다윗이 받은 박해는 사사로운 것이 아니라 하나님을 위한 것이었으며 다윗을 대적한 것은 곧 하나님을 대적한 것이 된다. 다윗이 싸운 싸움은 "전쟁은 여호와께 속한 것인즉"(삼상17:47)한대로 여호와의 전쟁 곧 구속의 역사를 이루시기 위한 싸움을 싸운 것이 된다.

2. 다윗은 예수 그리스도의 예표적 인물

그렇다면 하나님께서 무슨 목적으로 다윗을 택하여 왕을 삼으셨는가?

이새의 아들 중에서 한 왕을 예선해 놓으셨다(삼상16:1)고 말씀했는데 그가 다윗이었다. 그런데 이사야 선지자는 "이새의 줄기에서 한 싹이 나며 그 뿌리에서 한 가지가 나서 결실할 것이요"(사11:1)하고 예언하고 있는데 그분이 바로 그리스도이다. 그러므로 다윗은 예수 그리스도의 예표적 인물이었던 것이다. 다윗으로 왕을 삼으심으로 영원히 다윗의 위에 올라(눅 1:32) 왕 노릇하실 메시야 왕국을 그림자로 보여주고 계시는 것이다.

그러므로 에스겔 선지자도 "내 종 다윗이 그들의 왕이 되리니"(겔37:24)하고 예언하고, 호세아 선지자도 "그 후에 저희가 돌아와서 그 하나님 여호와와 그 왕 다윗을 구할"(호3:5) 것이라고 예언한다. 다윗은 이미 죽은지 수백 년이나 되었음에도 '내 종 다윗이 그들의 왕이 된다'는 것은 그리스도에 대한 예언이 명백하다.

그러므로 다윗이 박해를 받은 것은 그리스도께서 받으실 박해에 대한 그림자였던 것이다. 교훈적인 관점은 다윗의 처지와 형편을 설명한 후에 우리도 다윗을 본받자고 적용시킨다. 그렇게 한다면 그림자는 보고 실체는 못 보는 것이 된다. 그러므로 시편을 통해서 만나야 할 분은 다윗이 아니라 예수 그리스도이시다.

3. 시편에 나타난 의인과 악인

시편에는 1편에서 "대저 의인의 길은 여호와께서 인정하시나 악인의 길은 망하리로다"(6)로 시작하여 의인과 악인이 빈번하게 등장한다. 의인과 악인은 각각 누구를 가리키는 말인가? 먼저 윤리적인 척도에서 의인이고 악인이라는 말이 아님을 명심할 필요가 있다. 물론 의인은 선하고 악인은 악할 수도 있으나, 엄밀한 의미에서 "의인은 없나니 하나도 없도다"라고 성경은 선언하고 있다.

시편이 말씀하는 의인과 악인이란 창세기 3:15에서 선언하신 여자의 후손과 뱀의 후손을 가리키는 말씀이다. 즉 그리스도에게 속한 자와 사탄에게 속한 자를 의미한다. 다시 말씀하면 신자와 불신자를 이름이다. 불신자들 중에는 선한 자도 있음을 인정한다. 그러나 그의 아비가(요8:44) 악한 사탄이기 때문에 그도 피할 수 없이 악한 자로 분류되고 만다. 같은 원리로 신자들 중에도 신실하지 못한 자가 있을 수 있으나 그의 머리가 의로우시기 때문에 의인의 편에 서게 되는 것이다.

4. 시편에 등장하는 대적자 원수

시편에는 놀라우리만치 대적자 또는 원수라는 말이 많이 등장한다. 그리고 그에 대한 무서운 저주를 보고 의아해하게 된다. 1차적으로 이 대적자 원수는 다윗을 미워하고 죽이려던 누구일 수가 있다. 그러나 시편이 말씀하고 있는 원수는 사탄임을 알아야 한다. 예를 들면 주님을 판 자는 가룟 유다였으나 그에게 팔 마음을 넣어 준 자는 사탄이었던 것이다. 사울 왕은 왕위에 있을 동안 다윗을 죽이려는데 많은 날을 허비했다. 그 배후를 보면 악신이 그에게 들렸기 때문이었다. 그러므로 시편에 나오는 무자비한 저주는 사탄에 대한 적개심으로 이해해야만 한다. 마지막 심판 때에는 사탄과 그의 추종자들이 함께 불과 유황불에 던짐을 받게 될 것이다.

5. 시편이 지향하고 있는 목표

시편이 지향하고 있는 목표는 "시온에서 이스라엘을 구원하여 줄 자 누구인고"(53:6)하고 그리스도를 대망하고 있다. "주께서 나의 귀를 통하여 들리시기를 제사와 예물을 기뻐 아니하시며 번제와 속죄제를 요구치 아니하시고"(40:6), '한 몸을 예비하셨도다'라고 구속 주되시는 그리스도의 초림을 기다리고 있다. 나아가 시편이 지향하고 있는 최종적인 목표는 "여호와께서 통치하시니 땅은 즐거워하며 허다한 섬은 기뻐할지어다"(97:1)라고 그리스도께서 재림하셔서 완성될 메시야 왕국을 지향하고 있는 것이다. 즉 시편의 궁극적인 목표는 하나님의 나라이다.

6. 몇 가지 제안

① 본서는 시편을 구속사의 관점에서 관찰하였다. 이는 그리스도를 증거하는데 초점을 맞추었음을 의미한다. 그러므로 각 편에서 그리스도를 만나도록 하자.

② 반드시 본문을 먼저 봉독하여야 한다. 함께 읽든지 교독해도 좋을 것이다. 요절을 다시 한번 읽으라. 그런 후에 본서를 통해서 핵심적인 말씀을 붙잡도록 하자.

③ 「적용」난은 자신을 돌아보게 해줄 것이고, 결단의 기도를 드리도록 도움을 줄 것이다.

④ 「묵상해 봅시다」를 세 문제씩 제시하였다. 그룹지도나 큐티할 때 유용할 것이고, 가능하다면 예습해 오도록 하여 서로 나누어도 좋을 것이다.

⑤ 마치기 전에 암송할 말씀을 세 번 정도 제창하기 바란다. 이 말씀을 하루 동안 묵상하므로 전체 말씀을 연상하게 되고 매일매일 하나님과 동행

하는 삶을 살게 될 것이다.

⑥ 본서는 큐티 · 그룹지도 · 주일저녁 · 삼일기도회 때에 활용하면 좋을 것이고, 무엇보다도 새벽예배 때에 크게 은혜가 되었음을 경험을 통해 말해 두는 바이다.

시편에
감추인
보화

유도순 지음

상권

인자와 성실
[1-89편]

제1편

의인의 길과 악인의 길

6 무릇 의인들의 길은 여호와께서 인정하시나 악인들의 길
은 망하리로다

내용 관찰

시편 1편은 전 시편의 서론 격으로 시편 전체를 해석하는 길잡이 역할을
해줍니다. 1편에는 "복 있는 사람"(1)과 "악인"(4) 두 부류의 사람을 대조해
보여줍니다. 두 길이 있고(6) 두 진영이 있어서(5) 모든 사람은 이 두 길 중
어느 한 길을 가고 있는 것이며 두 진영 중에 어느 한 진영에 소속되어 있다
는 것입니다.

1절은 "복 있는 사람은" 이렇게 말씀하고, 4절은 "악인들은 그렇지 아
니함이여" 하고 복 있는 사람과 악인을 대조시킵니다. 이 대조는 5절에서
"죄인들이 의인들의 모임에 들지 못하리로다"고 의인의 회중과 죄인의 회
중 두 진영으로 대조됩니다. 이들의 삶의 차이가 3절에서 "시절을 쫓아 과
실을 맺는" 삶과 "바람에 나는 겨와 같은" 삶으로 대조되고 있습니다. 결국
"의인들의 길은 여호와께서 인정하시나 악인들의 길은 망하리로다"(6)라고

두 길과 두 종말을 대조하므로 결론을 맺고 있습니다.

온 인류가 두 진영과 두 길로 갈라지지 않으면 안 되게 된 비극적인 원인은 시조의 범죄로 말미암아 비롯되었습니다. 타락하고 부패한 인간이 어떻게 의인의 회중에 들게 되었고 의인의 길을 걷게 되었으며 "여호와께 인정"함을 얻게 되었습니까. 이는 오직 예수 그리스도의 구속으로 말미암아 가능한 것입니다. 그러므로 1편에서 말씀하고 있는 의인과 악인을 윤리적인 차원으로만 보아서는 안 됩니다.

성경이 "복 있는 사람"이라고 말씀함은 궁극적으로 하나님께서 아브라함에게 "네 씨로 말미암아 천하 만민이 복을 얻으리니"(창22:18) 하신 예수 그리스도의 구속의 공로를 믿는 자를 가리킴이요, 성경이 말씀하고 있는 죄인이란 궁극적으로 "죄에 대하여라 함은 저희가 나를 믿지 아니함이요"(요16:9) 하신 대로 불신자를 가리키고 있는 것입니다. 2절에서 말씀하고 있는 "여호와의 율법을 즐거워하여 그 율법을 주야로 묵상하는 자"란 그리스도인 뿐입니다. 불신자는 결코 율법을 즐거워하거나 묵상하려 들지 않습니다.

시편 1편에 대한 신약적인 표현이 로마서 6:21-23입니다. 두 길이 있는데 한 길의 마지막은 사망이요 다른 한 길의 마지막은 영생이라고 말씀합니다. 그냥 영생이 아니라 "그리스도 예수 우리 주 안에 있는 영생이니라"(23)하고 예수 그리스도로 말미암아 영생을 얻게 되었음을 말씀합니다. 악인의 길은 망하는데 반해 의인의 길은 여호와께 인정받게 되는 것이 마치 자신이 악인보다 선하기 때문인 것처럼 말해서는 안 됩니다. 예수 그리스도로 말미암아서임을 명심하십시다.

적용

형제가 의인의 회중에 들게 되었으니 어떠한 삶을 살아야 마땅합니까?

묵상해 봅시다

- 1편은 어떤 점들을 대조하여 보여주고 있습니까?
- 복 있는 사람과 악인의 끝이 어떻게 다릅니까?
- 두 부류로 갈라지게 된 것은 언제부터이며 두 부류는 각각 누구를 가리킵니까?

암송

의인들의 길은 여호와께서 인정하시나(6)

제2편

아들에게 입맞추라

6 내가 나의 왕을 내 거룩한 산 시온에 세웠다 하시리로다

내용 관찰

2편은 메시야 예언으로 유명한 장입니다(행4:25,13:33, 히1:5,5:5). 예수 그리스도가 "기름 부음을 받은 자"(2), "왕"(6), "아들"(7)로 계시되어 있습니다. 6절에서 "내가 나의 왕을 내 거룩한 산 시온에 세웠다 하시리로다"하십니다. 세우신 이는 하나님이십니다. "하나님이 세상을 이처럼 사랑하사 독생자를 주셨으니"(요3:16), "이 예수를 하나님이 그의 피로 인하여 믿음으로 말미암는 화목 제물로 세우셨으니"(롬3:25), "하나님께서 사망의 고통을 풀어 살리셨으니"(행2:24) 하십니다. 그리스도의 탄생도 십자가도 부활도 하나님이 하셨습니다.

그러하건만 "어찌하여 이방 나라들이 분노하며 민족들이 헛된 일을 꾸미는가"(1) 하고 책망하고 있습니다. 그것은 허사일 뿐만 아니라 어리석은 일입니다. 왜냐하면 하나님의 경영을 누가 막을 수 있으며, 인류를 구원하시기 위하여 아들을 보내 주셨는데 그를 배척한다는 것은 복을 버리고 멸

망을 자초하는 것이 되기 때문입니다.

"서로 꾀하여 여호와와 그 기름 부음 받은 자를 대적하며"(2)라고 하신 말씀을 명심하십시오. 저들은 하나가 되어 한 분 그리스도를 공격하고 있습니다. 구속의 역사(성경 전체)가 그러하듯이 시편도 상고해 보면 여호와와 그 기름 부음 받은 자, 곧 그리스도를 대적하는 무리들과 싸우며서 읊은 전쟁 시기 대부분임을 발견하게 될 것입니다. 그러므로 시편에서 감미로운 감상에 젖으려고 해서는 안 됩니다. 왜냐하면 시편은 대부분이 전쟁터이기 때문입니다.

"그런즉 군왕들아"(10)하고 권면합니다. 여호와를 경외하라고 말씀합니다. "그 아들에게 입맞추라"하십니다. 이는 "무릎을 예수의 이름에 꿇게 하시고 모든 입으로 예수 그리스도를 주라 시인"(빌2:10-11) 하라는 말씀입니다 "그렇지아니하면 진노하심으로 너희가 길에서 망하리니 그 진노가 급하심이라"고 경고합니다. '길에서를' 주목하십시오. 주님께서 "너를 송사하는 자와 함께 길에 있을 때에 급히 사화 하라"(마5:25) 하셨습니다. 모든 사람은 재판받으러(심판날을 향해)가고 있는 중입니다. 그날이 이르게 되면 사화하기에는 이미 늦은 때입니다.

기름 부음을 받은 자시요, 왕이시요, 아들 되시는 예수 그리스도께서 또 다시 "시온 산"에 서실 재림의 날이 다가오고 있습니다(계14:1). 그날에는 사탄을 정복하실 것을 의미하는 "네가 철장으로 그들을 깨뜨림이여 질그릇 같이 부수리라"(9)하신 말씀이 온전히 성취될 것입니다. 2편의 결론은 "여호와께 피하는 모든 사람은 다 복이 있도다"(12)라고 말씀합니다.

적용

"그런즉 군왕들아" 하고 권면과 경고하심을 이제는 형제가 담당해야 할 때입니다. 전도를 통해서 말입니다.

묵상해 봅시다

- 그리스도가 어떻게 계시되어 있습니까?
- 세상의 군왕들과 관원들은 그를 어떻게 합니까?
- 무어라고 권면하십니까? 그렇지 않으면 어떻게 된다고 경고하십니까?

암송

"나의 왕을 내 거룩한 산 시온에 세웠다"(6)

제3편

나의 머리를 드시는 자

> **3** 여호와여 주는 나의 방패시요 나의 영광이시요 나의 머리
> 를 드시는 자이시니이다

내용 관찰

3편은 "다윗이 그 아들 압살롬을 피할 때에 지은 시"라는 표제가 붙어 있습니다. 삼하 15장에 압살롬의 반역의 기사가 기록되어 있는데 사자가 와서 다윗에게 고하되 이스라엘의 인심이 다 압살롬에게로 돌아갔나이다(13) 했고, 또 말하기를 반역한 자들 가운데는 다윗의 신복이었던 아히도벨도 있나이다(31)라고 했습니다. "여호와여 나의 대적이 어찌 그리 많은지요 일어나 나를 치는 자가 많으니이다"(1)라고 호소합니다.

성령께서는 압살롬의 반역을 통하여 자기 백성들과 제자에게까지 배척을 당하실 그리스도의 수난을 예표로 보여주고 계시는 것입니다. 다윗이 이런 일을 당한 것은 자신의 죄값으로 당하는 것이었습니다만(삼하12:1-11), 그러나 다윗의 위에 오르실 그리스도께서 당하실 수난은 자신의 죄 때문이 아니라 우리의 죄를 대신 담당하시고 당하실 수난이었던 것입니다.

다윗은 감람 산길을 머리를 가리우고 울면서 피하여 도망갔습니다(삼하 15:30). 약 천년 후에 그리스도께서는 감람산에서 심한 통곡과 눈물로 간구와 기도를 드리십니다(눅22:39, 히5:7). "많은 사람이 있어 나를 대적하여 말하기를 그는 하나님께 구원을 받지 못한다"(2)라고 말한다는 것입니다. 주님을 십자가에 못박고도 "지금 십자가에서 내려올지어다 그러면 우리가 믿겠노라"(마27:42)라고 조롱했습니다. 하나님의 백성들에게는 "저는 하나님께 도움을 얻지 못한다"는 조롱보다 더 슬프게 하고 무서운 저주는 달리 없습니다.

그러나 1-2절의 노한 풍랑 중에서도 다윗은 3-6절에서 평안을 누리고 있음을 봅니다. "내가 누워 자고 깨었으니"(5) 그는 단잠을 자고 일어날 수가 있었습니다. 비결이 무엇일까요? 그를 둘러치려는 '천만 인'(6)과 나를 붙드시는 '여호와'(5) 한 분과의 대조를 보십시오. "여호와여 주는 나의 방패"(3상)라고 말씀합니다. 방패되시는 여호와는 천만 인을 막아 주시고도 남음이 있음을 다윗은 신뢰하고 있는 것입니다. '하나님'이라 하지 않고 '여호와여'(3, 7)하고 부르고 있음도 의미가 깊습니다. 그는 단순히 하나님을 의지하고 있는 것이 아니라 자신을 택하시고 기름부어 왕을 삼으시고 언약을 세워주신 언약의 하나님, '구원'(8)의 하나님 여호와를 믿고 있는 것입니다. 그분께서 고개 숙인 "나의 머리를 드시는 자니이다"(3)고 말씀합니다.

결론에서 "구원은 여호와께 있사오니 주의 복을 주의 백성에게 내리소서"(8)하고 기도함으로 그리스도의 수난을 통하여 구원이 모든 주의 백성들에게 적용됨을 말씀합니다.

적용

형제를 택하시고 왕 같은 제사장을 삼아주신 여호와는 형제가 고개를 떨구었을 때에 머리를 들어주시는 분이십니다.

묵상해 봅시다

- 3편은 누가 언제 지은 시입니까?
- 평안을 누릴 수 있었던 비결이 무엇입니까?
- 이 시를 통해서 누구를 바라보게 해줍니까?

암송

나의 머리를 드시는 자이시니이다(3).

제4편

나의 영광을 욕되게 말라

2 인생들아 어느 때까지 나의 영광을 바꾸어 욕되게 하며 헛된 일을 좋아하고 거짓을 구하려는가(셀라)

내용 관찰

4편의 중심점은 "인생들아 어느 때까지 나의 영광을 바꾸어 욕되게 하며 헛된 일을 좋아하고 거짓을 구하려 하는가"(2) 하신 "나의 영광"에 있습니다. 다윗이 "나의 영광"이라고 말할 때는 자신의 왕적인 권위를 가리킵니다. 다윗의 왕위는 하나님이 택하셔서(3) 기름 부으신 것이므로 왕위에 도전한다는 것은 결국 여호와 하나님을 대항하는 헛된 일이요 거짓임을 말씀합니다. 다윗은 첫 절에서 "내 의의 하나님이여 내가 부를 때에 응답하소서 곤란 중에 나를 너그럽게 하셨사오니 내게 은혜를 베푸사 나의 기도를 들으소서"(1) 한 대로 현재 어려움에 처하여 있음이 분명합니다. 이것이 "나의 영광을 변하여 욕되게 하며"의 뜻입니다.

그런데 성령의 감동하심으로 말할 때는 더 나아가야만 합니다. 언제나 명심해야 할 점은 "영광"이란 하나님에게만 돌려야 되는 말씀이라는 점입니다. 그러므로 "나의 영광"이란 2장에서 말씀한 바 여호와와 그 기름 받은 자"(2)를 의미합니다. 그러므로 "나의 영광을 바꾸어 욕되게 하며 헛된 일을 좋아하고 거짓을 구하려는가"(2)는 그들이 기름 부음 받은 자 곧 그리스도의 영광을 모르고 배척할 것을 꾸짖는 말씀입니다. 성령께서는 다윗을 예표로 삼으셔서 그리스도를 증언하고 계시는 것입니다. 그래서 다윗을 배척하고 있는 "ㅇㅇ야 어느 때까지" 하시지 않고 "인생들아 어느 때까지" 하고 모든 세대의 우매한 인생들을 향해서 꾸짖고 있는 것입니다. 사도행전 3장에 보면 성령께서 베드로의 입을 통하여 "형제들아 너희가 알지 못하여서 그리하였으며 너희 관원들도 그리한 줄을 아노라"(행3:17)라고 권면하고 있는대서 그 성취를 보게 됩니다.

"여호와께서 자기를 위하여 경건한 자를 택하신 줄 너희가 알지어다"(3) 합니다. '택하셨다'는 말은 하나님의 주권을 뜻하고, '자기를 위하여'라는 말은 구속의 역사에는 하나님의 거룩하신 영예가 걸려 있음을 의미합니다. 그러므로 이를 대적한다는 것이 얼마나 무모하고 두려운 일인지 4-5절에서 "너희는 떨며 범죄하지 말지어다"고 회개를 촉구하고 있는 것입니다.

6절에서 "주의 얼굴을 들어 우리에게 비추소서" 하고 있는데 이는 구속사의 맥락에서 볼 때에 의미심장한 말씀입니다. 왜냐하면 인간이 범죄함으로 그 얼굴을 가리우시고 숨기셨는데(시59:2)주의 얼굴빛을 비추신다는 것은 은혜를 베푸심이요 회복을 의미하는 것이기 때문입니다. 하나님께서 제사장에게 "여호와는 그 얼굴로 네게 비추사 은혜 베푸시기를 원하며"(민6:25)하고 축복하라 하셨는데 이는 단순한 축복이 아닌 죄악이 제거되고 하나님과의 관계가 회복이 되는 궁극적인 구원을 의미하는 것입니다. 말하자면 하나님께서 가리우신 그 휘장을 열어주시기를 원하노라는 축복인 것입니다.

그러므로 주의 얼굴빛을 비춰주시기를 바람은 시편의(31:16, 67:1, 80:3,7,19, 119:135) 일관된 소망임을 볼 수 있습니다. 신약성경은 그 빛이 예수 그리스도를 통하여 비춰졌음을 말씀합니다(고후4:6). 이는 복음의 빛입니다. 복음은 모든 성도를 위한 것입니다. 그래서 "나"가 아닌 "우리에게 비추소서"(6) 합니다. 그런데 7절은 그 빛의 비추임을 받은 각 인이 누릴 기쁨을 말씀하고 있기 때문에 "주께서 내 마음에 두신 기쁨은" 하고 인칭이 '우리'에게서 '나'로 바뀌고 있는 것입니다. 이는 구원 얻은 자만이 누릴 수 있는 기쁨입니다.

적용

형제는 하나님께서 자기를 위하여 택하신 자입니다. 내 마음에 두신 기쁨을 결코 잃지 마십시오.

묵상해 봅시다

- "나의 영광을 변하여 욕되게 하며"의 뜻이 무엇입니까?
- 대적자들에게 무엇이라 권면하고 있습니까?(4-5)
- 구원 얻은 자가 누릴 기쁨이 어떠합니까?

암송

주께서 내 마음에 두신 기쁨은(7)

제5편

나의 왕 나의 하나님

2 나의 왕, 나의 하나님이여 내가 부르짖는 소리를 들으소서
내가 주께 기도하나이다

내용 관찰

5편의 핵심은 "나의 왕 나의 하나님"(2) 이십니다. 언제나 하나님이 나의 왕이 되셔서 우리를 통치하시도록 중심에 모셔야만 하는 것입니다.

"여호와여 나의 말에 귀를 기울이사 나의 심정을 헤아려 주소서"(1) 합니다. 기도는 말로 할 뿐만 아니라 심사, 즉 마음과 생각을 쏟아 놓는 것입니다. "나의 왕, 나의 하나님이여 나의 간구하는 소리를 들으소서"(2)하고 호소합니다. 지상의 왕(다윗 왕)이 하늘 보좌에 앉으신 왕에게 기도와 간구를 올리고 있는 것입니다. "여호와여 아침에 주께서 나의 소리를 들으시리니 아침에 내가 주께 기도하고 바라리이다"(3) 합니다. 아침이 강조되어 있습니다. 하루의 첫 시간에 그리고 집무를 시작하기 전에 먼저 하나님께 기도하는 이것이 신정 왕국입니다. 여기에 하나님의 나라가 임하여 있는 것입니다.

신정 왕국은 궁극적으로 메시야 왕국의 예표입니다. 예수 그리스도를 나의 왕으로 고백하고 왕으로 섬기며 왕으로서 순종하는 삶을 살게 될 때에 주께서는 그 백성을 "인도"(18)해 주시고 "보호"(11)해 주시며 "호위"(12)하여 주시는 것입니다.

"나의 왕, 나의 하나님"은 "죄악을 기뻐하는 신이 아니심"으로 "악이 주와 함께 머물지 못하며"(4) 뿐만아니라 "오만한 자들이 주의 목전에 서지 못하리이다"(5)라고 말씀합니다 "머물지 못하며" "서지 못하리이다"한 말씀을 유의하십시오. 이와는 대조적으로 하나님을 나의 왕으로 모신 "오직 나는 주의 풍성한 사랑을 힘입어 주의 집에 들어가 주를 경외함으로 성전을 향하여 예배하리이다"(7)라고 말씀합니다.

"주의 집에 들어가"라는 말씀을 또한 주목하십시오. 오만한 자는 여호와의 목전에 서지도 못하는데 반하여(5) "오직 나는" 주의 집에 들어가 경배하리이다고 말씀합니다. 문제는 범죄한 인간이 어떻게 주 와 함께 유하게 되며, 주의 목전에 설 수 있느냐에 있습니다. 그가 하나님의 집에 들어갈 수 있는 것은 자신의 공로가 아니라 "주의 풍성한 사랑을 힘입음"(7) 뿐이며, 나아가 "주의 의로 나를 인도하시고 주의 길을 내 목전에 곧게 하소서"(8)를 통해서만이 가능한 것입니다. 주의 의를 힘입어 휘장 가운데로 열어놓으신 새롭고 산 길을 따라(히10:20) 하나님의 존전에 나아감을 얻게 됩니다.

10-11절에 보면 악인은 "정죄"되고 "쫓아냄"을 당하나 주의 인자와 주의 의를 힘입은 성도들은 "기뻐하며" "영원히 기뻐하며" "즐거워 하리이다"라고 말씀합니다. "주께 피하는 자" "주의 이름을 사랑하는 자들"(11)이란 구속의 은총을 믿는 성도들을 가리키는데 이들은 하나님의 집에 들어가 하나님을 왕으로 섬기면서 영원히 함께 거하게 될 것을 의미합니다.

결론에서 "의인에게 복을 주시고"(12) 합니다. 의인은 누구며, 복은 무슨 복입니까? 의인은 그리스도로 말미암아 의인된 자요(롬5:19), 복은 구원의 복입니다. "은혜로 저를 호위하시리이다" 합니다. 한 마디로 "은혜"입니다.

적용

하나님이 나의 왕 나의 하나님이 되신다는 것은 우리를 인도하시고(8), 보호해 주시고(11), 호위하심을 의미합니다(12). 그렇다면 우리는 어떤 삶을 살아야만 합니까?

묵상해 봅시다

- 5편의 핵심은 무엇입니까?
- 주의 인자를 힘입은 자의 누릴 복이 무엇입니까?(7-8)
- 주의 인자를 거역하는 자의 결국이 어떠합니까?(10)

암송

나의 왕, 나의 하나님(2)

제6편

주의 징계와 인자

4 여호와여 돌아와 나의 영혼을 건지시며 주의 사랑으로 나를 구원하소서

내용 관찰

6편은 첫 절에서 "여호와여 주의 분노로 나를 책망하지 마시오며 주의 진노로 나를 징계하지 마옵소서" 말씀하고 있는 대로 다윗이 하나님께 "견책"과 "징계"를 당하고 있을 때에 참회하며 호소하고 회개하는 시입니다.

"여호와여 내가 수척하였사오니 내게 은혜를 베푸소서 여호와여 나의 뼈가 떨리오니 나를 고치소서 나의 영혼도 심히 떨리나이다"(2-3)한 것을 보면 그의 괴로워하고 있는 정도를 짐작케 합니다. 6편의 중심점은 "주의 사랑으로 나를 구원하소서"(4)한 "주의 사랑"에 있습니다. 다윗은 징계 중에도 주의 사랑을 믿었습니다.

사무엘하 16장에 보면 사울의 집 족속 시므이가 압살롬의 반역을 피하여 도망가는 다윗을 향해 참기 어려운 모욕과 저주를 퍼붓는 것을 보게 됩니다. 돌을 던지며 비루한 자여 가거라 가거라(삼하16:6-7) 합니다. 따라가

면서 계속 돌을 던지고 먼지를 날리며 저주를 퍼붓습니다. 다윗을 따르던 신복이 나로 건너가서 저의 머리를 베게 하소서 하고 말했을 때에 다윗은 만류합니다. "저가 저주하는 것은 여호와께서 저에게 다윗을 저주하라 하심이니 네가 어찌 그리하였느냐 할 자가 누구겠느냐"하고 만류합니다. 다윗은 이 징계가 자신이 우리야의 아내를 범한 죄에 대한 징벌임을 알고 있었습니다. 그는 매를 순히 받으면서 "혹시 여호와께서 나의 원통함을 감찰하시리니 오늘날 그 저주 까닭에 선으로 내게 갚아 주시리라"(삼하16:9-12)고 하나님의 인자하심을 믿었습니다.

이 시가 그 무렵에 쓰여 진 시라면 "내가 탄식함으로 피곤하여 밤마다 눈물로 내 침상을 띄우며 내 요를 적시나이다"(6)는 표현이 결코 과장은 아닐 것입니다. 다윗은 몹시 수척하였고 일어서기에도 힘든 상태인 듯이 보입니다(2). 눈은 근심으로 인하여 쇠약하여지고 침침하여 잘 보이지도 않는 것 같습니다(7). 이대로 가다가는 죽고 회생하지 못하지 않겠는가 하는 생각이 들 정도입니다. 이것이 "사망 중에서는 주를 기억함이 없사오니 스올에서 주께 감사할 자 누구리요"(5)라는 표현입니다.

만일 형제가 이러한 징벌을 당한다면 어떤 반응을 보이시겠습니까? 그 때 다윗을 바라보면서 참으시겠습니까? 아닙니다. "너희가 피곤하여 낙심하지 않기 위하여 죄인들이 이같이 자기에게 거역한 일을 참으신 이를 생각하라"(히12:3) 하십니다. 다윗은 자신의 죄값으로 이런 징계를 당했지만 그리스도는 우리의 죄를 대신 받으사 이보다 더한 징벌을 받으셨습니다. 그러한데도 "우리는 생각하기를 그는 징벌을 받아서 하나님에게 맞으며 고난을 당한다 하였노라"(사53:4)고 인간의 우둔함을 말씀합니다. 6편은 결코 비탄으로 그치고 있지 아니합니다.

8절에서 "악을 행하는 너희는 다 나를 떠나라 여호와께서 내 울음소리를 들으셨도다"고 기도 응답의 확신을 말씀합니다. "내 모든 원수들이 부끄러움을 당하고 심히 떨이여 갑자기 부끄러워 물러가리로다"(10)고 승리를 확신함으로 끝맺고 있습니다. 하나님 앞에 징계를 당할 때에 "주의 사랑"(4)를 믿고 나아가 울면서 간구하는 자는 위로를 받을 것입니다.

적용

형제도 이런 징계를 당하신 일이 있으십니까? 밤중의 눈물은 새벽에 구원으로 임합니다. 새벽에 홍해가 갈라지듯 말입니다.

묵상해 봅시다

- 다윗은 지금 어떤 상황에 있습니까?
- 징계 중에서도 주님의 어떤 성품을 기대하고 있습니까?
- 다윗의 징벌을 통해서 누가 당하신 징벌을 바라보게 해줍니까?

암송

주의 사랑으로 나를 구원하소서(4).

제7편

의로우신 재판장

11 하나님은 의로우신 재판장이심이여 매일 분노하시는 하
나님이시로다

내용 관찰

"여호와 내 하나님이여 내가 주께 피하오니 나를 쫓아오는 모든 자들에
게서 나를 구원하여 내소서"(1). 다윗은 지금 누군가에게 쫓기는 신세입니
다. "건져낼 자가 없으면 그들이 사자같이 나를 찢고 뜯을까 하나이다"(2)라
고 위급함을 호소합니다. 이런 경우 형제라면 어떻게 하시겠습니까?

7편의 중심점은 "하나님은 의로우신 재판장"(11) 되심에 있습니다. 다윗
은 공의로우신 하나님의 심판에 호소하고 있습니다. 6절에서 "주께서 심판
을 명령하셨나이다"함은 "원수갚는 것이 내게 있으니 내가 갚으리라고 주
께서 말씀하셨다"(롬12:19)는 뜻입니다. "나의 의와 나의 성실함을 따라 나
를 심판하소서"(8)합니다. 이는 자신이 진실하게 살려고 애를 썼음을 의미
합니다(3-4).

다윗은 자기를 죽이려고 그처럼 악랄하게 쫓는 사울 왕을 죽일 기회가

몇 번이고 주어졌으나 겉옷 자락만 베고(삼상24:4), 머리 곁에 있는 창과 물병만을(삼상26:1) 증거물로 가져갔을 뿐입니다. 이는 "여호와께서 살아 계심을 두고 맹세하노니 여호와께서 그를 치시리니 혹은 죽을 날이 이르거나 또는 전장에 나가서 망하리라"(삼상26:10)고 심판권은 하나님께 속하였음을 믿었기 때문입니다. "사람이 회개하지 아니하면 그가 그의 칼을 가심이여 그의 활을 이미 당기어 예비하셨도다"(12)고 심판의 필연성을 말씀합니다. 그럼에도 불구하고 다윗이 왜 이런 미움과 박해를 받아야만 합니까? 그 이유는 한가지, 그가 하나님의 기름 부음을 받았기 때문입니다(삼상16:13). 사울이 왜 이렇게 악해졌습니까? 악신의 조정을 받고 있기 때문입니다.

시편을 관찰해 보면 앞부분에서 개인적인 내용으로 시작하였어도 뒷부분에서는 모든 사람에게로 확대되어 적용되고 있음을 보게 됩니다. 7편에서도 "여호와께서 만민에게 심판을 행하시오니"(8), "하나님은 의로우신 재판장이심이여"(11)고 심판이 다윗의 대적자에 대한 심판 차원을 넘어서서 "만민에게 심판을 행하시는" 최후심판으로 인도해 줍니다(12-16).

주목할 말씀은 "내가 여호와께 그의 의를 따라 감사함이여"(17)한 마지막 절입니다. 그는 무엇을 감사하며 왜 찬양을 합니까? "여호와의 의" 때문입니다. 이는 8절의 "나의 의"와 대조를 이루고 있습니다. 다윗이 아무리 진실과 성실함으로 살았다 해도 심판 날에는 "나의 의"로 서는 것이 아니라 "여호와의 의를 따라" 세움받게 됨을 말씀하고 이를 감사하며 찬양하고 있는 것입니다.

적용

형제의 신분과 소속과 임무를 알았다면 형제는 누구에게 호소해야 합니까?

묵상해 봅시다

- 다윗은 어떤 형편에 처해 있습니까?
- 다윗은 누구에게 의탁하고 있습니까?
- 7편의 중심점은 무엇입니까?

암송

하나님은 의로우신 재판장이심이여(11)

제8편

천사보다 조금 못하게 하시고

5 그를 하나님보다 조금 못하게 하시고 영화와 존귀로 관을 씌우셨나이다

내용 관찰

8편은 찬양 시입니다. 자연을 창조하시고 이를 인간에게 다스리도록 맡기신 하나님의 섭리를 찬양하고 있습니다. 창세기 1장에 보면 천지 만물을 다 창조해 놓으신 후에 맨 마지막으로 창조하신 것이 인간이었습니다. 이 것은 무엇을 말씀해 주고 있느냐 하면 천지 만물을 창조하심은 인간이 살아갈 환경을 마련해 주시기 위함이었음을 말씀해 줍니다. 그러므로 창세기 1장도 천지를 "어떻게" 창조하셨는가 하는 창조과학(創造科學)적인 말씀이 아닙니다. "왜" 창조하셨는가를 말씀하고 있는 인류의 구원과 관계되는 말씀입니다.

아담과 하와가 첫눈을 떠서 "주의 손가락으로 만드신 주의 하늘과 주께서 베풀어 두신 달과 별들을 내가 보오니"(3) 하고 둘러보았을 때의 그 감격이 어떠하였을까요? 다윗은 그 경이로움을 찬양하고 있는 것입니다. 하늘

의 해와 달과 별들과 삼라만상이 하나님께서 형제를 위해서 창조해 주신 선물이라는 깨달음을 받고 형제의 감격은 어떠하십니까? "사람이 무엇이기에 주께서 그를 생각하시며 인자가 무엇이기에 주께서 그를 돌보시나이까"(4)하고 감격해 하지 않을 수 없을 것입니다.

그뿐만 아니라 인간을 하나님(천사)보다 조금 못하게 하시고 영화와 존귀로 관을 씌우사 즉 왕적인 권세를 주셔서 하나님을 대리하여 주의 손으로 만드신 것을 다스리게 하시고 만물을 그 발아래 복종케 하시다니 이를 감격해 합니다. "여호와 우리 주여 주의 이름이 온 땅에 어찌 그리 아름다운지요"(9) 하고 우주에 가득한 창조주의 영광을 찬미합니다.

그런데 이 아름다운 시(詩) 속에 마치 에덴동산에 뱀이 출현하듯이 "주의 대적과 원수"(2)가 등장하고 있음을 주목하십시오. 배은망덕한 인간은 이들의 꼬임에 빠져 선하신 하나님을 배신함으로 첫 창조의 아름다움은 파괴되고 왕적인 권세는 사탄의 노예로 전락하고 말았던 것입니다.

하나님께서는 이를 회복하시려고 독생자를 "천사보다 조금 못하게 하신" 인간의 몸을 입히시고 이 땅에 보내주심으로 시편 8편은 메시야의 예언시가 되었습니다(히2:6-8). "오직 우리가 천사들보다 잠깐동안 못하게 하심을 입은 자 곧 죽음의 고난받으심으로 말미암아 영광과 존귀로 관을 쓰신 예수를 보니"(히2:9)하고 말씀하십니다.

형제여 첫 창조의 영광보다도 그리스도로 말미암은 재창조의 영광이 비교도 안 될 만큼 더욱 큼을 알고 있습니까? 성도는 아담이 범죄하기 이전만큼만 회복되는 것이 아닙니다. 우리의 낮고 천한 몸이 주의 영광의 몸과 같이 변화하게 될 때에 "영화와 존귀로 관을 씌우셨나이다"는 말씀은 우리에게 온전히 성취될 것입니다.

필자가 실의에 빠져서 어느 산에 올라가 기도하기를 "하나님께서 종을 보시기에 어떠하십니까 하나님께서 보시는 종의 모습을 종으로 보게 하소서"하고 기도하였을 때에 "내가 너에게 영화와 존귀로 관을 씌워주었다 네 모습이 그런 모습이다"는 말씀이 본문을 통하여 제게 주어진 경험이 있습니다. 그때 얼마나 황송하고 감사하고 감격했던지요. 이를 위하여 어린아이와 젖먹이 같은(2) 약하고 천하고 없는 것들을 택하사(고전1:27~28) 하나님을 찬양케 하심으로 원수와 보수자로 잠잠케 하시니(마21:16) 감사와 감격할 따름입니다.

적용

거듭난 성도는 만사를 새롭게 보아야만 합니다. 천지 만물·가정·직장·교회·이웃 등 여기에 나타난 하나님의 영광을 바라보면서 "주의 이름이 온 땅에 어찌 그리 아름다운지요" 하고 찬양해야 합니다.

묵상해 봅시다

- 다윗은 무엇을 찬양하고 있습니까?
- 아름다운 시 속에 누가 등장하고 있습니까?(2)
- 이 시는 누구의 예언 시가 되었습니까?

암송

하나님보다 조금 못하게 하시고(5)

제9편

보좌에 앉으신 심판 주

7 여호와께서 영원히 앉으심이여 심판을 위하여 보좌를 준비하셨도다

내용 관찰

9편은 서론 부분(1–2)에서 "전심으로 여호와께 감사하오며 주의 모든 기이한 일들을 전하리이다 내가 주를 기뻐하고 즐거워하며 지존하신 주의 이름을 찬송하리니"고 말씀합니다. 그렇다면 그렇게 할 이유가 무엇이라고 진술하고 있을까요? 9편의 중심점은 "보좌에 앉으사 의롭게 심판"(4) 하시는 하나님이십니다 '보좌'가 4절과 7절에 있고, '심판'이라는 말이 5번(4, 7, 8, 16, 19) 언급되고 있습니다. "심판하신다"함은 악에 대한 승리를 의미합니다. 그래서 서론에서 그토록 감사하고 기뻐하며 찬송하여 전하리이다고 말씀하고 있는 것입니다.

9편은 세 부분(1–8, 9–14, 15–20)으로 나누어집니다. 본문을 관찰해보면 심판하심을 과거와 현재와 미래로 말씀하고 있음을 보게 됩니다. 첫 부분(1–8)은 "보좌에 앉으사 의롭게 심판하셨나이다" 하고 과거에 심판하여 주

신 일입니다. 3-6절의 내용으로 보아서 학자들은 이 심판이 골리앗을 넘어뜨리고 블레셋 군을 물리친 일일 것이라고 생각합니다. 삼상 16장에서 다윗은 기름 부음을 받고 성령이 충만하여 17장에서 골리앗을 물맷돌로 이마를 맞혀 쓰러뜨렸던 것입니다. 이 사건을 증거할 때에 다윗에게 초점을 맞추어 영웅시해서는 안 됩니다. 그를 택하시고 기름부어 성령으로 충만케 하신 분은 하나님이셨습니다. 이 사건은 하나님께서 "보좌에 앉으사 의롭게 심판하신"(4) 사건이었습니다. 이는 분명 그리스도께서 사탄의 머리를 상하게 하실 예표적 사건이었던 것입니다.

두 번째 부분(9-14)은 섭리 중에 행하시는 현재적인 심판을 의미합니다. 학자들은 암몬과의 전쟁(삼하12:26-31)에서 승리한 후에 지은 시로 보고 있습니다. 9절에서 "여호와는 압제를 당하는 자의 요새이시요 환난 때의 요새이시로다"고 여호와가 피난처 되심을 말씀하고 있는데 이는 하나님의 현재적인 심판을 의미합니다. 하나님의 백성들을 "압제를 당하는 자"(9), "주의 이름을 아는 자" "주를 찾는 자"(10), "가난한 자"(12,18), "궁핍한 자"(18) 등으로 부르고 있는데, 이들을 변호하시며 심판하여 주실 이는 하나님밖에 없으신 것입니다(4). 다윗은 현재에는 하나님께서 모든 사건의 배후에서 섭리 중에 심판을 행사하고 계심을 믿었습니다. 그 심판을 성도가 "감당치 못할 시험당함을 허락지 아니하시고 시험당할 즈음에 또한 피할 길을 내시는"(고전10:13) 압제를 당하는 자의 요새이시요 환난 때의 요새(9)가 되심으로 나타나고 있습니다.

세 번째 부분(15-20)은 미래적인 심판 즉 최후 승리를 말씀합니다. "여호와여 일어나사 인생으로 승리를 얻지 못하게 하시며 이방 나라들이 주 앞에서 심판을 받게 하소서"(19)함은 미래에 시행될 종말적인 심판(15-20)을 의미합니다. 7-8절에서도 "여호와께서 영원히 앉으심이여 심판을 위하여 심판을 위하여 보좌를 준비하셨도다 공의로 세계를 심판하심이여 정직으로 만민에게 판결을 내리시리로다"함은 최후에 있을 심판을 의미합니다.

이처럼 살아계신 하나님의 심판하시는 손길을 과거에도 경험했고, 현재에도 섭리 중에 맛보고 있으며, 미래에 최후심판이 있을 것을 믿는 성도는 "내가 전심으로 여호와께 감사하오며 주의 모든 기이한 일들을 전하리이다"(1) 말하게 되고 "내가 주를 기뻐하고 즐거워하며 지존하신 주의 이름을 찬송하리니"(2) 말씀하지 않을 수 없을 것입니다.

9편은 "이방 나라들이 자기는 인생일 뿐인 줄 알게 하소서"(20) 하고 끝맺습니다. 이는 하나님 앞에서 인간은 "너희 생명이 무엇이뇨 너희는 잠깐 보이다가 없어지는 안개니라"(약4:14)는 보잘 것 없음을 의미합니다.

적용

형제도 1-2절에서 처럼 감사하며 기뻐하며 전하여야 하는 성도입니다. 그렇지 못하다면 그 원인이 어디에 있을까요?

묵상해 봅시다

• 무엇을 감사하며 기뻐하며 찬송하며 전하겠다고 말합니까?
• 하나님의 과거와 현재와 미래의 행사가 무엇입니까?
• 9편의 중심점은 어디에 있습니까?

암송

심판을 위하여 보좌를 준비하셨도다(7).

제10편

영원무궁토록 왕이신 주

16 여호와께서는 영원무궁하도록 왕이시니 이방 나라들이
주의 땅에서 멸망하였나이다

내용 관찰

10편에는 두 부류의 사람, "악한 자"와 "가련한 자"가 대조되어 악한 자
가 가련한 자(성도)를 심히 압박하고 있는 형세입니다(2). 2-11절은 악인에
대한 고발입니다. 악인들의 특성은 교만하며(2) 여호와를 배반하여 멸시하
며(3) 그 모든 사상에 하나님이 없다(4) 하는 자들입니다. 그들은 교만할 뿐
만 아니라 "교만한 얼굴로 말하기를" 하나님이 보시기는 무엇을 보신다는
말이냐 하나님이 없다(4)고 합니다. 그러면서 자기들의 번영과 행복을 대
대로 누릴 것 처럼 말합니다(5-6). 이들을 가리켜 18절에서는 "세상에 속한
자"라고 말씀합니다. 이 세상에서는 그들이 득세하는 듯이 보입니다.

이들과는 대조적으로 하나님께 속한 자들은 "가련한 자"(2,9), "외로운
자"(8,10,14), "가난한 자"(12), "압박당하는 자"(18) 등으로 불리우고 있습니
다. 왜 그렇습니까? "너희가 세상에 속하였으면 세상이 자기의 것을 사랑

할 것이나 너희는 세상에 속한 자가 아니요 도리어 내가 너희를 세상에서 택하였기 때문에 세상이 너희를 미워하느니라"(요 15:19) 하십니다.

9절에 "사자가 자기 굴에 엎드림 같이 그가 은밀한 곳에 엎드려 가련한 자를 잡으려고 기다리며"한 표현은 "대적 마귀가 우는 사자같이 두루 다니며 삼킬 자를 찾는"(벧전5:8)다고 하신 말씀을 연상케 합니다.

시편 기자는 "여호와여 일어나옵소서 하나님이여 손을 드옵소서 가난한 자를 잊지 마옵소서"하고 12-15절에서 구원을 호소하고 있습니다. 불신자들을 하나님이 "영원히 보지 아니하시리라"(11)고 말하나 신자들은 "주께서는 보셨나이다"(14)라고 말합니다. 불신자는 "감찰치 아니하리라"(13) 말하나 신자는 악인의 "재앙과 원한을 감찰하신다"(14)고 믿는 것입니다.

출애굽기 3장에 보면 하나님께서는 "내 백성의 고통을 분명히 보고" "부르짖음을 듣고 그 근심을 알고"(7) 하십니다. "보고" "듣고" "알고" 계시는 하나님이십니다. 그래서 성도들은 "주는 벌써부터 고아를 도우시는 이시니이다"(14)라고 믿고 있습니다.

마지막 부분(16-18)에서 득세하는 듯이 보이던 악의 세력은 심판당하고 겸손한 자가 승리하게 될 것을 말씀합니다. 10편은 "어찌하여"로 시작하여 "고아와 압박당하는 자를 위하여 심판하사 세상에 속한 자가 다시는 위협하지 못하게 하시리이다"(18). '나는 그렇게 해주실 것을 믿습니다'라는 확신으로 끝을 맺고 있습니다.

이 시의 핵심은 "여호와는 영원무궁토록 왕이시니"(16)에 있습니다. 이 왕이 누구십니까? 시편에서 말씀하고 있는 왕은 "내가 나의 왕 거룩한 산 시온에 세웠다"(2:6) 하신 그리스도로 오셨습니다. 영원하신 왕이 중심에 오셔서 그 백성을 통치하시도록 맡겨 드릴 때 가련하지 않습니다. 외로운 자가 아닙니다. 안전합니다. 든든합니다. 영원한 승리가 있습니다.

적용

형제가 때로는 가련한 자, 외로운 자, 가난한 자 같이 여겨질 때는 없었습니까? 만일 그렇지 않다면 세상과 너무 가까워졌거나 타협한 것은 아닙니까?

묵상해 봅시다

- 악인이 득세하고 있는 모습이 어떻게 표현되어 있습니까?(2-11)
- 시편 기자는 무엇을 호소하고 있습니까?(12-18)
- 영원무궁토록 왕이신 분이 누구이십니까?

암송

여호와께서는 영원무궁하도록 왕이시니(16)

제11편

인생을 통촉하시는 하나님

4 여호와께서는 그의 성전에 계시고 여호와의 보좌는 하늘
에 있음이여 그의 눈이 인생을 통촉하시고 그의 안목이 그들
을 감찰하시도다

내용 관찰

11편은 다윗이 사울 왕의 추격을 당했을 때에 지은 시일 것입니다. 삼상
23:7에 보면 "다윗이 그일라에 온 것을 어떤 사람이 사울에게 고하매 사울
이 가로되 그가 갇혔도다"고 말합니다. 독안에 든 쥐라는 말입니다. 그런
경우 그의 신복들은 급히 피신할 것을 권유했을 것입니다.

"내가 여호와께 피하였거늘 너희가 내 영혼에게 새 같이 네 산으로 도망
하라 함은 어찌함인가"(1)하고 이를 거부합니다. 하나님의 산이 아니고 네
산으로 도망가라 함을 유의하십시오. 이럴 때 사람의 마음은 요동하기 쉽
습니다.

시편에는 고난 중에 있는 성도들을 새에 비유한 표현이 많이 나옵니다.
"나는 광야의 올빼미같고 황폐한 곳의 부엉이같이 되었사오며 내가 밤을

새우니 지붕 위에 외로운 참새같으니이다"(102:6~7)라고 말합니다. 주님도 이러한 유혹을 받으신 적이 있으셨습니다. 베드로가 예수를 붙들고 간하여 가로되 '그리 마옵소서'(마16:22) 주님은 단호하게 "사탄아 내 뒤로 물러가라"고 호통을 치셨습니다.

"악인이 활을 당기고 화살을 시위에 먹임이여 마음이 바른 자를 어두운 데서 쏘려 하는도다"라고 말씀하는 2절을 영상으로 눈앞에 그려보십시오. 이런 경우 성도는 어떻게 하여야 마땅합니까? 다윗은 "내가 여호와께 피하였거늘" 합니다. 피하였다는 말은 의뢰하고 의지함을 말합니다. 다윗의 신복들은 "터가 무너지면 의인이 무엇을 하랴"(3)하고 거듭 촉구합니다. 터가 무너졌다는 말은 공의가 무너지고 악이 득세하고 있다는 말입니다. 12:8에 "비열함이 인생 중에 높임을 받는 때에 악인들이 곳곳에서 날뛰는도다" 한 바로 그런 상황을 의미합니다.

4절 이하는 신복들의 권유에 대한 다윗의 답변입니다. "여호와께서는 그의 성전에 계시고 여호와의 보좌는 하늘에 있음이여" 그 눈이 인생을 통촉하시고 그 안목이 그들을 감찰하시도다"고 말씀합니다. 그러하건만 어찌하여 "터가 무너졌다"고 말하는가 이를 망각하고 어찌 염려하며 초조해 하느냐'고 그들의 시선을 대적을 떠나 하늘 보좌를 바라보도록 해줍니다. 다윗은 절망할 수밖에 없는 상황 중에서도 하늘 보좌에 앉으신 하나님께서 자신을 보고 계심을 믿었습니다. "여호와의 보좌는 하늘에 있음이여"(4) 이것이 11편의 핵심입니다. 이사야 선지자는 웃시야 왕이 죽던 국가적으로 어려운 시기에 "주께서 높이 들린 보좌에 앉으신"것을 보았습니다(사6:1). 스데반 집사는 순교 당할 때에 하늘이 열리고 인자가 하나님 우편에 서신 것을 보았습니다(행7:56).

6절은 악인의 종말이고 7절은 의인의 종말입니다. "악인에게 그물을 던지시리니" 합니다. 이는 일망타진하듯 심판이 그들에게 "덫과 같이"(눅 21:34) 홀연히 임할 것을 뜻합니다. "불과 유황과 태우는 바람", 이 표현은 소돔과 고모라의 심판을 상기시킵니다. 악인의 종말이 그렇게 되리라는 것입니다. 이와는 대조적으로 "정직한 자는 그의 얼굴을 뵈오리로다"고 확신하면서 11편은 끝맺습니다. 하나님의 얼굴을 뵙는다는 것은 지금 하나님께서 나를 보시듯(4) 종말에 나도 하나님의 영광을 보게 될 것을 의미합니다. 11편은 현재 당면하고 있는 고난 너머로 장차 누릴 영광을 바라보고 있는 것입니다.

적용

도망하고 싶고 후퇴하고 싶을 때에 어떻게 하여야 합니까? 히10:39을 읽어보십시오.

묵상해 봅시다

- 다윗은 현재 어떤 형편에 놓여 있습니까?
- 그의 신복들은 무엇이라 권유합니까?
- 다윗의 답변이 무엇입니까?

암송

여호와의 보좌는 하늘에 있음이여(4)

제12편

안전지대

5 여호와의 말씀에 가련한 자들의 눌림과 궁핍한 자들의 탄
식으로 말미암아 내가 이제 일어나 그를 그가 원하는 안전한
지대에 두리라 하시도다

내용 관찰

첫 절과 마지막 절은 1차적으로 다윗 당시의 시대상을 말해 주고 있습니
다. 경건한 자가 끊어지고 충실한 자가 없어지는 대신에(1) 악인이 곳곳에
서 날뛰고 있습니다. 다윗은 기도합니다. "여호와여 도우소서"(1상).

2-4절은 하나님 두려운 줄 모르는 인간의 교만한 말을 나타냅니다. 이
와는 대조적으로 5-6절은 순결하시고 신실하신 하나님의 말씀을 나타내
고 있습니다.

2-4절에 인간의 언어와 관련된 단어들이 얼마나 반복적으로 강조되고
있는가 보십시오. 이것은 인간이 얼마나 거짓된가를 보여줍니다. 급기야
는 "그들이 말하기를 우리의 혀가 이기리라 우리 입술은 우리 것이니 우리
를 주관할 자 누구리요"(4) 합니다. 이는 "이웃"(2)에게 불의를 행할 뿐만 아

니라 주관자 되시는 하나님께 대한 도전인 것입니다.

이와는 대조적으로 5-6절에서는 하나님의 말씀의 신실함을 증언합니다. 5절은 "여호와의 말씀에"하고 6절은 "여호와의 말씀은" 합니다. "여호와의 말씀은 순결함이여 흙 도가니에 일곱 번 단련한 은 같도다"하고 인간의 거짓된 말과 대조시킵니다.

"여호와여 도우소서"(1) 하고 기도한 다윗은 "여호와의 말씀에 가련한 자들의 눌림과 궁핍한 자들의 탄식으로 말미암아 내가 이제 일어나 그를 그가 원하는 안전한 지대에 두리라"(5)하시는 하나님의 응답을 받습니다. 가련한 자나 궁핍한 자란 이 세상에 있어서의 성도를 가리키는 말입니다. 성도들이 실제로 가련하고 궁핍한 것은 아닙니다(참고,고후6:10). 세상적으로 볼 때 그러하다는 것뿐입니다. "그를 그가 원하는 안전한 지대에 두리라" 하십니다. 성도들이 원하는 안전지대가 어디이겠습니까? 현세에서는 하나님이 함께 하시는 그곳이 안전지대입니다. 나아가 "여호와여 그들을 지키사 이 세대로부터 영원까지 보존"(7)하실 안전지대란 우리 주님이 예비하신 영원한 집밖에는 달리 없습니다.

12편의 궁극적인 메시지는 "불법이 성하므로" 경건한 자가 끊어지며 충실한 자가 인생 중에 없어지는 때에 끝까지 견디는 자들을 영원한 안전지대로 인도하실 종말적인 말씀입니다. "이제 일어나" 하십니다. 하나님 우편에 앉아 계시는 주님께서 "이제 일어나" 성도들을 영원한 안전지대로 영접해 주실 그때가 언제인지 우리는 모릅니다. 그러나 명심하십시오. 그날은 언제나 "이제 일어나" 하신 '이제'입니다. 그때까지는 악인이 곳곳에서 날뛸 것입니다. 그런 세상에서 성도는 일곱 번 단련한 은같이 순결한 하나님의 약속의 말씀이 있기에 소망 중에 인내할 수가 있습니다.

적용

불법이 성하므로 많은 사람의 사랑이 식어지는(마24:12) 때, 그럴 때에 형제는 무엇을 붙잡고 있어야 하겠습니까?

묵상해 봅시다

- 다윗이 직면한 시대상이 어떠합니까?
- 인간의 거짓되고 교만한 말이 어떻게 나타나 있습니까?
- 하나님의 신실하시고 순결한 말씀을 무엇이라 말씀합니까?

암송

안전한 지대에 두리라(5).

제13편

나를 후대하신 하나님

5 나는 오직 주의 사랑을 의지하였사오니 나의 마음은 주의
구원을 기뻐하리이다

내용 관찰

13편은 다윗의 생애 중 끝이 보이지 않는 듯한 시련 속에서 1-2절은 시련에 대한 질문이요, 3-4절은 기도요, 5-6절은 확신과 찬양으로 되어있습니다.

1-2절 속에는 "어느 때까지니이까"하는 비탄조의 질문이 네 번이나 나옵니다. 언제까지 기다려야 하느냐고 하나님께 묻고 있습니다. "여호와여 어느 때까지니이까" "주의 얼굴을 나에게서 어느 때까지 숨기시겠나이까"(1) 합니다. "나의 영혼이 번민하고 종일토록 마음에 근심하기를 어느 때까지 하오며 내 원수가 나를 치며 자랑하기를 어느 때까지 하리이까"(2)라고 묻습니다. "나의 영혼에 번민하고"라는 말은 속으로 이 생각 저 생각을 하면서 근심하는 것을 말합니다. 그는 지금 끝이 보이지 아니하는 터널을 통과하고 있는 것입니다.

3절에서 다윗은 나의 눈을 밝혀 달라고 기도합니다. 에베소서 1:18 절을 보십시오. 바울 사도는 옥중에서 에베소 성도들을 위하여 기도하기를 "너희 마음의 눈을 밝히사 그의 부르심의 소망이 무엇인지 기업의 영광의 풍성이 무엇인지 보게" 해 달라고 간구하고 있음을 봅니다. 시험의 때는 고난 너머로 소망을 바라볼 수 있어야 하는데 그 마음의 눈이 어두워지면 사망의 잠을 자게 되는 것입니다(3). 다윗은 이것이 두려웠습니다. 어떤 재난에 처했을 때에 "잠들면 죽는다"라고 말하듯, 이 사망의 잠이란 영적 죽음을 의미합니다. 또 두려운 것은 "나의 원수가 이르기를 내가 그를 이겼다 할까 하오며 내가 흔들릴 때에 나의 대적들이 기뻐할까"(4) 이것이 두려웠습니다. 왜냐하면 이렇게 된다면 하나님의 이름이 모독받으시게 되기 때문입니다.

다윗은 자신이 당하는 고난을 견디지 못해서 보다는 하나님을 무시하면서 원수들이 뽐내는 것(자긍), 원수들이 이기었다고 거들먹거리며 기뻐하는 꼴은 도저히 견딜 수가 없었고 참을 수가 없었습니다. 하나님의 기름 부음을 받은 다윗을 죽이려고 하는 원수는 창세기 3:15에서 말씀한 너의 후손도 여자의 후손과 원수가 되게 하리니 하신 하나님의 원수로서 구속의 역사를 파괴하려는 대적들이었기 때문입니다.

"나는 오직"하고, 다윗의 기도는 기쁨(5)과 찬양(6)으로 바뀝니다. 다윗이 직면하고 있는 문제가 해결이라도 되었다는 말입니까? 아닙니다. 그의 기쁨은 오직 주의 인자를 의뢰하고 주의 구원을 기뻐하기 때문에서 온 것입니다(5). 성경의 넓은 문맥을 통해서 볼 때에 주의 인자와 구원은 예수 그리스도에게로 귀결이 됩니다. "내 마음은 주의 구원을 기뻐하리이다"(5)고 "그 자손 중에서 한 사람을 그 위에 앉게 하리라 하심을 알고, 미리 보는고로"(행2:30) 환난 중에서도 기뻐할 수가 있었던 것입니다. 이것이 "내게 은덕을 베푸심"(6)이라는 말씀 속에 함축되어 있습니다.

다윗은 하나님의 언약을 받은 후에 "여호와 앞에 들어가 앉아서 이르되 주 여호와여 나는 누구오며 내 집은 무엇이기에 나로 여기까지 이르게 하셨나이까"(삼하7:18)하고 후대하여 주시는 하나님께 감사기도를 드렸던 것입니다. 그는 이제도 이를 묵상하며 극한 환난 중에서도 찬양하고 있습니다. 그런 의미에서 기쁨과 찬양으로 끝나지 않는 기도는 기도를 덜했거나 잘못한 기도일 것입니다.

적용

평화의 왕이 오시기까지는 성도들의 시련은 끝나지 않습니다. 시련 속에서 최우선으로 생각해야 할 점은 무엇입니까?

묵상해 봅시다

- 1-2절의 요점은 무엇입니까?
- 3-4절의 요점은 무엇입니까?
- 5-6절의 요점은 무엇입니까?

암송

나는 오직 주의 사랑을 의지하였사오니(5)

제14편

시온에서 나오게 되는 구원

7 이스라엘의 구원이 시온에서 나오기를 원하도다 여호와
께서 그의 백성을 포로된 곳에서 돌이키실 때에 야곱이 즐거
워하고 이스라엘이 기뻐하리로다

내용 관찰

14편의 핵심은 7절입니다. 다윗은 선지자적인 통찰력을 가지고(행2:30) "이스라엘의 구원이 시온에서 나오기를 원하노라"고 메시야 나타나시기를 기다리고 있습니다. 하나님께서는 2:6에서 "내가 나의 왕을 내 거룩한 산 시온에 세웠다"고 메시야가 시온에서 나올 것을 예언해 주셨습니다. 다윗은 그 시온에서 구원이 나오기를 대망하고 있는 것입니다. 이사야 59:20에서도 "구속자가 시온에 임하며 야곱 중에 죄과를 떠나는 자에게 임하리라" 하십니다.

다윗은 왜 구원자를 기다리고 있는 것일까요? 한마디로 인간의 자력으로는 구원의 가망이 없기 때문입니다. 1-3절을 보면 타락한 인류의 부패상을 보게 됩니다. 죄는 크게 두 가지로 나타납니다. 첫째는 "하나님이 없

다"(1)는 불신앙입니다. 이는 하나님과의 관계에서의 죄인데 성경은 이를 경건치 아니함이라고 말씀합니다. 둘째는 "선을 행하는 자가 없도다"(3)한 말씀인데 이는 이웃과의 관계에서의 죄입니다. 이를 불의라고 말합니다. 하나님의 진노는 경건치 아니함과 불의에 대해서 나타납니다(롬1:18).

하나님께서 하늘에서 인생을 굽어살피사 의인을 찾아보셨지만(2) '하나도 없도다'(롬3:10~12) 라고 말씀합니다. 이는 인간의 행위로는 구원 얻을 육체가 하나도 없음을 말씀해 줍니다. 그래서 구원이 시온에서 나오기를 원하고 있는 것입니다. 이 예언적인 말씀은 "이는 구원이 유대인에게서 남이니라"(요4:22) 하신 예수 그리스도에게서 성취되었습니다. 예수 그리스도께서는 포로 된 자에게 자유를(눅4:18) 주시러 오셨습니다. 이것이 "포로된 곳에서 돌이키실 때에 야곱이 즐거워하고 이스라엘이 기뻐하리로다"(7하)의 뜻입니다.

이제 다시 한번 구원이 시온에서 나오기를 기다리고 있습니다. 그것은 예수 그리스도의 재림을 의미합니다. "또 내가 보니 어린양이 시온 산에 섰고 그와 함께 십사만 사천이 섰는데"(계14:1)하고 성경은 말씀합니다. 왜 주님의 재림을 기다리지 아니하면 아니됩니까? 죄악을 행하는 자들이 "떡 먹듯이 내 백성을 먹으면서 여호와를 부르지 아니"(4)하기 때문입니다. 이는 불신자들의 신자에 대한 적개심을 의미합니다.

성도들이 세상에서는 환난을 당하게 되어 있습니다. 그러나 그들을 가리켜 하나님은 "내 백성"이라 말씀하십니다. "의인의 세대에 계심이로다"(5)고 하나님은 그들 편이심을 말씀합니다. 또 다시 구원이 시온에서 나타나는 날, 즉 주 예수 그리스도의 심판 날에 "그들은 두려워하고 두려워하였으니"(5) 합니다. 이는 하나님이 없다고 하던 어리석은 자들의 종말을 가리킵니다. 그들의 두려워하는 모습이 계6:12~17에 잘 나타나 있습니다.

"산들과 바위에게 이르되 우리 위에 떨어져 보좌에 앉으신 이의 얼굴에서와 그 어린 양의 진노에서 우리를 가리라"고 절규합니다. 그들과는 대조적으로 성도들은 "즐거워하고 기뻐하리로다"(7)라고 말씀합니다.

적용

하나님이 없다는 어리석은 자와 구원이 시온에서 나오기를 원하는 자의 삶의 특성이 어떻게 구별되어야 할까요?

묵상해 봅시다

- 죄는 크게 두 가지로 분류할 수 있는데 무엇입니까?
- 의인의 세대와 악인의 세대의 갈등이 어떻게 묘사되어 있습니까?
- 이스라엘의 구원이 시온에서 나오기를 원하노라는 누구를 기다리는 말입니까?

암송

이스라엘의 구원이 시온에서 나오기를 원하도다(7).

제15편

주의 성산에 거할 자

1 여호와여 주의 장막에 머무를 자 누구오며 주의 성산에 사
는 자 누구오니이까

내용 관찰

15편은 "여호와여 주의 장막에 머무를 자 누구오며 주의 성산에 사는 자
누구오니이까"(1) 하고 하나님께 질문함으로 시작합니다. 장막은 성막을
가리키고 성산은 성막이 안치된 시온 산을 말함이니 하나님이 임재하신 곳
을 의미합니다. 이러한 하나님의 임재 앞에 "머무를 자 누구오며 주의 성산
에 거할 자 누구오니이까"라고 묻습니다. 이는 본질적인 질문입니다.

구속의 역사란 다름 아닌 이 질문에 대한 해답인 것입니다. 성경의 마지
막 책인 계시록 21:3에 "보라 하나님의 장막이 사람들과 함께 있으매 하나
님이 그들과 함께 거하시리니 그들은 하나님의 백성이 되고 하나님은 친히
그들과 함께 계셔서"하고 이 질문에 대한 성취를 보게 됩니다.

하나님은 출애굽기에서 성막을 허락하신 후에 레위기를 주셨음을 유념
할 필요가 있습니다. 레위기는 출애굽기에서 주어진 성막을 어떻게 시중

들어야 하는가에 대한 설명입니다. 그리고 레위기의 두 큰 주제는 ① 제물과 ② 거룩입니다.

14편은 "이스라엘의 구원이 시온에서 나오기를 원하도다"(7)하고 구원에 필요한 대속 제물에 대하여 말씀하고 있다면, 15편은 하나님과 교제를 지속해 나갈 수 있는 '거룩'에 대하여 말씀하고 있는 것입니다. 하나님께서는 "내가 거룩하니 너희도 거룩할지어다"(레11:45)라고 말씀하십니다.

"주의 장막에 머무를 자 누구오며 주의 성산에 거할 자 누구오니이까" 하는 주제는 신약적으로 말하면 주의 재림하시는 날 주님을 맞이 할 수 있는 자가 누구오며 주와 함께 거할 수 있는 자가 누구오니이까 하는 문제입니다. 신약성경은 "주를 향하여 이 소망을 가진 자 마다 그의 깨끗하심과 같이 자기를 깨끗하게 하느니라"(요일3:3)고 말씀합니다.

15편에서 열거하고 있는 덕목들은 14편에서 말씀하신 하나님이 없다고 하는 어리석은 자들의 소행과는 반대되는 거룩한 행실들이지 그것이 구원의 조건으로 제시되어 있지 아니함을 유의할 필요가 있습니다. 14편은 "그의 마음에 이르기를 하나님이 없다"(1)하는 마음의 뿌리에서 필연적으로 맺어진 악한 열매들이고, 15편은 "여호와를 두려워하는 자"(4)의 마음의 뿌리에서 필연적으로 맺어지는 선한 열매들임을 명심하십시오. 신약적으로 말한다면 성도들이 이루어야 할 성화입니다. 한마디로 요약하면 정직하게 행하며 공의를 일삼는 사람(2)이라고 말씀합니다.

시편 기자는 구체적으로 마음에 진실을 말하고 혀로 남을 비방하지 아니함, 벗에게 행악지 아니하고 이웃을 헐뜯지 아니함, 눈은 하나님을 멸시하는 자를 멸시하고 여호와를 경외하는 자를 존대하며, 약속한 것은 손해가 되어도 지키며, 돈을 빌려주고도 이자를 받지 아니하며 뇌물을 받고 무죄한 자를 해하지 않는 사람이라고 열거합니다.

특히 4절에서 "망령된 자를 멸시하며" 했는데, 망령된 자란 14편에서 그 마음에 하나님이 없다 하는 자들입니다. 그와는 반대로 "여호와를 두려워하는 자들을 존대하며"한 말씀 속에서 하나님 경외하는 신앙을 엿볼 수가 있습니다.

"이런 일을 행하는 자는 영원히 흔들리지 아니하리이다"라고 그의 구원이 안전할 것과 "여호와의 집에 영원히 살리로다"(23:6)될 것을 말씀합니다.

적용

형제는 열거된 덕목 중 어느 것에 걸림이 되지는 않습니까?

묵상해 봅시다

• 다윗의 질문이 무엇입니까?
• 그에 대한 답변이 무엇입니까?
• 영원히 흔들리지 아니하리이다는 무엇을 의미합니까?

암송

영원히 흔들리지 아니하리이다(5).

제16편

주의 거룩한 자

10 이는 주께서 내 영혼을 스올에 버리지 아니하시며 주의
거룩한 자를 멸망시키지 않으실 것임이니이다

내용 관찰

16편은 그리스도의 부활을 증거한 메시야의 예언시로 유명합니다(행2:25-
28). 16편의 내용이 "하나님이여 나를 지켜 주소서"(1)하고 1차적으로는 다윗
이 당면하였던 어떤 경험임에 틀림없습니다만 하나님께서는 다윗을 그리스
도의 모형으로 사용하셔서 그리스도의 부활을 증언케 하셨습니다.

16편의 핵심은 10절입니다. "이는 주께서 내 영혼을 스올에 버리지 아니
하시며 주의 거룩한 자를 멸망시키지 않으실 것임이니이다"라고 말씀합니
다. 다윗은 자신이 대적자들에 의하여 죽임을 당한다 해도 결코 버림받지
않고 부활할 것을 믿었습니다. 성령께서는 이 말씀을 그리스도의 부활을
증언키 위하여 기록하게 하셨습니다.

사도행전에 보면 성령님이 강림하셔서 베드로를 통하여 행한 첫 설교
에서 이 구절을 인용하여 증언하시기를 하나님이 다윗을 선지자로 사용하

셔서 "그 자손 중에서 한 사람을 그 위에 앉게 하리라 하심을 알고 미리보는 고로 그리스도의 부활하심을 말하되 저가 스올에 버림이 되지 않고 육신이 썩음을 당하지 아니하시리라"(행2:30-31)고 예언케 하셨다고 말씀합니다. 이 구절은 행13장에서도 바울에 의해서도 인용되고 있는데 "다윗은 죽어 썩음을 당하였으되 하나님이 살리신 이는 썩음을 당하지 아니하였나니"(35-37)하고 증언하고 있습니다. "다윗은 죽어 썩음을 당하였다"고 말씀합니다. 이로 보건대 다윗은 그리스도에 대한 예표의 인물에 불과하였음을 알 수 있습니다.

베드로나 바울이 원래부터 이 시편을 그리스도의 예언 시로 알고 믿고 있었던 것은 아니었습니다. 그러하기는커녕 그들은 의심하고 부인하고 대적하던 자들입니다. 이는 순전히 성령님의 역사였습니다. 나아가 베드로도 바울도 자신들이 죽임을 당한다 해도 예수 그리스도로 말미암아 "내 영혼을 스올에 버리지 아니하실" 것을 믿었기 때문에 그들은 담대히 순교할 수가 있었습니다.

주님께서 재림하시는 날 "그리스도 안에서 죽은 자들이 먼저 일어나게"(살전4:16)될 때에 다윗도 일어나게 될 것입니다. 다윗뿐만 아니라 "땅에 있는 성도들은 존귀한 자들이니 나의 모든 즐거움이 그들에게 있도다"(3)한 존귀한 모든 성도와 함께 "영원한 즐거움"(11)에 다같이 참여하게 될 것입니다. 그리스도의 부활은 성도들의 부활의 보증이요, 첫 열매가 되셨기 때문입니다. 이것이 다윗에게 보여주신 "생명의 길"(11)이었던 것입니다.

"주는 나의 주님이시오니"(2상)하고 아룁니다. 이 단순한 신앙고백 속에 모든 것이 다 들어있다 해도 과언은 아닙니다. 주가 나의 주시라면 나는 주의 종일 수밖에 없습니다. 그러므로 "주밖에는 나의 복이 없다 하였나이다"(2하)라고 말씀합니다.

16편에서 말씀하고 있는 다윗의 소유를 보면 여호와는 "나의 주" "나의 복"(2), "나의 산업" "나의 잔의 소득" "나의 분깃"(5), "나의 기업"(6)이라고 말씀합니다. 하나님을 수종드는 레위 지파에게 다른 분깃은 주심이 없이 "나는 네 분깃이요 네 기업이니라"(민18:20)고 여호와 자신을 주심과 같습니다. 모든 그리스도인들이 썩어져 없어질 세상 분깃보다는 하나님 자신을 나의 기업, 나의 분깃으로 삼아 만족함이 필요합니다. "나의 기업이 실로 아름답도다"(6).

적용

형제의 산업과 형제의 분깃은 무엇입니까?

묵상해 봅시다

- 다윗의 신앙고백이 무엇입니까?(2)
- 10절은 1차적으로 다윗의 어떤 고백입니까?
- 그 말씀이 메시야에 대한 어떤 예언이 되었습니까?

암송

주의 거룩한 자를 멸망시키지 않으실 것임이니이다(10).

제17편

금생과 내생의 소망

15 나는 의로운 중에 주의 얼굴을 뵈오리니 깰 때에 주의 형
상으로 만족하리이다

내용 관찰

다윗의 시를 상고해 보면 그 배경이 사울에게 쫓기던 때와 압살롬의 반
역 때와 적과의 전쟁 때 등으로 대별됩니다. 그래서 그 내용이 비슷한 데가
많이 있습니다. 그렇다면 이 시편들이 모두 성경에 수록되어야 할 필요가
있었을까 하는 물음을 제기하게 됩니다.

그런데 각 시편을 살펴보면 어느 부분에선가 보석처럼 빛나는 빛을 비
춰주고 있는 특징이 있음을 발견하게 됩니다. 16편은 10절이 그러하고 17
편은 15절에서 그 빛을 보게 됩니다. 이 점이 성령께서 이 시들을 기록하게
하셔서 후대에 전해 주신 이유라고 믿어집니다. 각 시편들은 처한 형편들
이 제아무리 암울하고, 그래서 다급하게 부르짖고 있다해도 결코 절망으
로 끝나고 있지 아니합니다. 현재의 고난 너머로 동이 터오는 미래의 소망
과 영광을 바라보고 있습니다.

먼저 14-15절을 관찰해 보겠습니다. 14절은 이 세상에서 만족을 누리는 "세상 사람"의 삶이 묘사되어 있고 15절은 궁극적인 소망을 내세에 두고 있는 성도들의 삶이 표현되어 있습니다. 세상 사람들은 재물로 배를 채우고 자녀들도 풍족히 먹이고 남은 재산은 그 자손에게 유산으로 물려주는 자들이라고 말합니다.

그러나 이와는 대조적으로 15절에서는 하나님의 백성들에게 있는 내세의 소망을 진술합니다. "깰 때에"라는 말은 죽음의 잠이 들었다가 깨게 되는 내세를 의미합니다. "나는 의로운 중에 주의 얼굴을 뵈오리니" 합니다. 이는 바라던 천국 올라가 하나님 전에 뵈올 때 구주의 의를 힘입어 어엿이 앞에 서리라는 것을 의미합니다. "깰 때에 주의 형상으로 만족하리이다"라고 끝을 맺습니다. 천국에 가서 눈을 떴을 때 나의 낮고 천한 모습이 주님의 영광스러운 모습으로 변화되어 있음을 발견하게 될 때에 그 감격이 어떠하겠습니까? 다윗은 그 소망으로 만족한다는 것입니다. 어떻습니까? 우리도 "아멘"할 뿐입니다.

성경은 "주를 향하여 이 소망을 가진 자마다 그의 깨끗하심과 같이 자기를 깨끗하게 하느니라"(요일3:3)고 말씀합니다. 다윗은 앞부분(1-5)에서 '흠'(3) 없이 살기를 힘썼다고 진술합니다. 이는 하나님 앞에서 교만히 말함이 아니라 대적들의 무고한 말에 대해서 자신의 진실함을 아뢰는 기도입니다.

17편은 기도의 시로 분류되는 시입니다. "사랑하는 자들아 만일 우리 마음이 우리를 책망할 것이 없으면 하나님 앞에서 담대함을 얻고 무엇이든지 구하는 바를 그에게 받나니 이는 우리가 그의 계명들을 지키고 그 앞에서 기뻐하시는 것을 행함이라"(요일3:21). 다윗은 바로 이런 기도를 드리고 있습니다.

6-12절에서 자신이 당한 곤경을 아뢰며 보호하시고 구원하여 주시기를

간구합니다. 대적은 사자와 같고 젊은 사자와 같다고 말합니다(12). 가는 곳마다 에워싸고 넘어뜨리려 한다고 말합니다(11).

환난을 당하는 성도들을 보호하시기 위한 "주의 눈"(2)과 "주의 손"(7,14)과 "주의 날개"(8)와 "주의 칼"(13)과 "주의 얼굴"(15)이 나타나 있음을 주목해 보십시오. 눈은 살피시고 손으로는 붙드시고 날개로는 품으시며 칼로는 내적을 넘어뜨리시고 얼굴로는 자비로이 비춰주십니다.

적용

15절이 형제의 신앙고백이며 최대의 만족입니까?

묵상해 봅시다

- 흠없이 살기를 힘썼던 다윗의 경건이 어떠합니까?(1–5)
- 자기 백성을 보호하실 "주의" 어떠한 부분들이 나타나 있습니까?
- 불신자의 이 세상의 복과 성도의 내생의 복이 어떠합니까?

암송

주의 형상으로 만족하리이다(15).

제18편

나의 힘이 되신 여호와

50 여호와께서 그 왕에게 큰 구원을 주시며 기름 부음 받은 자에게 인자를 베푸심이여 영원토록 다윗과 그 후손에게로 다

내용 관찰

18편은 삼하 22장에도 수록이 되어있는데, "여호와께서 다윗을 모든 원수의 손과 사울의 손에서 구원하신 그날에 다윗이 이 노래의 말씀으로 여호와께 아뢰어"(삼하22:1)라는 설명이 앞부분에 첨부되어 있습니다. 그렇다면 한마디로 "나의 힘이 되신 여호와여 내가 주를 사랑하나이다"(1)라고 말씀드릴 수밖에 없었을 것입니다.

여호와는 '나의 반석, 나의 요새, 나를 건지시는 자, 나의 하나님, 나의 피할 바위, 나의 방패, 나의 구원의 뿔, 나의 산성이시로다'(2)고 고백하고 있습니다. "내가 찬송 받으실 여호와께 아뢰리니"(3) 함은 너무나 합당한 표현입니다. "내가 환난에서 부르짖었더니"(6) 들으시고 "나를 건져내셨도다"(16)라고 말씀합니다.

18편의 핵심이자 결론은 "여호와께서 그 왕에게 큰 구원을 주시며 기름 부음 받은 자에게 인자를 베푸심이여 영원토록 다윗과 그 후손에게로다"(50)한 마지막 절입니다. 왕과 기름 부음 받은 자란 1차적으로는 다윗을 가리키고 있습니다만 "다윗과 그 후손에게 준다" 한대로 궁극적으로는 다윗의 후손으로 오실 그리스도를 가리킵니다.

다윗은 "그 자손 중에서 한 사람을 그 위에 앉게 하리라 하심을 알고 미리 본 고로"(행2:30-31) 시편을 통해서 그리스도를 증언했다고 말씀합니다. "사망의 줄" "스올의 줄" "사망의 올무가 내게 이르렀다"(4-5)는 말은 사탄이 여자의 후손되시는 그리스도를 결박하기 위하여 발악적으로 날뛰었음을 말해 줍니다. 그러나 "하나님께서 사망의 고통을 풀어 살리셨으니 이는 그가 사망에게 매어있을 수 없었음이라"(행2:24)고 성경은 증언하고 있습니다.

그러므로, 18편은 그리스도가 당하신 수난과 부활하심과 승리하시고 영광받으시는 관점에서 관찰되어야 마땅합니다. "나를 넓은 곳으로 인도하시고 나를 기뻐하심으로 나를 구원하셨도다"(19)는 말씀은 31:8에서 "나를 원수의 수중에 가두지 아니하셨고 내 발을 넓은 곳에 세우셨음이니이다"는 말씀과 함께 하나님께서 그리스도를 사망에서 풀어 부활케 하심이요, "주께서 나를 백성의 다툼에서 건지시고 여러 민족의 으뜸으로 삼으셨으니"(43상)는 그리스도의 높아지심에 대한 묘사요(빌2:9-10), "내가 알지 못하는 백성이 나를 섬기리이다"(43하)는 구원이 이방인들에게까지 미칠 것을 말씀합니다.

"그들이 내 소문을 들은 즉시로 내게 청종함이여 이방인들이 내게 복종하리로다(44)는 복음이 바람 소리처럼 온 땅에 두루 전파될 것을 의미합니다. 사도바울은 이를 증언하기를 "그 소리가 온 땅에 퍼졌고 그 말씀이 땅

끝까지 이르렀도다"(롬10:18)고 말씀했습니다.

"이에 땅이 진동하고 산들의 터도 요동하였으니"(7)는 한낱 시인의 상상이 아닙니다. 첫 번은 여호와께서 시내 산에 강림하셨을 때에 이런 일이 있었습니다(출19:16). 두 번째는 십자가 사건 때 일어났습니다(마27:51). "이제는 약속하여 가라사대 내가 또 한 번 땅만 아니라 하늘도 진동하리라"(히 12:26 학2:6) 하십니다. 언제입니까? 9절을 보십시오.

주님께서 하늘을 드리우고 강림하시는 날 진동치 아니하는 것을 영존케 하기 위하여 이런 일이 또 한 번 일어날 것입니다. 그러므로 "여호와께서 다윗을 그 모든 원수와 사울의 손에서 구원하신 날에"라는 표제는 영적 다윗되시는 예수 그리스도께서 최후 승리를 얻으실 때임을 깨닫게 됩니다. 우리도 이렇게 말할 수밖에 없습니다. "나의 힘이 되신 여호와여 내가 주를 사랑하나이다"

적용

그리스도의 구속으로 말미암아 형제도 사망의 줄에서 풀려나 자유케 되었습니다. 형제는 무엇이라 고백하겠습니까?

묵상해 봅시다

• 다윗은 하나님이 나의 무엇이 되신다고 말하고 있습니까?(2)
• 다윗은 왜 그렇게 진술하고 있습니까?
• 18편이 어떤 점에서 그리스도에 대한 예언적 시입니까?

암송

나의 힘이 되신 여호와여 내가 주를 사랑하나이다(1).

제19편

방에서 나오는 신랑같은 분

14 나의 반석이시요 나의 구속자이신 여호와여 내 입의 말
과 마음의 묵상이 주님 앞에 열납되기를 원하나이다

내용 관찰

19편은 세 부분으로 나누어 관찰하면 이해에 도움이 됩니다. 첫째는
1–6절인데, 자연을 통하여 말씀하시는 하나님(자연 계시)을 찬양하고 있고,
둘째는 성경을 통하여 말씀하시는 하나님(특별계시)을 찬양하고 있으며(7–
11), 셋째 부분인 12–14절에서는 두 빛 즉 자연 계시의 빛과 이에 비할 수
없이 더 밝은 성경의 빛 앞에서 자신을 비추임 받고 자기반성을 하고 있습
니다.

자연 계시와 관련된 핵심 단어는 "하늘이 하나님의 영광을 선포하고"(1)
한대로 "영광"이요, 특별계시와 관련된 핵심 단어는 "여호와의 율법은 완
전하여"(7)한 "완전" 즉 충족성이요, 자기반성과 관련한 핵심 단어는 "죄가
나를 주장하지 못하게 하소서"(13)한 "죄"입니다. 우주에는 하나님의 영광
으로 가득합니다(8:9). 그러나 자연 계시로는 일반 은총을 줄 뿐 죄인을 구

원하기에는 부족하고 완전한 특별계시만이 "영혼을 소성"(7)시킬 수 있는 것입니다

19편을 관찰함에 있어 두 주인공을 찾아야 하고 바라볼 수 있어야만 합니다. 먼저 자연 계시의 주인공은 단연 해입니다. 5절에서 "해는 그의 신방에서 나오는 신랑"과 같다고 묘사되어 있습니다. "그의 열기에서 피할 자가 없도다"(6하)고 말씀합니다. 농식물을 막론하고 햇빛 없이도 살아남을 수 있는 것은 아무것도 없습니다. "하나님이 그 해를 악인과 선인에게 비추시며"(마5:45) 하십니다. 이는 하나님께서 베푸시는 일반 은총입니다.

다음은 특별계시 즉 성경의 주인공은 누구일까요. "성경이 곧 내게 대하여 증언하는 것이로다"(요5:39)하신 예수 그리스도가 성경 전체의 주인공이십니다. "하나님이 해를 위하여 하늘에 장막을 베푸셨도다"(4)고 말씀했는데, 또한 하나님이 우리를 위하여 예수 그리스도로 하여금 땅에 장막을 베풀게 하셨습니다. 그리하여 그리스도는 "참 빛 곧 세상에 와서 각 사람에게 비추는 빛"(요1:9)이 되셨습니다. 말라기 4:2에는 "의로운 해가 떠올라서 치료하는 광선을 발하리니"하고 그리스도가 의로운 해가 되시며 그 해가 떠오를 날이 이를 것을 예언하고 있습니다.

참으로 그분의 치료하는 광선의 온기를 피하여 숨을 자가 누구이겠습니까? 그 빛에 의해서만 셋째 부분에서 진술한 '허물'과 '죄'는 치료를 받게 됩니다. 그분은 실로 방에서 나오는 신랑같은 분이십니다(5). 사도바울은 본문 4절 말씀 "그의 소리가 온 땅에 통하고 그 말씀이 세계 끝까지 이르도다"를 해석하기를 복음이 바람 소리처럼 온 땅에 그리고 땅끝까지 전파될 것을 의미하는 것으로 증언하고 있습니다(롬10:18). 이로 보건대 19편의 주인공도 그리스도이심이 분명합니다. 결론에서 "나의 반석이시요 나의 구속자이신 여호와여"(14) 합니다. 성경이 말씀하고 있는 궁극적인 반석과 구속

자는 예수 그리스도뿐이십니다. "내 입의 말과 마음의 묵상이 주님 앞에 열납되기를 원하나이다"하고 경건히 기도합니다.

19편에 나타난 "마음의 묵상"이 무엇일까요? 하늘의 해를 보면서 의로운 해로 떠올라 치료하는 광선을 발하실 구속자 되시는 그리스도를 멀리 바라본 묵상이었을 것입니다.

적용

형제는 자연 계시와 특별계시 앞에서 계속적으로 자기반성을 하고 있습니까?

묵상해 봅시다

- 자연 계시와 관련된 핵심 단어는 무엇입니까?
- 특별계시와 관련된 핵심 단어는 무엇입니까?
- 다윗의 마음의 묵상은 결론에서 누구에게로 귀결되고 있습니까?

암송

내 입의 말과 마음의 묵상이 주님 앞에 열납되기를 원하나이다(14).

제20편

적을 정복하러 출진하는 왕

7 어떤 사람은 병거, 어떤 사람은 말을 의지하나 우리는 여
호와 우리 하나님의 이름을 자랑하리로다

내용 관찰

20편은 국가적 위기에 봉착(환난날 1절)하여 다윗 왕이 출진을 위한 제사
를 드리려고 성소에 갔을 때 그를 위해 기도하는 백성들과 만나 서로 화답
하는 장면을 연상케 해줍니다.

1-5절은 백성들이 왕을 위한 기도로서 인칭대명사가 "너"로 되어 있습
니다. "여호와께서 네게 응답하시고" "너를 높이 드시며"(1), "너를 도와주
시고…너를 붙드시며"(2), "네 모든 소제를 기억하시며 네 번제를 받아 주시
기를 원하노라"(3)고 기도합니다. "네 마음의 소원대로 허락하시고 네 모든
계획을 이루어 주시기를 원하노라"(4) 합니다. 백성들은 다윗을 믿고 의지
하기에 앞서 하늘에 계신 왕 여호와를 믿고 의지하고 있는 것입니다.

5절은 우리가 왕이 승리했다는 소식을 듣게 될 때에 할렐루야(개가)를 부
르며 우리 하나님의 이름으로 깃발을 높이 세우리니 그렇게 되도록 여호와

께서 네 모든 기도를 이루시기를 원하노라 합니다. 깃발을 세운다는 말은 "여호와 닛시"(출17:15)로 승리를 의미합니다. 60:4에 "주를 경외하는 자에게 깃발을 주시고 진리를 위하여 달게 하셨나이다"라고 말씀합니다.

6절은 백성들의 기도에 대한 왕의 화답으로 인칭대명사는 "나"로 되어있습니다. "여호와께서 자기에게 기름 부음 받은 자를 구원하시는 줄 이제 내가 아노니" 합니다. 그는 여호와께서 승리하게 하실 것을 확신하는 말씀입니다.

7-9절은 왕과 백성들의 합창으로 보는 것이 더 좋습니다. 인칭대명사는 "우리"입니다. "어떤 사람은 병거, 어떤 사람은 말을 의지하나 우리는 여호와 우리 하나님의 이름을 자랑하리로다" 합니다. 하나님의 칭호를 "여호와 우리 하나님"이라 부르고 있습니다. 여호와라는 칭호는 언약하시고 언약하신 바를 이루시는 칭호이고 하나님은 창조주 되시고 능력의 하나님 되심을 의미합니다. 여호와 우리 하나님의 이름을 자랑하리로다고 말씀합니다(7).

짧은 20편 속에서 여호와의 "이름"(1,5,7)이 강조되어 있음을 주목하십시오. 다윗은 골리앗을 물리칠 때에도 "여호와의 이름"(삼상17:45)으로 가노라고 말했습니다. 이렇게 될 때에 하나님은 자기의 거룩하신 이름을 위하여 싸우시지 아니하면 아니됩니다. 우리를 구원하심도 "자기 이름을 위하여 의의 길로 인도"(23:3)하시는 것입니다. 구속의 역사에는 실로 여호와의 이름 즉 여호와의 명예가 걸려 있는 것입니다. 마지막 절에서 모든 무리들은 "여호와여 왕을 구원하소서 우리가 부를 때에 우리에게 응답하소서"(9)하고, 다윗 왕이 아닌 하나님만이 영원하신 왕이요 구원자 되심을 고백합니다.

성령께서는 "기름 부음 받은 자"(6)인 다윗 왕이 적을 정복하러 출진하는 이 사건을 통해서 사탄을 정복하실 그리스도의 예표로 사용하고 있는 것입니다. 8절을 보십시오 "그들은 비틀거리며 엎드러지고 우리는 일어나 바로 서도다"합니다. 그날을 바라보며 백성들의 기도는 다름 아닌 성도들이 주님 오시는 날까지 끊임없이 드리고 있을 "하늘에 계신 우리 아버지여 이름이 거룩히 여김을 받으시오며 나라가 임하옵시며 뜻이 하늘에서 이룬 것 같이 땅에서도 이루어지이다" 하고 그 나라와 의를 위하여 구하는 성도들의 모습입니다.

적용

형제도 만사를 하나님의 이름(1,5,7)으로 하고 있습니까?

묵상해 봅시다

- 백성들의 기도가 무엇입니까?
- 왕은 무엇이라 화답하고 있습니까?
- 그들의 합심 기도가 무엇입니까?

암송

우리는 여호와 우리 하나님의 이름을 자랑하리로다(7).

제21편

면류관을 쓰신 주님

1 여호와여 왕이 주의 힘으로 말미암아 기뻐하며 주의 구원
으로 말미암아 크게 즐거워하리이다

내용 관찰

21편은 20편과 짝을 이루는 한 쌍의 시입니다. 20편이 출진 시에 부른 노래라면 21편은 개선 후에 한 노래입니다. 20편에서 백성들은 왕을 위하여 기도하였는데(20:1-5), 21편에서는 그들의 기도에 응답하셔서 왕에게 큰 승리를 주심으로 말미암아 개가를 부르며 감사 기도를 드리고 있는 것입니다(1-7).

1절에서 "왕이 주의 힘을 말미암아" "주의 구원으로 말미암아" 기뻐하며 크게 즐거워하리라고 아룁니다. 모든 은총은 이 "말미암아"에 연결되어 있는 것입니다. 20:4에서 "네 마음의 소원대로 허락하시고" 했는데, 21:2은 "그 마음의 소원을 들어주셨으며 그의 입술의 요구를 거절하지 아니하셨나이다"라고 말씀합니다.

3절에서는 "순금 관을 그의 머리에 씌우셨나이다"하고 그가 개선장군임

을 말씀합니다. 그런데 개선한 다윗에 대한 묘사를 보면 그것이 사망 권세를 이기시고 부활 승천하셔서 하나님께 영광을 받으시는 예수 그리스도에 대한 묘사임을 알게 됩니다. 주님과 최후 승리를 얻으실 그에게 "영원한 장수"를 주셨다는 말씀(4)과 "그의 영광을 크게 하시고 존귀와 위엄을 그에게 입히시나이다"(5) 한 영광과 존귀와 위엄이라는 말씀이나 "그가 영원토록 지극한 복을 받게 하시며 주 앞에서 기쁘고 즐겁게 하시나이다"(6)한 말씀 등이 그러합니다. 8–12절은 그리스도께서 사탄을 정복하실 것에 대한 예언적인 말씀인데 매 절마다 "…하리로다"라고 예언적인 말씀으로 주어지고 있습니다. "왕을 미워하는 자들을 찾아내리로다"(8), "그들을 소멸하리로다"(9) "끊으리로다"(10) 하십니다.

성령께서는 다윗 왕이 대적을 정복하고 승리한 이 경험을 예수 그리스도께서 사탄을 정복하고 승리하실 것에 대한 예표로 사용하셨던 것입니다. "왕이 그들의 후손을 땅에서 멸함이여"(10)는 "너의 후손도 여자의 후손과 원수되게 하리니 여자의 후손은 네 머리를 상하게 할 것이요"(창3:15)하신 원복음의 성취로 보아야만 합니다. "비록 그들이 왕을 해하려 하여 음모를 꾸몄으나 이루지 못하도다"(11)라고 사탄의 계교가 패배할 것을 말씀하고 있습니다.

9절에서 "왕이 노하실 때에 그들을 풀무 불 같게 할 것이라 여호와께서 진노하사 그들을 삼키시리니 불이 그들을 소멸하리로다"라고 말씀하고 있는데 이는 "마귀가 불과 유황 못에 던지우니"(계20:10)하신 말씀과 부합됩니다.

20편 마지막 절에서는 "여호와여 왕을 구원하소서 우리가 부를 때에 우리에게 응답하소서"하고 기도했는데 21편 마지막 절은 그 기도가 응답이 되어 "여호와여 주의 능력으로 높임을 받으소서 우리가 주의 권능을 노래하고 찬송하게 하소서" 하고 영광과 찬양을 돌리고 있습니다. 이 송영은 계시록에서 "보좌에 앉으신 이와 어린 양에게 찬송과 존귀와 영광과 능력을 세세토록 돌릴지어다"(계5:13) 하는 송영과 부합됩니다.

적용

주님 부활 내 부활, 주님 승천 내 승천, 주님 영광 내 영광, 주님 승리 내 승리임을 믿으십니까? 그렇다면 우리가 최우선으로 할 일은 무엇입니까?(13)

묵상해 봅시다

- 1–7절은 무엇에 대한 감사입니까?
- 8–12절은 무엇에 대한 예언입니까?
- 21편이 어떤 점에서 메시야를 예표하고 있습니까?

암송

주의 구원으로 말미암아 크게 즐거워하리로다(1).

제22편

시편에 나타난 갈보리

23 여호와를 두려워하는 너희여 그를 찬송할지어다 야곱의 모든 자손이여 그에게 영광을 돌릴지어다 너희 이스라엘 모든 자손이여 그를 경외할지어다

내용 관찰

22편은 이사야 53장과 창세기 22장과 함께 구약에 나타난 갈보리의 장면입니다. 하나님께서는 다윗을 예표적인 인물로 사용하셔서 그리스도의 수난(1-21)과 영광을(22-31) 계시하고 계십니다. 십자가에 달려 죽으심과 부활하여 영광받으신 그리스도의 생애가 극적으로 대조적이듯이 22편도 앞부분(1-21)과 뒷부분(22-31)은 판이하게 대조적입니다. 앞부분이 어둠이 지배하는 밤이라면 뒷부분은 찬란한 해가 떠오르는 아침입니다.

앞부분의 장면은 한 사람이 나무에 달려 사형 집행을 당하고 있는 장면입니다. "나는 벌레요 사람이 아니라 사람의 비방거리요 백성의 조롱거리니이다"(6)고 말씀합니다. 이는 그리스도의 낮아지심과 수난을 의미합니다. "개들이 나를 에워쌌으며 악한 무리가 나를 둘러 내 수족(手足)을 찔렀나

이다"(16)고 손과 발에 못 박히실 것이 예언되어 있습니다. 그 주위에는 "개들"(16), "많은 황소"(12), "부르짖는 사자"(13) 등으로 표현된 대적들이 에워싸고 있습니다. 그 뒤에서는 우매한 무리들이 "비웃으며 입술을 비쭉거리고 머리를 흔들며 말하되"(7-8) "네가 만일 하나님의 아들이어든 자기를 구원하고 십자가에서 내려오라"(마27:40)고 조롱하는 모습도 보입니다. 십자가 밑에서는 "군병들이 서로 말하되 이것을 찢지말고 누가 얻나 제비뽑자"(요19-24)하고 통으로 짠 주님의 속옷을 제비뽑는 모습도 볼 수가 있습니다(18).

형틀에 못 박힌 분의 모습은 그 몸에서 피와 수분은 다 쏟아져 나오고 혀가 입천장에 붙었고(14-15), 내가 내 모든 뼈를 셀 수 있나이다(17) 하고 있습니다. 그분은 부르짖고 있습니다. "내 하나님이여 내 하나님이 어찌 나를 버리셨나이까"(1) "엘리 엘리 라마사박다니"(마27:46)

20절의 "내 생명을 칼에서 건지시며 내 유일한 것을 개의 세력에서 구하소서"한 말씀은 "아버지 내 영혼을 아버지 손에 부탁하나이다"(눅23:46)하고 운명하시는 장면을 연상케 합니다. 인간에게 있는 "유일한 것"이 무엇입니까. 영혼입니다. 생명입니다.

인간의 영혼은 오직 하나 뿐입니다. 자동차가 달리다가 펑크가 나면 바퀴를 갈아 끼우듯이 스페어가 없습니다. 온 천하를 얻는다하여도 이 유일한 것을 잃는다면 무슨 유익이 있겠습니까. 앞부분을 구속사의 관점에서 요약하면 뱀(사탄)이 여자의 후손의 발꿈치를 물어뜯는(창3:15) 장면인 것입니다. 그러나 뒷부분에서는 찬송이 울려 퍼집니다(22, 23, 25, 26). 이는 여자의 후손이 뱀의 머리를 상하게 했기 때문입니다.

앞부분에서는 "버리셨나이까" "듣지 아니하시나이까"(1) 부르짖고 있는데, 뒷부분에서는 "들으셨도다"(24) 합니다. 영광을 돌리며(23) 경배합니다(27). 이는 예수 그리스도의 대속의 죽으심과 부활하심으로 말미암아 "먹고 배부르고"(26) 영생(영원히 살지어다:26)을 얻게 되었기 때문입니다. 이방인들이 구원얻게 될 것도 말씀합니다(27-29).

이 복음을 "선포"(22)하고 대대로 전해야 할(30-31) 것을 말씀함으로 22편은 끝맺습니다. 이는 "너희는 만민에게 복음을 전파하라"(막16:15)하신 주님의 마지막 분부와 일치합니다. "주께서 이를 행하셨다 할 것이로다"(31). 하나님이 해주신 일을 전파해야 함은 성도들이 해야 할 책임입니다.

적용

이렇게까지 미리 보여주시고 성취해 주셨는데도 믿지 못한다면 멸망하는 짐승과 같습니다. 믿노라고 하면서도 찬양하지 못하고 전파하지 못한다면 죽은 믿음입니다.

묵상해 봅시다

• 앞부분은 어떤 장면입니까?
• 뒷부분은 어떤 장면입니까?
• 성도의 사명이 무엇입니까?(30-31)

암송

찬송할지어다 영광을 돌릴지어다 경외할지어다(23).

제23편

선한 목자

1 여호와는 나의 목자시니 내게 부족함이 없으리로다

내용 관찰

23편은 하나님과 성도와의 관계를 목자와 양의 관계에 비유하고 있습니다. 23편을 관찰해보면 전부 다 목자가 양을 위하여 해주신 일뿐입니다. 목자는 양을 푸른 초장 쉴 만한 물가로 인도하여 꼴과 물을 먹여 주시는 공급자가 되십니다(2). 목자는 양을 의의 길로 인도하시는 인도자가 되십니다(3). 목자는 양을 사망의 골짜기, 곧 위험할 때에도 안위하시는 보호자가 되십니다(4).

23편을 아름다운 한 편의 전원시로 보아서는 큰일 납니다. 이 시 속에는 원수가 등장하고 있는 영적 전쟁이요, 구속의 계시가 담겨져 있기 때문입니다. 형제를 삼키려고 우는 사자같이 추격해 오던 원수 앞에서 잔치상을 베푸시고 귀빈에게나 하는 귀한 기름으로 당신의 머리에 바르실 때에 원수는 얼마나 부끄러움을 당하고, 형제의 잔은 얼마나 넘칠 것입니까?

23편의 주제가 선한 목자라면 22편의 주제는 죽임을 당하신 하나님의

어린양이 될 것입니다. 이 두 편의 주제는 궁극적으로 요한복음 10장에서 주께서 친히 말씀하신 "나는 선한 목자라(23편) 선한 목자는 양들을 위하여 목숨을 버리거니와"(22편)에서 성취되고 있는 것입니다. 구약시대의 목자이신 하나님은 신약에 와서 그리스도로 임마누엘 하셨음을 명심해야만 합니다. 에스겔 선지자도 "내 종 다윗이 그들의 왕이 되리니 그들에게 다 한 목자가 있을 것이라"(37:24)고 메시야가 왕이시오, 목자이심을 명백하게 예언하고 있습니다. 그러므로 23편의 내용들이 그리스도에게서 성취되고 있음을 보게 됩니다.

푸른 초장과 쉴 만한 물가는 "내가 문이니 누구든지 나로 말미암아 들어가면 구원을 얻고 또는 들어가며 나오며 꼴을 얻으리라"(요10:9)고 주님이 공급자가 되심과 "그가 자기 양의 이름을 각각 불러 인도하여 내느니라"(요10:3)고 인도자가 되시며 "내가 그들에게 영생을 주노니 영원히 멸망하지 아니할 것이요 또 그들을 내 손에서 빼앗을 자가 없느니라"(요10:28)고 끝까지 보호자가 되심을 말씀합니다.

23편을 넓은 시야로 바라보면 한 성도가 여호와의 집에 이르기까지의 평생을 압축한 '천로역정'이라고 말할 수도 있습니다. 영혼이 소생(3, 거듭남) 됨으로 시작된 그의 신앙 여정은 푸른 초장 잔잔한 시냇가만 있는 것은 아닙니다. 때로는 사망의 음침한 골짜기를 통과하여야 하고 강도와 불한당 같은 원수도 만나게 되는 것입니다. 그가 아버지 집에 이르러 잔칫상에 앉게 될 때에 내가 여호와의 집에 영원히 거하리로다고 비로소 안식하게 되는 것입니다. 지나온 나날들을 회상해 볼 때에 자신의 평생에 하나님의 선하심과 인자하심이 정녕 나를 따랐음을 깨닫게 될 것입니다.

마지막으로 명심해야 할 말씀이 있습니다. "자기 이름을 위하여 의의 길로 인도하시는도다"(3하)라는 "자기 이름" 곧 여호와의 이름입니다. 성도들에게는 여호와의 이름이 결부되어 있습니다. 하나님께서 주권적으로 택하시고 부르셔서 자기 자녀 삼으신 성도들을 여호와의 집에 영원히 거하게 하시기까지 견인해 주실 것입니다. 만일 중도에 실패한다던가 미완성에 그친다면 그것은 하나님의 명예에 손상을 가져오기 때문에 그러한 일이란 절대로 없을 것입니다. 이것이 "자기 이름을 위하여"의 의미입니다. 그렇다면 자녀된 우리들도 "아버지여 이름이 거룩히 여기심을 받으시옵소서" 하고 그 이름이 영광을 받으시게 해야만 할 것입니다.

적용

23편은 전부 다 목자가 해주신 일뿐입니다. 그렇다면 양이 해야 할 일은 무엇일까요? 무엇보다 형제는 목자의 인도하심에 잘 따르는 양입니까?

묵상해 봅시다

- 구약의 목자가 신약에서는 누구로 오셨습니까?
- 목자는 양을 위해서 무엇을 해 주십니까?
- 23편에도 원수가 등장하고 있음은 무엇을 말해 줍니까?

암송

여호와는 나의 목자시니 내게 부족함이 없으리로다(1).

제24편

영광의 왕이 들어가시리로다

7 문들아 너희 머리를 들지어다 영원한 문들아 들릴지어다
영광의 왕이 들어가시리로다

내용 관찰

이 시는 오벧에돔의 집에 안치되었던 법궤를 시온 산으로 옮겨 올 때에
(삼하6:12-17) 부른 노래로 알려져 있습니다. 여호와는 법궤 위 속죄소 두 그
룹들 사이에서 너와 만나고 말씀하시겠다(출25:22) 하셨습니다. 그렇다면
법궤가 예루살렘으로 옮겨온다는 것은 다름 아닌 여호와께서 입성하심을
의미합니다.

24편은 두 부분으로 되어있습니다. 앞부분(1-6)에서는 여호와의 거룩한
곳에 설 자가 누군고 하고 묻는 말씀이 핵심이고, 뒷부분(7-10)에서는 영
광의 왕이 뉘시뇨 하고 묻는 말씀이 핵심입니다. 1-2절에서 먼저 여호와
께서 어떠한 분이신가를 말씀합니다. 창조주가 되시며 천지의 대주제자
가 되심을 선언합니다. 그런 연후에 3-6절에서 그분이 지금 입성하시는데
"여호와의 산에 오를 자가 누구며 그의 거룩한 곳에 설 자가 누구인가(3) 하

고 각자 자신들을 돌아보게 해줍니다. 여호와의 거룩한 존전尊(前)에 설자가 누구인가 성경 전제는 이 한 마디 질문에 대한 답변으로 주어졌다하여도 과언이 아닙니다. 예수 그리스도는 이를 가능케 해주시기 위해서 죽임을 당하셔야만 했습니다. "그리스도께서도 한번 죄를 위하여 죽으사 의인으로서 불의한 자를 대신하셨으니 이는 우리를 하나님 앞으로 인도하려 하심이라"(벧전3:18)고 성경은 말씀합니다. 그 앞에 설자는 "손이 깨끗하며 마음이 청결하며 뜻을 허탄한 데에 두지 아니하며 거짓 맹세하지 아니하는 자로다"(4) 합니다.

그런 자가 누구입니까? 여호와께 복을 받고 구원의 하나님께 의를 얻은 자니(5) 결국 "여호와를 찾는 족속이요 야곱의 하나님의 얼굴을 구하는 자로다"(6) 합니다. 자격의 핵심은 자기 선행에 있는 것이 아니라 "구원의 하나님께 의를 얻으리니"(5)하신 칭의에 있음을 명심하십시오. 즉 예수 그리스도를 믿고 의롭다 함을 얻어 거룩한 삶을 사는 자만이 그 앞에 설 수 있다는 말씀입니다. 뒷부분에서는 입성을 알리는 장엄한 선포가 들립니다. "문들아 너희 머리를 들지어다 영원한 문들아 들릴지어다 영광의 왕이 들어가시리로다"(7). 이 선포는 9절에서도 반복되고 있어 확실성과 장엄함을 더해 줍니다.

왜 "영광의 왕이 누구시냐" 하고 묻고 있을까요? 이는 그분이 누구이신가를 모든 사람이 알기를 간절히 원하고 있기 때문입니다. 지금 예루살렘에 입성하고 있는 법궤는 명백한 그리스도의 모형입니다. 24편은 1차적으로 임마누엘 하신 그리스도께서 나귀 타시고 예루살렘 성에 입성하시는 광경을 연상케 해줍니다. "시온의 딸아 두려워 말라 보라 너의 왕이 나귀 새끼를 타고 오신다"(요12:15)고 말씀합니다. "영광의 왕"이 누구이십니까 "호산나 다윗의 자손이며"(마21:9) 그분은 아브라함과 다윗에게 언약하신 예수 주 메시야이십니다.

나아가 24편은 궁극적으로 그리스도께서 재림하셔서 메시야 왕국에 등극하시는 날 온전히 이루어질 것입니다. 본문에서는 "여호와의 산에 오를 자 누구며 그 거룩한 곳에 설 자가 누군고"하고 묻고 있는데 계시록 14:1에 보면 "어린양이 시온 산에 섰고 그와 함께 십사만사천이 섰는데"하고 말씀하고 있습니다. 그들은 "사람 가운데에서 속량함을 받아 처음 익은 열매로 하나님과 어린 양에게 속한 자들"(계14:4)이라고 말씀합니다. 24편이 묻고 있는 영광의 왕은 예수 그리스도시오, 그 거룩한 곳에 설 자가 누구인가 한 그들은 땅에서 구속함을 받아 하나님께 의를 얻은 자(5)입니다.

적용

형제의 마음 문은 그분을 위해 활짝 열려져 있습니까? 형제는 그분을 맞이할 준비가 되어있습니까?

묵상해 봅시다

- 앞부분의 중심점은 무엇입니까?
- 뒷부분의 중심점은 어디에 있습니까?
- 이 시는 궁극적으로 언제 성취될 것입니까?

암송

영광의 왕이 들어가시리로다(7).

제25편

여호와를 경외하는 자

12 여호와를 경외하는 자 누구냐 그가 택할 길을 그에게 가
르치시리로다

내용 관찰

25편은 각 절의 첫 글자를 히브리어의 알파벳 순서로 시작한, 말하자면
가나다순서의 시입니다. 이것은 이 시의 성격을 암시해 줍니다. 이 시편이
어떤 특정한 상황에서 기록되었다기보다는 평생을 경건에 이르기를 훈련
한 나이 많은(7) 다윗의 경건 생활의 일면을 보여주고 있다는 것입니다. 12
절에서 "여호와를 경외하는 자 누구냐"하고 말씀하고 있는데 25편은 바로
여호와를 경외하는 자가 어떤 사람인가를 보여주고 있는 것입니다.

① 여호와를 경외하는 자는 "나의 영혼이 주를 우러러보나이다"(1) "내가
주께 의지하였사오니"(2) "내가 종일 주를 기다리나이다"(5) "내 눈이 항상
여호와를 바라봄은"(15) "내가 주께 피하오니"(20)하고 주 만을 앙망합니다.

② 여호와를 경외하는 자는 하나님의 성품에 대하여 더 많이 묵상하는
자입니다. "주의 긍휼하심과 인자하심이 영원부터 있었사오니"(6) 합니다.

"주는 인자하시고 선하신"(7) 분으로 "선하시고 정직하신"(8) 분으로 믿고 의지합니다.

③ 여호와를 경외하는 자는 거룩하신 하나님 앞에 자신이 죄인임을 항상 고백하는 자입니다. "여호와여 내 젊은 시절의 죄와 허물을 기억하지 마시고"(7) 합니다. "나의 죄악이 크오니"(11)하고 고백합니다.

④ 여호와를 경외하는 자는 "주의 도를 내게 보이시고 주의 길을 내게 가르치소서"(4)하고 하나님의 뜻을 깨닫기를 사모합니다. "주의 진리로 나를 지도하시고 교훈하소서"(5)하고 주의 말씀 배우기를 사모합니다. 여호와를 경외하는 자에게는 "그가 택할 길을 그에게 가르치시리로다"(12)라고 말씀합니다.

25편의 전체 구도도 "여호와여 나의 영혼이 주를 우러러보나이다"(1) 하고 간구하고 있는 여호와를 경외하는 자와 "내 원수를 보소서 그들의 수가 많고 나를 심히 미워하나이다"(19)한 두 부류의 사람과 두 진영이 대치하고 있는 상태임을 유의하십시오.

25편의 핵심은 "주의 선하심을 말미암아"(7), "주의 이름을 말미암아"(11)에 있습니다. "인"(因)하여란 "말미암을 인"자입니다. 모든 은혜는 이 "말미암아"에 연결되어 있습니다. 나를 기억해주심도 "주의 선하심을 말미암아"(7) 하시는 것이며 나의 죄를 사하심도 "주의 이름으로 말미암아"(11) 사하시는 것입니다. 우리에게 무슨 공로나 의가 있어서 그렇게 해주시는 것이 결코 아닙니다. "그리스도 예수 안에 있는 속량으로 말미암아"(롬3:24) 가능해진 것입니다. 구속의 역사에는 '주의 이름' 즉 여호와의 영예가 결부되어 있습니다. 그 선하심과 그 거룩하신 이름을 위하여 시작하신 분이 마침내 완성하시고야 마는 것입니다(참고:23:3, 렘14:7, 단9:19).

여호와를 경외하는 자의 궁극적인 목적도 여기에 두어야만 합니다. 자신의 명예나 유익을 위해서가 아니라 그 이름으로 말미암아, 그 선하심으로 말미암아 그분의 영광을 위하여 원수로 개가를 부르게 해서는 아니 되는 것입니다(2).

우리가 마음에 간직해야 할 말씀이 있는데 "주를 바라는 자들은 수치를 당하지 아니하려니와 까닭없이 속이는 자들은 수치를 당하리이다"(3)는 "수치"라는 말입니다. 20절에서도 "내가 주께 피하오니 수치를 당하지 않게 하소서" 합니다. 성경이 말씀하고 있는 수치를 모욕 정도로 생각해서는 아니됩니다. 이는 "땅의 티끌 가운데에서 자는 자 중에서 많은 사람이 깨어나 영생을 받는 자도 있겠고 수치를 당하여서 영원히 부끄러움을 당할 자도 있을 것이며"(단12:2) 하신 영생과 영벌을 의미하고 있기 때문입니다. 주를 바라는 자는 결코 수치를 당하지 않습니다.

지금까지 나를 위해 간구하던 시편 기자는 "하나님이여 이스라엘을 그 모든 환난에서 속량하소서"(22) 하고 하나님의 모든 백성을 위하여 기도함으로 25편이 모든 성도의 기도가 되었고, 그 나라와 그 의를 구하는 기도가 되었습니다.

적용

여호와를 경외하는 자의 덕목 중에 형제에게 가장 취약한 점은 무엇입니까?

묵상해 봅시다

- 여호와를 경외하는 자는 어떠한 자입니까?
- 하나님의 성품이 어떠하심으로 계시되어 있습니까?
- 그의 궁극적인 목표를 어디에 두고 있습니까?

암송

여호와를 경외하는 자 누구냐(12)

제26편

성숙한 자의 기도

8 여호와여 내가 주께서 계신 집과 주의 영광이 머무는 곳을
사랑하오니

내용 관찰

26편은 다윗이 모함을 받고 쫓겨 다니던 수난 중에 기록된 시로 보입니다. 이런 경우 호소할 곳은 하나님밖에는 달리 없었을 것입니다. "내가 나의 완전함에 행하였사오며 흔들리지 아니하고 여호와를 의지하였사오니 여호와여 나를 판단하소서"(1) 합니다. "나를 판단하소서"하는 말은 "나를 살피시고" "나를 시험해 보십시오"(2)하고 자신을 하나님 앞에 내어놓는 것을 뜻합니다. 성도들은 자주 이런 기도를 드리기를 사모해야만 합니다. 139:23-24에서도 "하나님이여 나를 살피사 내 마음을 아시며 나를 시험하사 내 뜻을 아옵소서 내게 무슨 악한 행위가 있나 보시고 나를 영원한 길로 인도하소서"하고 기도하고 있습니다. "완전함에 행하였다"는 말이 첫 절에 이어 마지막 부분에서도 "나는 나의 완전함에 행하오리니"(11)하고 반복됩니다.

"완전"하다 함이 하나님 앞에서 흠없음을 의미하지 않습니다. 그 점이 "주의 인자하심이 내 목전에 있나이다"(3)라고 주의 인자를 바람과 "나를 속량하시고 내게 은혜를 베푸소서"(11)한 말씀에서 나타납니다. 다윗이 완전하다 함은 모함하는 자들의 송사가 거짓임을 뜻하며 결국 "예수를 죽이려고 그를 칠 증거를 찾되 얻지 못하니"(막14:55)한 예표됨으로 인도해 줍니다.

다윗은 자신이 하지 아니한 일(4-5)과 하기를 사모했던 일(6-8)을 진술합니다. 그가 하지 아니한 일들은 허망한 사람과 같이 "앉지 아니"하고 간사한 자와 "동행치도" 아니하였고(4), 그는 행악자들과 어울리는(집회) 것을 싫어하여 그들과 같이 앉지도 않았다(5)고 말합니다. 그와는 반대로 "여호와여 내가 주께서 계신 집과 주의 영광이 머무는 곳을 사랑하오니"(8)라고 말합니다. 이 사상적 배경은 1:1-2에서 찾을 수 있습니다.

그렇다면 "의인의 길은 여호와께서 인정하시나 악인의 길은 망하리로다"는 결론에 이르게 됨은 당연합니다. 그래서 "내 영혼을 죄인과 함께, 내 생명을 살인자와 함께 거두지 마소서"(9)하고 간구합니다. 이 기도가 26편의 중심적인 간구입니다. "거두지 마소서"는 죽음을 의미합니다. 생전에 불신자들이 살아가는 방식대로 살지 않았으니 죽을 때에도 내 영혼을 그들이 가는 길로 "함께" 가지 않게 해 달라고 간구합니다. "함께"가 두 번 반복됩니다. 두 길만이 있는데 한 길은 "그 마지막이 사망"(롬6:21)이요 다른 한 길은 "마지막이 영생"(롬6:22)임을 말씀하고 있는 것입니다. 이 영생은 "속량하시고 내게 은혜를 베푸소서"(11)로 말미암아 주어집니다. 이 소망이 있는 자마다 완전함에 행하기를 힘씁니다.

끝 절의 "내 발이 평탄한데 섰사오니"는 "흔들리지 아니하고 여호와를 의지한"(1) 사람만이 맛볼 수 있는 구원의 확신을 의미합니다. 그는 "여호와를 송축하리이다"하고 찬양으로 이 시를 끝맺고 있습니다.

묵상해 봅시다

- 시편 기자가 하지 아니한 일이 무엇입니까?
- 하기를 사모한 일은 무엇입니까?
- 26편의 중심적인 간구가 무엇입니까?

적용

완전함에 행하였사오며(1), 완전함에 행하오리니(11)는 구속함을 얻은 자가 힘써야 할 일입니다.

암송

내 영혼을 죄인과 함께 거두지 마소서(9).

제27편

은혜 볼 것을 믿음

1 여호와는 나의 빛이요 나의 구원이시니 내가 누구를 두려
워하리요 여호와는 내 생명의 능력이시니 내가 누구를 무서
워하리요

내용 관찰

27편은 첫 절에서 "여호와는 나의 빛이요 나의 구원이시니 내가 누구를
두려워하리요…내가 누구를 무서워하리요" 합니다. 이처럼 1–3절은 확고
한 신앙고백이요, 4–6절은 하나님과의 교제를 사모하며 요청하고 있습니
다. "내가 여호와께 바라는 한 가지 일 그것을 구하리니"(4) 합니다. 그것이
무엇입니까? 여호와의 집에 살면서 여호와의 아름다움을 바라보며 사모
하는 일(4)이었습니다.

"여호와께서 환난 날에 나를 그의 초막 속에 비밀히 지키시고 그의 장막
은밀한 곳에 나를 숨기시며"(5)합니다. "그의 장막 은밀한 곳"이란 지성소를
의미합니다. 다윗은 환난 날에 은밀한 곳, 지성소에 숨겨 주시고 지켜 주실
것을 믿었습니다. 이러한 일이 언제 어떻게 이루어집니까? 기도를 통해서

입니다. 밖에는 환난의 폭풍이 몰아치고 있어도 골방에 들어가 비밀한 가운데 은밀한 기도를 드리노라면 "지각에 뛰어나신 하나님의 평강이 그리스도 예수 안에서 너희 마음과 생각을 지켜"(빌4:7) 주시는 것입니다. 히브리서 4:16에 "그러므로 우리가 긍휼하심을 받고 때를 따라 돕는 은혜를 얻기 위하여 은혜의 보좌 앞에 담대히 나아갈 것이니라" 말씀합니다. 하나님께서는 그 길을 우리를 위하여 휘장 가운데로 열어 놓으셨습니다(히10:20).

이런 확신과 소원을 가지고 7-12절에서는 "여호와여 내가 소리 내어 부르짖을 때에"(7)하고 부르짖어 기도합니다. "너희는 내 얼굴을 찾으라"(8), 즉 기도하라 하신 말씀을 생각하면서 "내가 주의 얼굴을 찾으리이다"고 말합니다. "부모는 나를 버렸으나 여호와는 나를 영접하시리라"(10) 하고 버림과 영접이 극적으로 대조되어 있습니다.

27편에서도 다윗 한 사람을 죽이려고 총공세를 펴고 있음을 봅니다. "나의 대적들, 악인들이 내 살을 먹으려고 내게로 왔으나"(2)라고 말합니다. "군대가 나를 대적하여 진 칠지라도"(3) 합니다. 이는 그리스도 한 분을 죽이려고 총공세를 펴는 사탄의 음모를 예표합니다.

결론 부분(13-14)에서 "내가 산 자들의 땅에서 여호와의 선하심을 보게 될 줄 확실히 믿었도다"는 말씀을 평면적으로 보아서는 안 됩니다. 행 2:30-31에 그는 선지자로서 그 자손 중에서 한 사람을 그 위에 앉게 하리라 하심을 알고 미리 보았다고 말씀합니다. 그분이 "산 자의 땅" 곧 이 땅에 서실 날을 바라보며 믿고 있는 것입니다. "너는 여호와를 기다릴지어다 강하고 담대하며 여호와를 기다릴지어다"(14) 합니다. 이 말씀은 자신에게 격려하는 말이기도 합니다만 오늘 나에게 주시는 말씀인 것입니다.

적용

형제는 환난 날에 어떻게 반응합니까? 장막 은밀한 곳에 들어가 여호와의 얼굴을 찾으십시오.

묵상해 봅시다

- 다윗의 확고한 신앙고백이 무엇입니까?
- 그가 구한 한 가지 요청은 무엇입니까?
- 이러한 확신을 가지고 그는 어떻게 하고 있습니까?(7-12)

암송

내가 누구를 두려워하리요, 누구를 무서워하리요(1).

제28편

기도와 응답

9 주의 백성을 구원하시며 주의 산업에 복을 주시고 또 그들
의 목자가 되시어 영원토록 그들을 인도하소서

내용 관찰

다윗이 직면한 상황은 매우 다급해 보입니다. "주께 부르짖는다"는 말이
1-2절에서 강조되어 있습니다. 이 때에 주께서 잠잠하시면 자신은 무덤에
내려가는 자처럼 될 것이라는 말씀이 그의 절박한 처지를 말해 줍니다. "내
게 귀를 막지 마소서"(1) 합니다. "나의 간구하는 소리를 들으소서"(2)합니다.

그러했던 다윗이 6절에서 "여호와를 찬송함이여 내 간구하는 소리를 들
으심이로다"라고 확신하고 찬송합니다. 어떻게 그는 확신하게 되었으며
부르짖음이 찬송으로 변하게 되었을까요? 그 비결을 5절에서 찾을 수 있
습니다. "그들은 여호와께서 행하신 일과 손으로 지으신 것을 생각하지 아
니하므로"고 말씀합니다. 누구들이 그렇다는 것입니까? 불신자들입니다.
그렇다면 성도들은 어떤 사람들입니까? "여호와의 행하신 일과 손으로 지
으신 것을 생각"하는 사람들입니다. 그것을 먼저 생각하고 우선적으로 생각

하는 사람들입니다. 이는 신앙생활에 있어서 승패를 좌우하는 요점입니다.

자신이 당면한 문제가 제아무리 다급한 상황이라 하더라도 그것을 먼저 생각해서는 해결의 실마리가 풀리지 않습니다. 그의 간구하는 소리는 열납되지 않을 것입니다. 왜냐하면 "먼저 그의 나라와 그의 의를 구하라"(마 6:33) 하셨기 때문입니다.

"여호와께서 행하신 일" 다시 말하면 여호와께서 형제를 위해서 행하여 주신 일이 얼마나 많은지 형제는 얼마만큼이나 알고 있습니까? 또한 그것들이 얼마나 경이로운 일인지 형제는 말해 줄 수가 있습니까? "여호와 나의 하나님이여 주께서 행하신 기적이 많고 우리를 향하신 주의 생각도 많아 누구도 주와 견줄 수가 없나이다 내가 널리 알려 말하고자 하나 너무 많아 그 수를 셀 수도 없나이다"(40:5)고 말씀합니다.

구약의 성도들은 출애굽 사건을 첫손가락에 꼽았습니다. 궁극적으로 하나님이 해주신 일이란 한마디로 "자기 아들을 아끼지 아니하시고 내어주신 일"입니다. 이 큰일이 사실이라면 아들과 함께 모든 은사를 주실 것은 더욱 확실한 것입니다. 이것을 먼저 생각하고 더 많이 묵상하는 사람들이 그리스도인들입니다. 이렇게 하노라면 찬송이 터져 나오게 되는 것입니다. "여호와를 찬송함이여 내 간구하는 소리를 들으심이로다"(6)고 고백하기에 이릅니다. 그의 기도는 벌써 응답이 된 것입니다. "내 마음이 그를 의지하여 도움을 얻었도다 그러므로 내 마음이 크게 기뻐하며 내 노래로 그를 찬송하리로다"(7)고 말씀하고 있습니다.

8-9절에서 간구의 내용이 완전히 바뀌고 있음을 발견하게 됩니다. "나"에서 "저희"로 바뀌고 있습니다. 저희가 누구를 가리킵니까? 하나님의 백성들입니다. "주의 백성" "주의 산업"이라고 말합니다. 내 백성, 나의 산업이 아닙니다. "또 그들의 목자가 되시어 영원토록 그들을 인도하소서"(9) 합

니다. '주의 백성'이라는 말씀 속에 누가 진정한 왕이신가가 표현되어 있으며, "그들의 목자가 되시어"라는 말씀 속에 우리가 그의 기르시는 양 임이 나타나 있습니다. 28편은 나의 부르짖음으로 시작하였으나 "여호와께서 행하신 일"(5)을 묵상함으로 그리스도를 만나게 되고 그 나라와 의를 구함으로 끝마치고 있습니다.

적용

형제는 여호와께서 행하신 일에 관해서 얼마나 알고 있으며 묵상하고 있습니까?

묵상해 봅시다

- 다윗이 직면한 상황이 어떠합니까?
- 그런 경우도 무엇을 우선적으로 생각하여야 합니까?
- 기도가 어떻게 바뀌고 있습니까?

암송

그들의 목자가 되시어 영원토록 인도하소서(9)

제29편

폭풍우 속에서 말씀하시는 하나님

10 여호와께서 홍수 때에 좌정하셨음이여 여호와께서 영원
하도록 왕으로 좌정하시도다

내용 관찰

29편은 자연 계시를 통하여 나타난 여호와의 위엄을 노래한 시입니다.

지금 다윗은 가나안 땅을 가로질러 달리며 천지를 진동시키고 있는 폭풍우와 뇌성벽력을 바라보면서 겸비한 자세로 하나님을 찬양할 영감을 받아 이 시를 쓰고 있는 것입니다. "여호와의 소리가 힘 있음이여 여호와의 소리가 위엄차도다"(4)하며, 폭풍우와 뇌성벽력을 통해서도 여호와의 능력과 위엄을 보고 있습니다.

이런 맥락에서 1–2은 회개의 촉구와 예배에의 부름입니다. "권능있는 자들"이란 세상에서 권세와 능력을 누리면서 하나님 두려운 줄을 모르고 있는 자들을 가리킬 것입니다. "영광의 하나님이 우렛소리를 내시니"(3)한 그 우렛소리를 "너희 권능있는 자들아 영광과 능력을 여호와께 돌리고 돌릴지어다"(1) 하시는 여호와의 호령으로 듣고 있는 것입니다. "여호와의 소

리"라는 말씀이 7번이나 반복적으로 강조되어 있습니다. 이 말씀이 "돌리고 돌릴지어다" "여호와의 이름에 합당한 영광을 돌리며"와 결부되어 계속적으로 회개를 촉구하고 계심으로 나타납니다.

3–9에서는 천지를 진동하는 폭풍우가 휘몰아칩니다. "여호와의 소리가 화염을 가르시도다 여호와의 소리가 광야를 진동하심이여 여호와께서 가데스 광야를 진동시키시도다 여호와의 소리가 암사슴으로 낙태하게 하시고 삼림을 말갛게 벗기시니 그 성전에서 그의 모든 것들이 말하기를 영광이라 하도다"(7–9) 하십니다.

왜 시편 기자는 폭풍우와 뇌성벽력을 묘사하고 있는 이 단락을 한마디로 요약하여 "영광"(榮光)이라고 말씀하고 있을까요? 이를 통하여 하나님의 위대하심과 위엄(威嚴)을 보았기 때문입니다. 그래서 1–2절에서 영광과 능력을 여호와께 돌리고 여호와의 이름에 합당한 영광을 돌리라고 촉구했던 것입니다. 시편 기자는 "여호와께서 홍수 때에 좌정하셨음이여"(10상)하고 분명 노아 홍수를 상기시켜주고 있습니다. 홍수 때에 좌정하신 하나님은 이제 폭풍우 속에도 좌정하시고 계심을 믿고 있는 것입니다.

그렇다면 노아 홍수가 심판으로 주어졌듯이 3–9절까지 묘사된 자연계에 나타난 폭풍우는 심판에 대한 경고적인 메시지가 들어있다는 말씀입니다.

"여호와께서 영원하도록 왕으로 좌정하시도다"(10하)고 말씀합니다. 이 말씀이 29편의 핵심입니다. 노아 홍수 때만 아니라, 다윗 때만 아니라 영원토록 지금도 왕으로 좌정해 계셔서 천지만물의 주재가 되시고 섭리자가 되십니다. 여호와께서 영원토록 왕으로 좌정하시는 보좌가 언제나 어디서나 중심에 와 있어야만 합니다. 성도의 마음 중심에 있어야 하고 가정의 중심에 사업체의 중심에 교회의 중심에 여호와의 보좌가 중앙에 있어야만 합니다.

10-11은 결론 부분입니다. 그 왕 되시는 "여호와께서 자기 백성에게 힘을 주심이며 여호와께서 자기 백성에게 평강의 복을 주시리로다"(11)고 말씀합니다. 거듭해서 자기 백성이라고 말씀합니다. 천둥 번개가 치고 하늘이 찢어지는 듯한 소리와 함께 벼락이 떨어질 때에 산림의 짐승들도 두려워 넙니다. 사람들의 간은 콩알만 해진다고들 그 두려움을 표현합니다. 이런 경우 성도들도 두려움에 떨게 됩니까? 아닙니다. 도리어 "평강의 복"을 주시리로다고 말씀합니다. 불신자들에게는 폭풍우와 뇌성벽력이 심판에 대한 경고로 주어지지만 자기 백성에게는 하나님의 위대하심을 계시하는 힘을 주시는 것이며 자기 백성에게 평강을 주시는 것이라고 말씀합니다.

그렇습니다. 폭풍우와 평강이 절묘하게 대조되어 있습니다. "잠잠하라 고요하라 하시니 바람이 그치고 아주 잔잔"(막5:39)하게 되었습니다. 이는 자연적인 현상뿐만 아니라 삶의 현장에서 일어나는 폭풍 속에서도 그를 통하여 말씀하시고 힘주시고 평강을 주시는 여호와이심을 말씀해 줍니다.

적용

형제의 마음 보좌에 좌정하신 하나님은 형제가 당면한 폭풍 속에서도 말씀하고 계십니다.

묵상해 봅시다

- 다윗은 무엇을 바라보면서 이 시를 읊고 있습니까?
- 뇌성벽력 가운데서 무슨 경고를 듣고 있습니까?
- 이 시의 결론과 중심점은 무엇입니까?

암송

여호와께서 영원하도록 왕으로 좌정하시도다(10).

제30편

사랑하시는 자를 징계하시는 주

7 여호와여 주의 은혜로 나를 산 같이 굳게 세우셨더니 주의
얼굴을 가리시매 내가 근심하였나이다

내용 관찰

30편은 세 부분으로 나누어 관찰하면 이해에 도움이 됩니다. 첫 부분
(1-5)을 관찰해보면 다윗은 여호와의 "노염"(5)을 사서 "내 영혼을 스올에서
끌어내어 나를 살리사 무덤으로 내려가지 아니하게 하셨나이다"(3) 한 것을
보면 거의 죽을 뻔한 징계를 받은 듯합니다. 그때 "베옷"을 입고(11) 회개하
며 "여호와 내 하나님이여 내가 주께 부르짖으매 나를 고치셨나이다"(2) 합
니다. 그래서 "주의 성도들아 여호와를 찬송하며 그의 거룩함을 기억하며
감사하라"(4)고 초청하고 있습니다.

둘째 부분(6-10)에서 다윗이 왜 하나님의 노염을 사서 징계를 받았는가
를 말씀해 줍니다. "내가 형통할 때에 말하기를 영원히 흔들리지 아니하리
라 하였도다"(6)고 하나님을 전적으로 의지하지 않고 교만하여졌었음을 말
해 줍니다. 대상 21장을 보면 다윗이 사탄의 격동에 빠져서 군대를 계수하

는 것을 봅니다. 그때 군대장관 요압이 어찌하여 이스라엘로 죄가 있게 하시나이까 하고 만류하나 듣지 아니합니다. 계수하는 것이 왜 죄가 된다는 것입니까 하나님을 의지하지 않고 군대의 수를 의지하는 교만 때문입니다. "하나님이 이 일을 괘씸히 여기사 이스라엘을 치셨다"(대상21:7)고 말씀합니다.

다윗은 지금 이런 경우를 당하고 있는 것입니다. "주의 은혜로 내 산을 굳게 세우셨더니" 그렇습니다. 내 산을 굳게 세우셨더니 한대로 평안하고 형통한 것을 "주의 은혜로 말미암아서인 데도 마치 자신이 잘 나서 인양 "말하기를 영원히 흔들리지 아니하리라"(6)고 자고함은 교만입니다. "주의 얼굴을 가리시매 내가 근심하였나이다"(7)하고 뒤늦게 깨달음을 얻습니다.

하나님께서는 사랑하는 자를 징계하십니다. 다윗이 회개하자 징계를 푸시고 구원하여 주셨습니다. 다윗은 "여호와여 내가 주를 높일 것은"(1상) 합니다. 자고(自高)하던 다윗은 하나님만을 높이겠다고 말씀합니다.

이러한 경험을 통해 다윗은 대조법을 써서 하나님을 찬양하며 성도들을 격려해 주고 있습니다. 5절에는 "노염과 은총" "저녁과 아침" "울음과 기쁨" "잠깐과 평생"이 대조되어 있습니다. 11절에는 "슬픔과 춤", "베옷과 기쁨"이 대조되어 있습니다.

믿음의 사람들은 대조법을 활용할 줄 아는 사람들입니다. 사도바울도 고린도 교회에 보낸 편지에서 "겉 사람과 속 사람" "낡아짐과 새로움" "잠시와 영원" "환난과 영광" "경한 것과 중한 것" "보이는 것과 보이지 않는 것"(고후4:16-18)을 대조해서 성도들을 격려해 주고 있습니다. "생각컨대 현재의 고난은 장차 우리에게 나타날 영광과 족히 비교할 수 없도다"(롬8:18)하고 대조할 뿐만 아니라 이를 비꿈으로 현재의 고난을 극복하라고 말씀합니다.

대조에서 강조되고 있는 점은 "잠시와 영원" "경한 것과 중한 것"등 비교도 안 된다는데 있습니다. 그렇습니다. "노염은 잠깐이요 은총은 평생이로다"하고 징계는 필요할 때마다 잠시 왔다 지나가나 하나님의 은총과 사랑은 영원히 지속된다는 사실입니다.

다윗은 29편에서 상고한 바 있는 폭풍을 만난 것입니다. 그러나 폭풍은 지나가고 "여호와께서 자기 백성에게 평강의 복을" 주셨습니다(29:11).

이를 깨달았다면 "여호와 나의 하나님이여 내가 주께 영원히 감사하리이다"(12)고 고백하지 않을 수가 없었을 것입니다.

적용

형제의 지금 시간은 저녁입니까? 아침입니까? 울음입니까? 기쁨입니까? 부르짖을 때입니까? 찬송과 감사할 때입니까?

묵상해 봅시다

- 다윗은 무엇을 왜 당하였습니까?
- 다윗은 어떻게 하였습니까?
- 30편은 이 경험을 통해서 무엇을 교훈해 주고 있습니까?

적용

슬픔이 변하여 내게 춤이 되게 하시며(11)

제31편

나의 영을 의탁하나이다

5 내가 나의 영을 주의 손에 부탁하나이다 진리의 하나님 여
호와여 나를 속량하셨나이다

내용 관찰

31편의 상황도 수난을 당하고 있는 주의 종과 그의 생명을 빼앗으려는
대적(8,11), 원수(15)와의 영적 싸움임을 염두에 두어야만 합니다. 31편의
요절은 5절입니다. 이 구절은 주님께서 운명하실 때에 최후로 하신 말씀입
니다. 주님께서 십자가상에서 부르짖으신 "나의 하나님 나의 하나님 어찌
나를 버리셨나이까"(마27:46)가 시편 22:1의 인용이었듯이 십자가에서 "아
버지여 내 영혼을 아버지 손에 부탁하나이다"(눅23:46) 하신 마지막 기도가
본문 5절을 염두에 두고 하신 기도입니다.

그러므로 31편을 대할 때에 다윗의 수난을 통해서 그리스도가 당하실
수난을 볼 수 있어야만 합니다. 11절은 "내가 모든 대적들 때문에 욕을 당
하고 내 이웃에게서는 심히 당하니 내 친구가 놀라고 길에서 보는 자가 나
를 피하였나이다"하고 대적, 이웃, 친구, 행인 등 모든 사람에게 버림을 당

할 것을 말씀합니다. 더 나아가 "내가 무리의 비방을 들었으므로 사방이 두려움으로 감싸였나이다 그들이 나를 치려고 함께 의논할 때에 내 생명을 빼앗기로 꾀하였나이다"(13)한 음모는 "예수를 흉계로 잡아 죽이려고 의논하되"(마26:4)에서 응하여지고 있습니다. 급기야 그리스도는 십자가에 달려 "나의 영을 주의 손에 부탁하나이다"(5)고 최후의 기도를 드리기에 이릅니다. 이 기도는 후에 스데반이 순교 당할 때에 주님의 본을 받아드렸고 모든 그리스도인들이 운명 시에 드리기를 원하는 기도가 되었습니다.

하나님께서는 그 기도에 응답하사 "나를 원수의 수중에 가두지(금고) 아니하셨고 내 발을 넓은 곳에 세우셨음이니이다"(8)고 말씀합니다. 이는 사망의 결박에서 풀어 부활케 하심을 의미합니다. "금고"는 결박하여 가두는 것을 의미하는 반면 내 발을 넓은 곳에 세우심은 놓여 자유케 됨을 의미합니다. 이 점을 베드로는 "하나님께서 그를 사망의 고통에서 풀어 살리셨으니 이는 그가 사망에 매여있을 수 없었음이니라"(행2:24)고 증거하고 있습니다.

1-18이 다윗을 예표로 그리스도가 당하실 수난을 말씀하고 있다면 19-24은 그로 말미암아 주어지게 된 은혜입니다. "주를 두려워하는 자를 위하여 쌓아 두신 은혜 곧 주께 피하는 자를 위하여 인생 앞에 베푸신 은혜가 어찌 그리 큰지요"(19) 합니다. "주를 두려워하는 자" "주께 피하는 자"란 성도들을 의미합니다. 그들을 위하여 쌓아 두신 은혜가 얼마나 큰지 형제는 짐작이라도 하십니까? 19절을 다시 한번 주목해 보십시오. 그 은혜는 "쌓아두신 은혜"만이 아니라 "베푸신 은혜"임을 보게 될 것입니다.

이 은혜가 어떻게 해서 누구로 말미암아 주어지게 되었음을 재언할 필요가 없습니다. 하나님은 성도들에게 은혜만 베푸시는 것이 아닙니다. "주께서 그들을 주의 은밀한 곳에 숨기사 사람의 꾀에서 벗어나게 하시고 비밀히 장막에 감추사"(20) 아시겠습니까? 은밀한 곳에 숨기시고 비밀히 장막에 감추어 주신다는 사실을. "여호와를 찬송할지어다"(21), "너희 모든 성도들아 여호와를 사랑하라"(23) 하십니다.

주의 제자된 성도들이 세상에서 환난을 당할 때에 "내가 놀라서 말하기를 주의 목전에서 끊어졌다"(22)고 낙심할 때가 있습니다만 마지막 절에서 "강하고 담대하라 여호와를 바라는 너희들아"하고 격려해 줍니다. 이 말씀은 주께서 잡히시던 밤에 낙심하는 제자들에게 하신 다락방 강화의 결론이기도 합니다. "세상에서는 너희가 환난을 당하나 담대하라 내가 세상을 이기었노라"(요16:33)". "성도"(23)란 "주를 두려워하는 자"(19)요, "사랑하는 자"(23)요, "여호와를 바라는 자"(24)입니다.

적용

신자들도 때로는 환난을 당합니다. "여호와여 그러하여도 나는 주께 의지하고 말하기를 주는 내 하나님이시라"(14)고 고백하는 사람들입니다.

묵상해 봅시다

- 31편의 어떤 점이 그리스도의 예표가 되었습니까?
- 성도들에게 주어지는 은혜가 어떻게 묘사되어 있습니까?
- 31편의 결론과 다락방 강화의 결론이 무엇입니까?

암송

여호와를 바라는 너희들아 강하고 담대하라(24)

제32편

죄의 가리움을 받은 자의 복

1 허물의 사함을 받고 자신의 죄가 가려진 자는 복이 있도다

내용 관찰

32편은 "허물" "죄" 등으로 시작하여(1) "너희 의인들아"(11)로 끝맺고 있음을 주목해야만 합니다. 왜냐하면 이 부분이 32편의 핵심이기 때문입니다. 어떻게 죄인이 의인이 될 수 있는가. 이것은 구속사에 있어서 해결하여야 할 가장 큰 난제인 것입니다. 그런데 죄인이 의인이 되는 것이 인간의 행위로는 불가능함을 성경은 말씀합니다(롬3:20). 그래서 하나님이 해 주셨다는 것입니다.

이것이 "사함을 받고" "가려진 자"(1), "여호와께 정죄를 당하지 않는 자"(2)라는 말씀 속에 나타납니다. 그냥 사하신 것이 아닙니다. 사하시기 위해서는 대속의 피 흘림이 있어야만 했고 가리워주시기 위해서는 범죄한 아담에게 가죽옷을 지어 입혀 주셨듯이 의의 옷이 필요했던 것입니다.

32편의 배경은 다윗이 밧세바와의 사건으로 괴로워하던 때입니다. 다윗은 1년간이나 그 죄를 숨기고 입을 열지 아니하였습니다(삼하12:14). "내

가 입을 열지 아니할 때에 종일 신음하므로 내 뼈가 쇠하였도다"(3)고 말합니다. 하나님께서는 어서 토해내라고 주야로 누르고 계셨습니다(4). 드디어 "내가 이르기를 내 허물을 여호와께 자복하리라 하고 주께 내 죄를 아뢰고 내 죄악을 숨기지 아니하였더니 곧 주께서 내 죄악을 사하셨나이다(셀라)"(5) 합니다. 그리고 사건은 마무리된 듯 싶었습니다.

그런데 그 이면에 무슨 일이 있었는지 아십니까? 하나님은 다윗이 토해낸 죄짐을 들고 "길이 참으시는 중에"(롬3:24), "곧 이 때에"(롬3:26) 즉 예수 그리스도께서 십자가에 못박히셨을 때에 그에게 담당시키셨습니다. 주님이 대신 피 흘리심으로 비로소 죄 문제는 완결이 되었고 하나님의 공의는 손상을 입지 아니하실 수가 있으셨다는 것입니다(롬3:26). 본문을 설교하는 자는 이점을 소리높여 증언해야 마땅합니다. 그래도 의아해합니까? 히브리 9:15을 보십시오. 예수 그리스도의 죽으심을 첫 언약 때(신약시대)에 범한 죄뿐만이 아니라 "이는 첫 언약때(구약시대)에 범한 죄를 속하려고 죽으셨다"고 말씀합니다. 다윗의 죄뿐만이 아니라 첫 언약 때에 속죄제를 드렸던 모든 사람의 죄를 위하여 죽으심으로 그때까지 보류하셨던 진노를 대신 받으신 것입니다.

로마서 4:6에서 사도바울은 "일한 것이 없이 하나님께 의로 여기심을 받는 사람의 복에 대하여 다윗이 말한바"하고 본문 1−2절을 인용하고 있음을 봅니다. 그렇다면 다윗은 칭의를 알고 있었다는 것이 됩니다. 놀라운 일입니다. 지금(신약시대)도 칭의 교리에 대하여 설교하기를 주저하고 확신이 없는 성도들이 얼마나 많습니까? "복이 있도다"(1−2) 하고 거듭 말씀하고 있는데 왜 복이 있습니까 "주께서 그 죄를 인정하지 아니하실"(롬4:8)뿐만 아니라 의롭다고 인정해 주셨기 때문입니다. 그래서 "너희 의인들아 여호와를 기뻐하며 즐거워할지어다"(32:11)가 가능해진 것입니다. 저는 매우

위험한 말씀을 증거하고자 합니다. 6절에 "이로 말미암아 모든 경건한 자는 주를 만날 기회를 얻어서 주께 기도할지라 진실로 홍수가 범람할지라도 그에게 미치지 못하리이다"는 말씀입니다. 홍수가 범람해도 미치지 못한다는 뜻이 무엇입니까? 원수 사탄이 의롭다 함을 얻은 성도를 멸망시키려 하다 그 무엇으로도 불가능하다는 뜻입니다. 어떻게 그럴 수가 있습니까? "이로 말미암아" 즉 그리스도의 대속의 죽으심으로 말미암아서 사죄함을 얻었기 때문이라는 것입니다. "의롭다 하신 이는 하나님이시니 누가 정죄하리요"(롬8:34). 그래서 "주는 나의 은신처이오니 환난에서 나를 보호하시고 구원의 노래로 나를 두르시리이다"(7)고 찬양합니다.

다윗은 "내가 네 갈 길을 가르쳐 보이리라"(8)고 전도합니다. "너희는 무지한 말이나 노새같이 되지 말지어다"(9) 합니다. 그렇게 고집 피우지 말라는 것입니다. "다만 네 고집과 회개하지 아니한 마음"(롬2:5) 때문에 심판을 받게 된다고 경고하고 있는 것입니다.

적용

성도는 1편의 성화의 복과 32편의 칭의의 복이 균형을 유지할 수 있어야만 합니다.

묵상해 봅시다

• 32편의 배경은 어느 때 일입니까?
• 32편의 주제는 무엇입니까?
• 32편에서 훈계하는 바가 무엇입니까?

암송

죄가 가려진 자는 복이 있도다(1).

제33편

하나님의 기업으로 선택된 백성

12 여호와를 자기 하나님으로 삼은 나라 곧 하나님의 기업
으로 선택된 백성은 복이 있도다

내용 관찰

33편은 32편의 사죄함을 받고 의롭다함을 얻은 다윗의 감사와 찬양인
것으로 보입니다. 32:11과 33:1을 대조해 보면 그렇게 말할 수밖에 없습니
다. "너희 의인들아 여호와를 즐거워하라 찬송은 정직한 자들이 마땅히 할
바로다"(1) 합니다. 33편은 찬양 시입니다. "수금으로 여호와께 감사하고
열 줄 비파로 찬송할지어다 새 노래로 그를 노래하며 즐거운 소리로 아름
답게 연주할지어다"(2-3)고 말씀합니다. 무엇에 대한 감사와 찬양일까요?

4-5절에 찬양할 이유가 요약되어 있습니다. 먼저 4절은 "여호와의 말
씀은 정직하며 그가 행하시는 일은 다 진실하시도다"고 "말씀"을 내세우
고 있습니다. 6-9은 4절에 대한 해설인데 말씀으로 천지만물이 이루었으
며(6) "그가 말씀하시매 이루어졌으며 명령하시매 견고히 섰도다"(9)고 첫
창조가 하나님의 말씀으로 이루어졌음을 증언하고 있습니다. 강조점이

천지창조에 있는 것이 아니라 "말씀"에 있음을 유의하십시오. 그가 말씀하셨는데도 이루지 아니한 것이란 없습니다. 이는 하나님의 말씀은 진실하여 말씀하신 바는 반드시 이루어진다는 하나님의 말씀에 대한 신뢰를 의미합니다.

다음 찬양할 이유로 5절은 "그는 공의와 정의를 사랑하심이여 세상에는 여호와의 인자하심이 충만하도다" 합니다. "공의와 정의"는 하나님의 두 가지 큰 속성입니다. 이는 4절에서 언급한 능력과 권위가 있으신 하나님의 말씀이 어떤 속성에 의해서 역사하시느냐 하면 공의와 정의 즉 의로우심과 사랑이라는 속성에 의해서 시행됨을 말씀하고 있는 것입니다.

이에 대한 해설이 10-19절에 나타나 있는데 이는 재창조의 역사 즉 하나님의 구원계획입니다. 그래서 "여호와의 계획은 영원히 서고 그의 생각은 대대에 이르리로다"(11)고 여호와께서 계획하시고 약속하신 바는 반드시 성취되고야 말 것을 말씀합니다. 반면 하나님의 역사를 대적하는 열방의 도모는 "폐하시며" 민족들의 사상을 "무효하게 하시도다"(10) 합니다. 이는 사탄의 악한 궤계는 폐하여지고 하나님의 의로우신 계획은 이루어지고야 말 것을 의미합니다. 그러하기 때문에 "여호와를 자기 하나님으로 삼은 나라 곧 하나님의 기업으로 선택된 백성은 복이 있도다"(12) 합니다. 여기에는 인간의 믿음과 하나님의 주권적인 선택이 나타나 있습니다.

"자기 하나님으로 삼았다"함은 "영접하는 자 곧 그 이름을 믿는 자"(요1:12)에 해당이 되고" 하나님의 기업으로 선택된 백성"이란 "오직 하나님께로서 난 자들이니라"(요1:13) 하신 하나님의 택하심을 뜻합니다 "여호와로 자기 하나님을 삼은 나라"라고 말씀했다가 혹시나 오해를 살까 싶어서 "곧 하나님의 기업으로 빼신 바 된 백성"이라고 하나님께서 주권적으로 택하심이 먼저임을 말씀합니다. 이런 표현은 사도바울에게서도 나타납니다.

"하나님을 사랑하는 자"라고 말씀했다가 이내 "곧 그 뜻대로 부르심을 입은 자"(롬8:28)라고 하나님의 주권을 내세웁니다. 그런 사람이 복이 있다고 말씀합니다. "많은 군대로 구원 얻은 왕이 없으며"(16), "구원하는 데에 군마는 헛 것이라"(17) 말씀합니다. 오직 "여호와는 그를 경외하는 자 곧 그 인자하심을 바라는 자"(18), 즉 성도의 믿음을 보시고 "그들의 영혼을 사망에서 건지시며 그들이 굶주릴 때에 그들을 살리시는도다"(19)고 말씀합니다.

33편의 주제는 하나님이 말씀하시매 천지 만물이 이루어진 것 같이 하나님이 약속하신 재창조의 역사는 반드시 성취된다는 확고한 믿음입니다. 20-22절은 이를 믿는 자들의 합창과 기도입니다. 인칭을 '우리'라고 하여 "우리 영혼이 여호와를 바람이여"(20), "우리 마음이 그를 즐거워함이여 우리가 그의 성호를 의지하였기 때문이로다"(21) 합니다. 이는 다 믿음을 나타내는 말들인데, 33편은 "우리가 주께 바라는 대로 주의 인자하심을 우리에게 베푸소서" 하고 끝맺습니다. 이는 하나님의 구원을 받는 비결은 오지 믿음뿐임을 의미합니다.

묵상해 봅시다

- 말씀의 능력과 권위가 어떻게 증거되어 있습니까?(6-9)
- 그 말씀은 어떤 속성에 의해서 시행이 됩니까?
- 누가 복 있는 사람입니까?

적용

형제도 복을 받았고 찬양할 이유가 있는 사람입니다.

암송

하나님의 기업으로 선택된 백성은 복이 있도다(12)

제34편

구속에 대한 찬양과 전파

22 여호와께서 그의 종들의 영혼을 속량하시나니 그에게 피하는 자는 다 벌을 받지 아니하리로다

내용 관찰

34편의 내용은 구원 얻음에 대한 찬양(1-10)과 이를 다른 사람들에게도 전하여 주기를 원하는 전도로 되어있습니다(11-22).

"건지셨다"는 말이 4번(4,7,17,19절)이나 나옵니다. 또 "구원하셨다"는 말도 6절과 18절에 있습니다. 건지시고 구원하심이 1차적으로는 표제에 있는 대로 다윗을 아비멜렉으로부터 구원하여 주신 일입니다만 궁극적인 구원은 마지막 절에서 "여호와께서 그의 종들의 영혼을 속량하시나니"한 '영혼 속량'에 있습니다. 왜냐하면 이 속량은 "다 벌을 받지 아니하리로다"하고 죄의 권세자인 사탄으로부터의 구원이요 죄책으로부터의 구원임을 말씀해 주고 있기 때문입니다. "다 벌을 받지 아니하리로다"는 말씀은 쉽게 할 수 있는 말이 아닙니다. 그것은 정죄함이 없음을 의미하는 놀라운 복음적인 말씀인 것입니다. "다 벌을 받지 아니하리로다"는 말씀은 누군가가 내

대신 벌을 받았다는 말씀인 것입니다. 그렇다면 그분이 누구입니까?

　이와 같은 구원이 어떻게 해서 가능하여지는 것입니까? 20절에 "그의 모든 뼈를 보호하심이여 그중에서 하나도 꺾이지 아니하도다"는 말씀이 십자가에 달리신 그리스도에게 응하여졌음을 아신다면 그 해답을 얻게 될 것입니다. 예수께 이르러는 이미 죽은 것을 보고 다리를 꺾지 아니하였으니 "이 일이 일어난 것은 그 뼈가 하나도 꺾이지 아니하리라 한 성경을 응하게 하려 함이라"(요19:36) 말씀해 주고 있습니다. 그러므로 "의인을 미워하는 자" 곧 그리스도를 대적하는 자는 "벌을 받으리로다"(21) 하고 신자와는 대조적으로 심판받게 될 것을 경고하고 있습니다. 그러므로 1－10까지의 찬양은 구속의 은총에 대한 찬양인 것입니다. "내 영혼이 여호와를 자랑하리니"(2상)한 말씀은 "그리스도 예수로 자랑하고"(빌3:3) "우리 주 예수 그리스도의 십자가"만을 자랑하겠다(갈6:14)는 바울의 고백과 상통합니다.

　"나와 함께 여호와를 광대하시다 하며 함께 그의 이름을 높이세"(3) 합니다. 여호와를 "경외하는 자"라는 말이 네 번이나 강조되어 있습니다(7,9,10). 또한 여호와께 "구함"(4), "앙망"(5) "부르짖음"(6), "그에게 피하는 자"(8), "여호와를 찾는 자"(10)라는 말씀이 매 절마다 나오는데 이는 모두가 하나님을 믿는 믿음을 의미하는 말씀들입니다. 그렇습니다. 주를 믿는 자는 모든 좋은 것에 부족함이 없습니다(10). "여호와의 천사가 주를 경외하는 자를 둘러 진 치고 그들을 건지시는도다"(7).

　다윗은 "너희 자녀들아 와서 내게 들으라 내가 여호와를 경외하는 법을 너희에게 가르치리로다"(11)하고 복음을 전합니다. "생명을 사모하고 연수를 사랑하여 복 받기를 원하는 사람이 누구뇨"(12). 이는 영혼 구원을 사모하며 영생의 복 받기를 원하는 자를 말합니다. "여호와는 마음이 상한 자를 가까이 하시고 충심으로 통회하는 자를 구원하시는도다"(18)고 자신이 죄인임을 고백하고 통회하는 자를 구원하심을 말씀합니다.

"마음이 상한 자" "중심에 통회하는 자"란 51:17에서도 "하나님이 구하시는 제사는 상한 심령이라 하나님이여 상하고 통회하는 마음을 주께서 멸시하지 아니하시리로다"고 말씀하고 있습니다. 이는 인간이 자력으로는 구원 얻을 수 없음을 인정하고 전적으로 하나님의 속량하심만을 의지하기를 원하신다는 뜻입니다.

34편에는 놀라웁게도 "의인"이라는 말이 여러 번(15,17,19,21절) 나옵니다. 자기 행위로 하나님 앞에 의롭다함을 얻을 육체가 어디 있겠습니까? "한 사람의 순종하심으로 많은 사람이 의인이 되리라"(롬5:19) 하신 그 의인들인 것입니다. 여호와의 눈은 그들을 향하시고(15) 여호와의 귀는 그들의 기도를 들으시고(17) 여호와의 손은 그들을 건져 주십니다(17). 그러나 의인에게는 고난이 많음도(19) 잊지 맙시다.

적용

34편을 두 가지로 요약하면 구원에 대한 찬양과 전파입니다. 형제도 이렇게 하십시오.

묵상해 봅시다

- 어느 구절이 주님에게 응하여졌습니까?
- '죄를 받지 아니하리로다'가 어떻게 가능해졌습니?까
- 불신자는 왜 죄를 받게 됩니까?

암송

그의 종들의 영혼을 속량하시나니(22)

제35편

털 깎는 자 앞에 잠잠한 어린 양

28 나의 혀가 주의 의를 말하며 종일토록 주를 찬송하리이
다

내용 관찰

35편은 앞부분(1-10)에서 하나님을 방패를 잡으시고 창을 빼서 싸우시
는(2-3) 용사로 묘사해서 자신을 구원해 달라고 호소합니다.

하나님은 방어무기인 방패와 손 방패를 잡으실 뿐만 아니라(2) 공격무기
인 "창을 빼사 나를 쫓는 자의 길을 막으시고 또 내 영혼에게 나는 네 구원
이라 이르소서"(3) 합니다. 구속의 역사란 영적 전쟁의 역사이기도 합니다.
그런데 우리의 구원자는 호랑이를 잡기 위하여는 호랑이 굴에 들어가야 하
듯이 사망의 세력을 잡은 자 마귀를 잡기 위해서 친히 사망을 당하심으로
죽기를 무서워하므로 일생에 매여 종노릇하는 우리들을 구출해 주시는 분
이시라는 사실입니다(히2:14-15).

그러므로 두 번째 장면에서 한 경건한 자가 무고하게 재판을 받고 있는
장면을 대하게 됩니다. "불의한 증인"(11)이 등장합니다. 그들은 "내가 알지

못하는 일로 내게 질문하고 있다'고 말씀합니다. 거짓 증인들의 모습도 보입니다(20). 그들은 "입을 크게 벌리고 하하 우리가 목격하였다"(21)고 거짓 말을 합니다. 피고석에 끌려온 그는 "나를 공판하시며 나의 송사를 다스리소서"(23하), "주의 공의대로 나를 판단하사"(24상)하고 하나님의 공의로우신 재판에 호소하고 있습니다. 원수들은 그를 "무고히"(19) 미워하고 있다고 말씀합니다.

"무고"하다는 말이 7절에서는 "그들이 까닭 없이 나를 잡으려고 그들의 그물을 웅덩이에 숨기며 까닭 없이 내 생명을 해하려고 함정을 팠사오니" 하고 강조되어 있습니다. 묵묵히 재판정에 서 있는 한 사람은 "그들이 병들었을 때에 굵은 베옷을 입으며 금식하여 내 영혼을 괴롭게 하였더니" "내가 나의 친구와 형제에게 행함같이 그들에게 행하였으며 내가 몸을 굽히고 슬퍼하기를 어머니를 곡함같이" 그들을 긍휼히 여겼다고(13-14)고 말씀합니다. 그런데도 저들은 "선을 악으로 갚고"(12) 있다는 것입니다.

이런 대우를 누가 당해야만 했습니까? 1차적으로는 다윗이 당한 어떤 경험일 수가 있습니다만 이 시가 증언하고 있는 광경은 가야바의 뜰에 서신 예수 그리스도의 모습입니다. 주님은 본문 19절을 인용하셔서 "이는 그들의 율법에 기록된바 그들이 이유없이 나를 미워하였다 한 말을 응하게 하려 함이라"(요15:25)고 친히 말씀하셨습니다. "대제사장들과 온 공회가 예수를 죽이려고 그를 칠 증거를 찾되 얻지 못하니"(막14:55-65)하고 성경은 말씀합니다.

주님은 무리들이 목자 없는 양같이 유리 방황하고 있는 것을 불쌍히 여기셨습니다. 병든 자를 고쳐주시고 주릴 때에 먹이셨습니다. "암탉이 제 새끼를 날개 아래 모음같이 내가 너희의 자녀를 모으려한 일이 몇 번이냐 그러나 너희가 원하지 아니하였도다"(눅13:34)고 말씀하십니다.

대적자들은 예수님을 죽이고 무덤을 수직하면서 "아하 소원을 성취하였다…우리가 그를 삼켰다"(25)고 생각했을 것입니다. 그러나 주께서 죽은 자 가운데서 부활하심으로 "나의 재난을 기뻐하는 자들이 함께 부끄러워 낭패를 당하게 하시며…수치와 욕"(26)을 당하게 하셨습니다.

35편은 마지막 부분에서 불의가 득세하고 있는 어둠 속에서도 "나의 의" "주의 의" 하고 의가 빛을 발하고 있음을 주목하시기 바랍니다. 27절의 "나의 의"란 다윗의 부고함을 의미합니다. 그리고 송말에는 의가 승리의 개가를 부르게 될 것을 말씀합니다. 마지막 절은 "나의 혀가 주의 의를 말하며 종일토록 주를 찬송하리이다"하고 자신의 의나 명예를 위해서가 아니라 하나님의 의와 영광을 위하여 찬송으로 끝을 맺고 있습니다.

적용

성도들이 이런 부당한 대우를 받을지라도 "원수갚는 것이 내게 있으니 내가 갚으리라"(롬12:19) 말씀하십니다.

묵상해 봅시다

• 1-10절과 11-28절은 어떤 장면을 연상하게 합니까?
• 송사를 당하는 자는 어떤 부당한 대우를 받고 있습니까?
• 송사를 당하고 있는 사람은 그들을 어떻게 대우했습니까?

암송

"나의 혀가 주의 의를 말하며 종일토록 주를 찬송하리이다"(28).

제36편

주의 인자와 주의 성실

5 여호와여 주의 인자하심이 하늘에 있고 주의 진실하심이
공중에 사무쳤으며

내용 관찰

36편은 세 부분으로 나누어 관찰함이 이해에 도움을 줍니다. 1-4절은
불신자들의 악한 상태를 묘사하고 있으며, 5-9절은 이에 반해 하나님의
인자하심과 성실하심을 나타내고 있고, 10-12절은 신자와 불신자의 받을
보상과 보응을 대조적으로 말씀해 주고 있습니다.

불신자들의 죄상을 말씀하는 첫 부분은 "그의 눈에는 하나님을 두려워
하는 빛이 없다"(1)는 말씀이 핵심입니다. 가장 크고도 근원적인 죄는 하나
님을 부인하고 믿지 아니하는 죄입니다. 거기서부터 교만(자긍)(2)함과 입의
궤휼(거짓)함과(3) 죄악된 생각과 불선한 행동(4)은 나오는 것입니다.

이에 반해 하나님의 인자하심을 나타내는 둘째 부분은 "여호와여 주의
인자하심이 하늘에 있고 주의 진실하심이 공중에 사무쳤으며"(5)라는 말씀
이 핵심입니다. 하나님을 부인하는 인간의 자긍함에 대하여 "주의 인자하

심이 하늘에 있고", 인간의 거짓됨에 반해 "주의 진실하심이 공중에 사무쳤으며" 합니다. 이는 "하나님의 크신 사랑 그 어찌 다 쓸까 저 하늘 높이 쌓아도 채우지 못하리"의 뜻입니다. 57:10에서도 "무릇 주의 인자는 커서 하늘에 미치고 주의 진리는 궁창에 이르나이다"고 말씀합니다.

"주의 인자하심이 어찌 그리 보배로우신지요"하고 감격해 하고 있는 7-9절에서 은혜가 풍성하신 주님을 만나게 됩니다. "주의 날개"(7)에서 "암탉이 제 새끼를 날개 아래 모음같이 내가 너희의 자녀를 모으려한 일이 몇 번이냐"(눅13:34) 하신 주님의 은혜의 날개를 만나게 됩니다. 범죄한 인간은 그 날개 그늘 아래 피하기만 하면 됩니다(7).

"주의 집에 있는 살진 것"(8)에서는 "나의 소와 살진 짐승을 잡고 모든 것을 갖추었으니 혼인잔치에 오소서"(마22:4) 하시는 주님의 초청을 듣게 됩니다. 와서 배불리 먹기만 하면 됩니다. "복락의 강물을 마시게 하시리이다"(8)에서는 "누구든지 목마르거든 내게로 와서 마시라"(요7:38)고 하시는 주님의 음성을 듣게 됩니다. 한마디로 요약하면 "생명의 원천이 주께 있사오니"(9) 우리가 누구에게로 가오리이까?(요6:68)하고 고백할 수밖에 없게 됩니다. "생명의 원천"과 "주의 빛"(9)이란 요1:4에 의하면 그리스도를 가리키는 명백한 증거입니다.

그런 후에 "주를 아는 자들에게 주의 인자하심을 계속 베푸시며…주의 공의를 베푸소서"(10) 합니다. 주를 아는 자에게 베푸시는 "주의 의"가 무엇이겠습니까? 계속적인 인자(사랑)와 함께 주어지는 이 '의'는 성도에게 베푸시는 칭의임이 분명합니다. 성도는 그 의를 힘입어 어엿이 서는 것입니다만 이에 반해 "죄악을 행하는 자" 곧 불신자는 "넘어졌으니 엎드러지고 다시 일어날 수 없으리이다"(12)고 서지 못함을 말합니다. 성경은 말씀합니다. "경건치 아니한 자와 죄인이 어디 서리요"(벧전5:18).

적용

'주를 아는 자'(10)와 '죄악을 행하는 자'(12)의 끝이 다르듯 이 삶도 대조적이어야 합니다.

묵상해 봅시다

- 근원적인 죄악이 무엇입니까?
- 하나님의 성품이 어떻게 나타나 있습니까?(5)
- 복음이 어떻게 나타나 있습니까?(7-9)

암송

주의 인자하심이 하늘에 있고(5)

제37편

의인의 미래와 악인의 미래

39 의인들의 구원은 여호와로부터 오나니 그는 환난 때에
그들의 요새이시로다

내용 관찰

37편의 중심점은 악인의 "미래"와 의인의 "미래"(37-38)를 대조해서 보여
줌으로 악인의 일시 번영함을 보고 불평하거나 투기하지 말 것을 교훈하는
데 있습니다. 악인이란 말이 14번 의인이란 말이 9번 나옵니다.

시편은 첫 편에서부터 악인과 의인을 대조해서 두 부류가 있고 두 길이
있고 두 진영(陣營)이 있음을 보여주고 있는데 악인이란 "그 모든 사상에 하
나님이 없다"(10:4)하는 자들을 가리키고 의인이란 여호와를 경외하는 자들
을 가리킵니다. "화평한 자의 미래는 평안"(37)이요. "악인의 미래는 끊어질
것이다"(38)고 말씀합니다. 두 결국이 대조되어 있습니다. 사도바울도 "마
지막이 사망"인 삶과 "마지막이 영생"인 삶이 있음을 말씀했습니다(롬6:21-
22). 이 두 길은 창세기 3:15 절에서 여자의 후손과 뱀의 후손으로 갈라지
게 되면서 시작되었습니다.

37편은 "악을 행하는 자들 때문에 불평하지 말며 불의를 행하는 자들을 시기하지 말지어다"(1)고 시작이 됩니다. "내가 악인의 큰 세력을 본즉 그 본래의 땅에 서 있는 나뭇잎이 무성함과 같으나"(35) 그래서 성도들이 때로는 갈등과 회의를 겪게 되는 것입니다. 뿐만아니라 "악인이 칼을 빼고 활을 당겨 가난하고 궁핍한 자를 엎드러뜨리며 행위가 정직한 자를 죽이고자 하나"(14) 이 땅에서는 악인이 더욱 득세하는 듯이 보입니다. "주께서 그를 비웃으시리니 그의 날이 다가옴을 보심이로다"(13)고 말씀합니다. "이날"에는 악이 번성하고 의인은 가난하고 궁핍한 자같이 보일 수가 있습니다만 "그날"이 올 것이라고 말씀합니다. "본래의 땅에 서 있는 나뭇잎의 무성함"(35)이라고 말씀하고 있음을 주목하십시오. 그들에게는 이 땅이 "본토"인 것입니다.

그러나 새 하늘과 새 땅이 임하게 되는 "그날"에는 그들은 끊어지고야 만다고 말씀합니다. "속히"(2), "잠시 후에는 악인이 없어지리니"(10) 하십니다. "진실로 악을 행하는 자들은 끊어질 것이나 여호와를 소망하는 자들은 땅을 차지하리로다"(9) 하십니다. 끊어짐과 땅을 차지함이 얼마나 대조적으로 강조되어 있는가를 관찰해 보십시오. 끊어짐이 5번(9,22,28,34,38절), 땅을 차지함이 5번(9,11,22,29,34절) 나옵니다. 땅을 차지한다는 말씀은 본문에서 "온유한 자들은 땅을 차지하며 풍성한 화평으로 즐거워 하리로다"(11) 하심과 주님께서 "온유한 자는 복이 있나니 그들이 땅을 기업으로 받을 것임이요"(마 5:5)하신 말씀으로 보아 메시야 왕국을 대망하게 하는 종말론적인 말씀임을 알게 됩니다.

이것을 깨달았다면 행악자로 말미암아 불평하며 투기하지 말라고 "어려서부터 늙기까지"(25) 여호와 경외하기를 훈련한 다윗은 권면합니다. 적극적으로 '이렇게 살아라' 하고 교훈합니다. "여호와를 의뢰하라"(3), "여호와를 기뻐하라"(4), "여호와께 맡기라"(5) 하십니다. 그리고 여호와를 의뢰하고 기뻐하고 맡겼으면 "여호와 앞에 잠잠하고 참아 기다리라"(7) 하십니다. 그런 후에 "여호와를 소망하는 자들은 땅을 차지하리로다"(9)고 말씀합니다. 소망한다는 것이 중요합니다. 여호와를 의뢰하고 맡기라는 말씀은 믿고 기도하라는 뜻이기도 합니다. 기도하기 전에는 그 문제를 내가 맡고 있는 것이지만 기도한 후에는 하나님께 맡긴 것이 됩니다. 그렇다면 하나님이 어떻게 처리(해결)하여 주시는가 기대하여야 마땅한데 우리는 얼마나 성실하지가 못합니까? 맡겨 놓고도 기대하지도 않는 경우가 많습니다.

37편의 결론은 악인의 미래는 끊어질 것이나(38) "의인들의 구원은 여호와로부터 오나니", 그를 "건져 구원하심은 그를 의지한 까닭이로다"(39-40) 하신 구원입니다.

적용

형제도 신앙적인 갈등과 회의를 경험해 본 적이 있으시겠지요. 37편이 형제의 마음에 위안을 줄 것입니다.

묵상해 봅시다

- 악인의 미래는 어떻게 됩니까?
- 성도의 미래는 무엇입니까?
- 이 소망을 가진 성도는 어떻게 살아야 할 것을 권면하십니까?

암송

여호와를 의뢰하라, 기뻐하라, 맡기라, 기다리라, 기대하라.

제38편

속히 나를 구원하소서

22 속히 나를 도우소서 주 나의 구원이시여

내용 관찰

38편은 7개의 참회 시(6,32,38,52,102,130,143편) 중의 하나입니다. 그의 비탄의 신음소리를 들어보십시오. "주의 진노로 말미암아 내 살에 성한 곳이 없사오며 나의 죄로 말미암아 내 뼈에 평안함이 없나이다 내 죄악이 내 머리에 넘쳐서 무거운 짐 같으니 감당할 수 없나이다 내 상처가 썩어 악취가 나오니 내가 우매한 까닭이로소이다"(3–5) 이 비탄은 억울함을 호소하는 비탄이 아니라 "나의 죄로 인하여"(3) "내 죄악이"(4) "나의 우매한 까닭이로소이다"(5) 한 대로 자신의 죄값으로 당하는 진노임을 인정하고 긍휼히 여기심을 호소하고 있다는 점에서 참회 시입니다.

38편의 사람은 안으로는 죄책감에 탄식하고 있을 뿐만 아니라 밖으로는 사랑하는 자와 친구와 친척으로부터도 배척을 당하고 있습니다(11). 또한 "내 생명을 찾는 자"(12)와 "대적"(20)의 압제를 받고 있습니다. 실로 안으로는 탄식이요 밖으로는 환난입니다. 철저하게 깨어지고 부서져서 탄식하고 있는 이 사람이 누구의 모습입니까?

38편을 대할 때에 나와는 무관한 일로 여겨지십니까? 아니면 나 자신의 모습으로 여겨지십니까? 하나님은 복음을 주시기에 앞서 먼저 율법을 주셨습니다. 율법을 통해 자신이 죄인됨을 철저히 인정하고 참회하면서 "누가 나를 건져내랴" 하고 비명을 지르게 될 때에 구주를 만나게 해주시는 것입니다. 형제는 율법을 통과해서 "내 죄악을 아뢰고 내 죄를 슬퍼함이니이다"(18)고 고백한 후에 복음을 만났습니까?

이 참회 시는 끝 절에서 "속히 나를 도우소서 주 나의 구원이시여" 하고 구원자를 부르고 있습니다. 로마서 7장의 사람도 "오호라 나는 곤고한 사람이로다 이 사망의 몸에서 누가 나를 건져내랴"(24) 하고 구원자를 부르고 있다는 점에서 일치합니다. 죄의 노예가 되어 신음하는 이들을 구원해 줄 자가 누구입니까? 율법은 우리를 정죄할 뿐 구원하여 주지는 못합니다. "그것을 하나님은 하시나니 곧 죄로 말미암아 자기 아들을 죄 있는 육신의 모양으로 보내어 육신에 죄를 정하사"(롬8:3), "죄와 사망의 법에서 너를 해방하셨음이라"(롬8:2)고 말씀합니다.

38편은 세 부분(1-8,9-14,15-22)으로 나누어 관찰할 수가 있는데 첫 부분에서는 죄로 인하여 당하는 주의 징벌을 말씀하고 있습니다. "죄로 말미암아"(3) "내 죄악이"(4) "내가 우매한 까닭"(5)로 "주의 노와 분노"(1), "주의 진노로 말미암아"(3) 그는 신음하고 있습니다(8).

둘째 부분에서는 "너희는 매를 순히 받고 그것을 정하신 자를 순종할지니라"(미6:9) 하신 대로 순히 받고 있는 모습입니다. "못 듣는 자 같이 말 못하는 자 같이" 아무런 반박도 하지 않고 있습니다(13-14).

셋째 부분에서는 하나님께 구원을 요청하고 있습니다. "내가 주를 바랐사오니"(15) "여호와여 나를 버리지 마소서"(21), "주 나의 구원이시여"(22)

합니다. 다윗은 자신이 범한 죄악으로 이런 고난을 당하고 있으나 38편을 통해서 우리 대신 진노를 받으사 고난 당하시는 주님의 모습을 발견한다는 것은 감격스러운 일입니다. "내가 사랑하는 자와 내 친구들이 내 상처를 멀리하고 내 친척들도 멀리 섰나이다"(11)에서 철저히 배척당하심과 "나는 못 듣는 자 같이 듣지 아니하고 말 못하는 자 같이 입을 열지 아니하오니"(13)에서 "털 깎는 자 앞에 잠잠한 양같이 그 입을 열지 아니하신"(사53:7, 마26:63) 주님의 모습이 아련히 떠오릅니다.

적용

다윗은 징벌을 당할 때 반박하지 않았습니다. 또한 우리 주님도 털 깎는 자 앞에 잠잠한 양같이 그 입을 열지 아니하셨습니다. 우리도 그럴 수가 있을까?

묵상해 봅시다

- 38편은 어떤 내용의 시입니까?
- 그는 무엇 때문에 징벌을 당하고 있습니까?
- 그를 구원하여 줄 구원자가 누구입니까?

암송

속히 나를 도우소서 주 나의 구원이시여(22)

제39편

시련의 의미와 목적

7 주여 이제 내가 무엇을 바라리요 나의 소망은 주께 있나이
다

내용 관찰

39편은 다윗이 중한 질병 중에 쓴 시로 보입니다. "주는 나를 용서하사 내가 떠나 없어지기 전에 나의 건강을 회복시키소서"(13)하고 호소합니다. 다윗은 이 질병이 자신이 범한 죄악에 대한 징계로 받아들이고 있습니다 (9-11). "내가 잠잠하고 입을 열지 아니함은 주께서 이를 행하신 까닭이니이다"(9)고 말합니다. 그래서 그는 입을 다물고 변명이나 불평을 말하지 않으려고 몹시 조심하고 있습니다. 그래서 첫 절에서부터 "내가 말하기를 나의 행위를 조심하여 내 혀로 범죄하지 아니하리니"(1)하고 있는 것입니다. 이는 근신하는 태도입니다. 더구나 "악인"이라고 표현되고 있는 불신자들 앞에서는 "내 입에 재갈을 먹이리라 하였도다"고 말합니다. "내가 잠잠하여 선한 말도 하지 아니하니 나의 근심이 더 심하도다"(2) 합니다. 이는 경건에 이르기를 연습한 자에게만이 가능한 일입니다.

시련의 날에는 주께서 주신 견책으로 받아들이고 자신을 돌아보아 반성하면서 잠잠히 하나님만을 바라보는 것이 바른 신앙 자세입니다. 그렇다고 저 사람은 죄 값으로 징벌을 당하는 것이라고 다른 사람들이 정죄하듯 생각한다면 그것은 잘못된 신앙 자세입니다. 그는 사람 앞에서는 잠잠하고 드디어 하나님 앞에 입을 엽니다. "여호와여 나의 종말과 연한의 언제까지인지 알게 하사 나의 연약함을 알게 하소서"(4) 합니다. 징계의 의미가 바로 여기에 있습니다. 하나님 앞에서 자신의 연약함을 깨닫는다는 것은 징계를 통하여 그의 신앙이 성숙해 감을 말해 줍니다. 5-6절은 깨달은바 연약에 관한 진술입니다. 사람의 일생이 손넓이 만큼에 불과하며 그나마도 나의 "일생이 주의 앞에는 없는 것 같사오니 사람은 그가 든든히 서 있는 때에도 진실로 모두가 허사뿐이라"는 것 그런데도 사람은 헛된 일에 소란하고 있다고 말합니다.

"주여 이제 내가 무엇을 바라리요 나의 소망은 주께 있나이다"(7), 이 말씀은 39편의 요절이라 말할 수 있습니다. 이것이 징계의 목적입니다. 징계를 통해서 자신의 연약함을 깨닫고 나의 소망되시는 예수 그리스도의 십자가만을 든든히 붙잡게 해주려는 것입니다.

형제는 인생의 무상함을 깨닫고 허무주의자로 전락할 것입니까? 또는 인생의 연약함을 깨닫지 못한 채 재물을 쌓으나 누가 거둘는지 알지 못하는 헛된 일로 소란하겠습니까?(6) 그리스도인들은 "나의 소망이 주께 있나이다"고 고백하는 사람들입니다. 이런 신앙고백이 있게 될 때에야 건강도(13), 재물도(6), 그의 종말과 연한도(4) 의미를 갖게 됩니다.

왜 건강해야 됩니까? 왜 재물이 필요합니까? 당신의 남은 생이 얼마나 되는지 그 연한이 어떤 의미가 있습니까? 당신의 병을 회복시켜 주면 무엇을 위해서 살겠다는 것입니까? 나의 기쁨 나의 소망 나의 생명은 오직 주님께만 있습니다.

다윗은 결론 부분에서 자신은 나그네요 떠돌이임을 고백합니다(12하). 레위기 25:23에 "너희는 거류민이요 동거자로서 나와 함께 있느니라"고 하나님께서 말씀하셨는데 다윗은 이 말씀에 근거하여 이런 고백하고 있는 것입니다. "나의 모든 조상들처럼"(12하) 합니다. 여기에서 조상이라 함은 아브라함 · 이삭 · 야곱을 가리킵니다.

히브리서의 믿음 장에 보면 "이 사람들은 다 믿음을 따라 죽었으며 약속을 받지 못하였으되 그것을 멀리서 보고 환영하며 또 땅에서는 외국인과 나그네임을 증거하였다"(히11:13)고 말씀합니다. 다윗은 이를 생각하면서 자신도 그러하다는 것입니다. "이같이 말하는 것은 자기들이 본향(本鄕) 찾는 자임을 나타냄이라"(히11:14) 하십니다. 그렇습니다. 다윗은 중병 중에서도 본향을 찾고 있는 것입니다. 주님께서 말씀하십니다. "너희는 마음에 근심하지 말라…내가 너희를 위하여 거처를 예비하러 가노니"(요14:1-2) 형제여 영원한 본향은 예수 그리스도를 떠나서는 있을 수도 생각할 수 조차 없습니다.

39편은 몽학선생이 되어서 우리를 그리스도께 인도해 주고 있습니다.

적용

시련은 연단, 즉 인생을 성숙하게 해줍니다. 형제도 시련을 만나거든 사람 앞에서는 입을 다물고 하나님 앞에 입을 여십시오.

묵상해 봅시다

- 39편은 어떤 배경 하에서 쓰여졌습니까?
- 시련의 의미가 무엇입니까?
- 시련의 목적(요절)은 어디에 있습니까?

암송

주여 이제 내가 무엇을 바라리요 나의 소망은 주께 있나이다(7).

제40편

귀를 통하여 들려주신 복음

7 그 때에 내가 말하기를 내가 왔나이다 나를 가리켜 기록한 것이 두루마리 책에 있나이다

내용 관찰

40편은 "주께서 나의 귀를 통하여 들려주시기를"(6) 한대로 성령께서 하시는 말씀을 알아들을 수 있도록 귀가 열리고 뚫림을 받은 자가 깨달은 바를 진술한 예언적인 메시지가 담겨 있습니다. 다윗의 귀를 통하여 들려주신 첫 깨달음은 "제사와 예물을 기뻐하지 아니하시며 번제와 속죄제를 요구하지 아니하신다"(6)는 말씀이었습니다. 이 깨달음은 당시로써는 가히 혁명적인 깨달음입니다. 생각해 보십시오. 다윗의 아들 솔로몬이 일천번제를 드리고 성전낙성식 때 드린 제물이 소가 이만 이천 마리요 양이 십 이만 마리(대하7:5)라고 했는데 이런 것을 기뻐하시지도 아니하시고 요구치도 아니하신다니 어찌 놀라지 아니할 수가 있겠습니까?

문맥을 통해서 보면 다윗은 하나님께서 자신을 "기가 막힐 웅덩이와 수렁에서 끌어올리시고"(2) 구원 체험을 했습니다. 그것이 39:13에서 말씀하

는 죽을 병에서 살리심을 받은 일인지도 모릅니다 "여호와 나의 하나님이여 주께서 행하신 기적이 많고 우리를 향하신 주의 생각도 많아 누구도 주와 견줄 수가 없나이다 내가 널리 알려 말하고자 하나 너무 많아 그 수를 셀 수도 없나이다"(5)고 말씀합니다. 다윗은 하나님의 은혜가 너무나 감사해서 "제사와 예물"(6)을 드리려고 했습니다. 그런데 하나님께서 귀를 통하여 들리시기를 이런 것은 내가 기뻐하지 않고 요구하지도 않는다 하시는 것이었습니다.

다윗의 두 번째 깨달음은 "아 하나님이 나 자신을 요구하고 계시는구나" 하는 깨달음이었습니다. 이것이 "그 때에 내가 말하기를 내가 왔나이다"(7) 하고 응답한 말씀입니다. 다윗은 "내가 주의 뜻을 행하기를 즐기오니"(8) 하고 헌신을 다짐합니다. 이것이 1차적인 의미입니다.

40편은 거기서 멈추지 않고 하나님의 은혜로우신 예언적인 말씀이 있습니다. 이 점이 히브리서에 설명되어 있습니다. "하나님이 제사와 예물을 원하지 아니하시고 오직 나를 위하여 한 몸을 예비하셨도다"(히10:5)고 "예비하신 한 몸"이 있음을 말씀합니다. "한 마리 양"이나 십 이만 마리의 양이 아닙니다. "한 몸"입니다. 그분이 누구이십니까?

구약의 제사 제도는 예비하신 한 몸이 드려주실 제사의 그림자에 불과하였던 것입니다. "내가 왔나이다"고 말씀합니다. "나를 가리켜 기록한 것이 두루마리 책(성경)에 있나이다"(7)고 성경이 그리스도에 대하여 증거하고 있음을 말씀합니다. 시편이 다윗을 위하여 기록된 것이 아닙니다. "나를 가리켜 기록한 것"이란 "시편에 나를 가리켜 기록된 모든 것"(눅24:44)이라 말씀하신 우리 주 예수 그리스도를 가리킵니다.

"내가 주의 뜻 행하기를 즐기오니" 한대로 주님께서는 "나의 원대로 마옵시고 아버지의 원대로 하옵소서"(마6:39) 하고 전적으로 헌신하셨습니다.

"이 뜻을 따라 예수 그리스도의 몸을 단번에 드리심으로 말미암아 우리가 거룩함을 얻었노라"(히10:10)고 성경은 증언하고 있습니다. 다윗의 귀를 통하여 들려주신 말씀은 바로 이 복음(행2:30-31)이었던 것입니다. 이를 다윗은 "의의 기쁜 소식"(9)이라고 말씀하고 있습니다.

복음이란 다름 아닌 "이제는 율법 외에 하나님의 한 의가 나타났으니"(롬3:21)한 '의의 기쁜 소식'인 것입니다. "내가 많은 회중 가운데에서 의의 기쁜 소식을 전하였나이다"(9상)합니다. 이보다 더 기쁜 소식이 어디 있습니까? 말씀의 사역자들이여 당신은 기쁜 소식을 옆으로 밀쳐 놓고 다른 복음 전하기에 열중하려 합니까? 다윗은 이 기쁜 소식을 전하기 위하여 "내 입술을 닫지 아니"하겠다(9)고 말합니다. "선포"하며 "은휘치 아니함" 즉 숨기거나 부끄러워 아니하였다고 말씀합니다. 입을 벌려 "하나님께 올릴 찬송"(3)을 드리는 것과 "의의 기쁜 소식"을 전하여야 함은 은혜 입은 성도의 마땅히 할 사명입니다.

적용

하나님은 형제의 귀를 통하여 이 복음을 깨닫게 해 주셨습니다. 형제가 해야 할 일이 무엇입니까?(3,9)

묵상해 봅시다

• 다윗의 첫 깨달음이 무엇입니까?
• 다윗의 두 번째 깨달음이 무엇입니까?
• 40편의 궁극적인 메시지가 무엇입니까?

암송

내가 왔나이다(7)

제41편

빈약한 자를 돌아보는 자

12 주께서 나를 온전한 중에 붙드시고 영원히 주 앞에 세우
시나이다

내용 관찰

41편은 9절 말씀을 중심점으로 해석되어져야만 합니다. 왜냐하면 9절
은 신약성경에 의해서 두드러진 말씀으로 증거되고 있기 때문입니다. "내
가 신뢰하여 내 떡을 나눠 먹던 나의 가까운 친구도 나를 대적하여 그의 발
꿈치를 들었나이다." 이 구절은 주님께서 잡히시던 날 밤에 자기를 배반
할 가룟 유다를 가리킬 때에 인용한 말씀입니다. 그의 배반은 바로 이 "성
경을 응하게 하려는 것이다"(요13:18) 하셨습니다. 시편이 이를 예언하심은
이 "일이 일어날 때에 내가 그(메시야) 인 줄 너희가 믿게 하려 함이로다"(요
13:19)에 목적이 있다는 것입니다.

이 말씀의 배경은 압살롬이 다윗을 반역하였을 때에 다윗의 모사였던
아히도벨이 다윗을 배반한 사건에서 찾을 수가 있습니다(삼하15:31). 결국
아히도벨은 가룟 유다의 종말처럼 "스스로 목매어"(삼하17:23) 자살하고 맙

니다.

아히도벨과는 대조적으로 다윗의 친구 후새는 모든 인심이 압살롬에게 돌아간 줄을 알면서도 끝까지 다윗을 도와주었습니다(삼하15:32). 41편에는 "내 떡을 나눠 먹던 나의 가까운 친구도 나를 대적하여 그의 발꿈치를 들었나이다"(9)한 배신자가 있는가 하면 "가난한 자를 보살피는 자에게 복이 있음이여"(1) 하고 어려운 시기에 그를 도와준 신실한 자도 있음을 말씀합니다.

하나님께서는 다윗을 예표의 인물로 세우셔서 그리스도에게 성취될 일을 예언적으로 보여주고 계시는 것입니다. 주님의 장사할 날을 위하여 향유를 붓던 마리아요(12:7) 예수의 시체를 장례한 아리마대 요셉(요19:38) 등은 빈약한 자를 권고한 사람들이었습니다.

1–3은 그들이 받을 복을 말씀하고 있는데 "재앙의 날에 여호와께서 그를 건지시리로다"(1)고 말씀합니다. "여호와께서 그를 지키사 살게 하시리니 그가 이 세상에서 복을 받을 것이라 주여 그를 그 원수들의 뜻에 맡기지 마소서 여호와께서 그를 병상에서 붙드시고 그가 누워 있을 때마다 그의 병을 고쳐 주시나이다"(2–3). 이 복은 마치 사도 요한이 주의 이름을 위하여 고난을 받고 있는 가난한 전도자들을 접대한 사랑하는 가이오에게 한 축복과 상통합니다"(요한3서). 네 영혼이 잘되고 범사가 잘되고 강건하기를 간구하고 있는데 본문에서도 ①재앙의 날에 건져 주시고(영혼잘됨) ②세상에서 복을 받을 것이다(범사잘됨) ③병상에서 저를 붙드시고 저의 병 중 그 자리를 다 고쳐 펴시나이다(강건함)합니다. 얼마나 자상하시고도 넘치는 복을 주십니까?

이와는 대조적으로 5–9은 대적자들에 대한 묘사입니다. 41편에는 "원수"(2,5,11절)라는 말이 강조되어 있습니다. 왜냐하면 이는 원수 사탄과의 영적 싸움이기 때문입니다. "나의 원수가 내게 대하여 악담하기를 그가 어느 때에나 죽고 그의 이름이 언제나 없어질까"(5)하며 악의와 저주함을 봅니다. 심지어 내 떡을 먹던 나의 가까운 친구도 배신하고 대적합니다(9). "그러하오나…내가 그들에게 보응하게 하소서"(10)하고 결론 부분에서 악이 승리하지 못할 것을 말씀합니다. 만일 이 보복이 사적인 것이라면 성경적이지 못합니다. 이는 뱀의 머리를 상하게 하는 보복인 것입니다. "내 원수가 나를 이기지 못하오니 주께서 나를 기뻐하시는 줄을 내가 알았나이다"(11)고 말씀합니다.

"주께서 나를 나의 온전한 중에 붙드시고 영원히 주 앞에 세우시나이다"(12)는 말씀은 궁극적으로 주님께서 승리하시고 부활 승천하신 후에 "하나님이 그를 지극히 높여 모든 이름 위에 뛰어난 이름을 주실"(빌2:9) 것을 의미합니다. 우리도 "하나님을 여호와를 영원부터 영원까지 송축할지로다. 아멘 아멘"(13) 할 것밖에 없습니다.

적용

우리들도 빈약한 자들을 권고하십시다. 주여 우리가 어느 때에 이렇게 하였나이까? "지극히 작은 자 하나에게 한 것이 곧 내게 한 것이니라"(마 25:40)

묵상해 봅시다

- 41편의 1차적 배경은 무엇입니까?
- 41편은 궁극적으로 누구에게 성취될 말씀입니까?
- 빈약한 자를 권고하는 자에게 주시는 복이 무엇입니까?

암송
—

가난한 자를 보살피는 자에게 복이 있음이여(1)

제42편

상한 마음의 치유

11 내 영혼아 네가 어찌하여 낙심하며 어찌하여 내 속에서
불안해 하는가 너는 하나님께 소망을 두라 나는 그가 나타나
도우심으로 말미암아 내 하나님을 여전히 찬송하리로다

내용 관찰

42편은 내용으로 보아 다윗이 압살롬의 반역을 피하여 하나님의 성막이
있는 예루살렘에서 멀리 떨어진 북쪽 헤르몬산(6)이 있는 곳을 유리하면서
"내가 어느 때에 나아가서 하나님의 얼굴을 뵈올까"(2)하고 사슴이 시냇물
을 찾기에 갈급함같이 주를 찾기에 갈급하면서 지은 시로 여겨집니다.

42편의 핵심적인 단어는 "영혼"이라는 말입니다. 1,2,5,6,11절 등 다섯
번이나 등장합니다. "내 영혼이 주를 찾기에 갈급하나이다"(1) "내 영혼이
하나님 곧 살아계시는 하나님을 갈망하나니"(2) 있습니다. 그러면서도 "내
영혼아 네가 어찌하여 낙심하며 어찌하여 내 속에서 불안해 하는가"(5)하고
스스로 격려합니다. 그러나 어쩔 수 없이 "내 하나님이여 내 영혼이 내 속
에서 낙심이 되므로"(6) 하고 또 낙심에 빠집니다. 그러나 거기서 주저앉지

아니하고 "내 영혼아 네가 어찌하여 낙심하며 어찌하여 내 속에서 불안해 하는가 너는 하나님께 소망을 두라 나는 그가 나타나 도우심으로 말미암아 내 하나님을 여전히 찬송하리로다"(11)고 분연히 일어납니다.

42편은 성도들이 천국갈 때까지 나그네 된 이 세상을 살아가면서 부단히 겪게 되는 갈등을 어떻게 극복해야 하는가를 교훈해 주고 있습니다. 갈등이 파상적으로 묘사되어 있습니다. 1-2절은 내 영혼이 주를 찾기에 갈급하며 갈망합니다. 그러나 3-4절은 "내 눈물이 주야로 내 음식이 되었도다" 함과 같이 울면서 마음이 상해 있습니다. 그에게 5절은 "내 영혼아 네가 어찌하여 낙심하며 어찌하여 내 속에서 불안해 하는가"하고 격려합니다.

그러나 6-7절에서는 "내 영혼이 내 속에서 낙심이 되므로"하고 또 낙심하며 빠져들어 갑니다. 그에게 8절은 "생명의 하나님께 기도하리로다"고 말합니다. 그러나 9-10절에서는 "어찌하여 나를 잊으셨나이까?"하고 또 좌절합니다. 그에게 11절은 "나는 그가 나타나 도우심으로 말미암아 내 하나님을 여전히 찬송하리로다"고 격려합니다. 이런 갈등은 시편 기자만이 아니라 정도의 차이는 있을지라도 모든 성도들이 겪게 되는 갈등이기도 합니다. 이를 어떻게 치료하며 극복할 수가 있는가를 42편은 교훈해 주고 있습니다.

그것은 끊임없이 자신에게 설교하는 법을 배우는 것입니다. 5절과 11절을 유의해 보십시오. "내 영혼아 네가 어찌하여"하고 자기가 자신에게 책망하며 격려하며 용기를 주고 있습니다. 자신에게 설교하는데(롬2:21) 실패하는 사람은 다른 사람을 전도할 수도 가르칠 수도 없는 사람입니다. 말씀은 성령의 검입니다. 그 검으로 자아 속에 도사리고 있는 대적부터 몰아내십시오. 낙망과 불안을 몰아내는 비결은 당면하고 있는 문제에서 눈을 돌려 하나님을 바라보는데 있습니다. "내 영혼아 네가 어찌하여 낙심하며 어찌하여 내 속에서 불안해 하는가 너는 하나님께 소망을 두라(5) 합니다. 하나님을 바라보아라 "그 얼굴"을 바라보아라 합니다.

베드로가 주님을 바라보았을 때는 물 위로 걸을 수가 있었으나 파도를 바라보자 빠져 들어감과 같습니다. "오직 여호와를 앙망하는 자는 새 힘을 얻으리니"(사40:31) 하십니다.

스펄죤 목사님은 어느 조그마한 교회에서 이렇게 간증했습니다. 20년 전 나는 이 교회에 예배드리러 온 적이 있었습니다. 그때 설교자가 이사야 45:22의 말씀 "땅의 모든 끝이여 내게로 돌이켜 구원을 받으라 나는 하나님이라 다른 이가 없느니라"는 본문으로 설교하였는데 나를 가리키면서 "젊은이 가엾어 보이는군 하나님을 바라보시오 그리하면 구원을 얻을 수 있소" 그 말씀에 스펄죤은 큰 회심을 하게 되었노라고 하면서 나는 그때 저 기쯤 앉아 있었다고 말했습니다. 형제여 하나님을 바라보십시오. 그러면 나를 바라보고 계시는 하나님의 얼굴을 뵙게 될 것입니다(5하,11하,43:5하).

적용

이후로 자기가 자신에게 설교하는 법을 활용하십시오. 명심할 것은 설교하려면 먼저 하나님의 말씀을 그 마음속에 갖고 있어야만 한다는 사실입니다.

묵상해 봅시다

• 42편의 역사적인 배경이 무엇입니까?

• 성도가 겪게 되는 갈등이 어떻게 반복되고 있습니까?

• 그 치료책은 무엇입니까?

암송

그가 나타나 도우심으로 말미암아 내 하나님을 여전히 찬송하리로다(11).

제43편

극락의 하나님

3 주의 빛과 주의 진리를 보내시어 나를 인도하시고 주의 거룩한 산과 주께서 계시는 곳에 이르게 하소서

내용 관찰

43편은 42편의 계속입니다. 원래는 하나의 시였을 것으로 보고 있습니다. 5절에서 "내 영혼아 네가 어찌하여 낙심하며 어찌하여 내 속에서 불안해 하는가 너는 하나님께 소망을 두라 그가 나타나 도우심으로 말미암아 내 하나님을 여전히 찬송하리로다"는 말씀이 이를 뒷받침해 줍니다.

43편의 핵심은 4절에서 말씀하고 있는 "극락의 하나님"입니다. 극락의 하나님은 43편에서 뿐만 아니라 우리의 삶에 있어서도 언제나 중심에 좌정하셔야만 할 분이십니다. 문제는 범죄하여 추방당한 인간이 어떻게 극락의 하나님 제단에 나아갈 수가 있는가, 이 점이 풀어야 할 난제요 43편은 그 해답을 제시해 주고 있습니다.

시편 기자는 "나의 큰 기쁨의 하나님께 이르리이다" 하고 하나님 제단에 나아가게 되기를(4) 사모하고 있습니다. 3절에서도 극락의 하나님이 임재

하시는 "주의 거룩한 산과 주께서 계시는 곳에 이르게 하소서" 합니다. 42 편에서도 "내가 어느 때에 나아가서 하나님의 얼굴을 뵈올까"(2) 하고 같은 주제를 다루고 있음을 봅니다.

첫 절에 보면 지금 시편 기자는 "경건치 아니한 나라"의 "간사하고 불의한 자"(1)에게 붙들려 송사를 당하고 있는 모습입니다. 하나님에게 "나를 판단하시고 변호하시며 건지소서" 하고 호소합니다.

경건치 아니한 나라가 1차적으로 어떤 나라를 가리키고 있든지 그리고 간사하고 불의한 통치자가 누구를 가리키든 그것은 하나님의 나라를 대적하고 그의 백성을 압제하는 "원수"(2)라는 사실입니다. 그렇다면 그것은 궁극적으로 "이 세상 임금"(요12:31)이요, "이 어두움의 세상 주관자"(엡6:12인) 사탄의 권세임을 깨닫게 됩니다. 그렇다면 그가 어떻게 그 권세에서 해방되어 "하나님의 제단에 나아가 나의 큰 기쁨의 하나님께 이르리이다"(4)라고 될 수가 있겠습니까? 해답은 "주의 빛과 주의 진리를 보내시어 나를 인도하시고 …이르게 하소서"(3) 합니다.

그를 하나님 앞으로 인도해 주도록 하나님이 보내주실 "빛과 진리"가 누구이겠습니까? 57:3에서는 "하나님이 그 인자와 진리를 보내시리로다"고 같은 뜻을 조금 다르게 표현하고 있습니다. 하나님이 보내주실 빛과 진리가 되시고 은혜와 진리(요1:9,17) 되시는 분은 예수 그리스도 이십니다. 벧전 3:18에 "그리스도께서도 단번에 죄를 위하여 죽으사 의인으로서 불의한 자를 대신하셨으니 이는 우리를 하나님 앞으로 인도하려 하심이라"고 죄인을 하나님 앞으로 인도해 주실 수 있는 분은 오직 예수 그리스도이심을 분명히 말씀해 주고 있습니다.

이제 결론은 분명하여졌습니다. 42편과 43편의 낙망과 불안은 육적인 낙심이 아니라 극락의 하나님께 이를 수 없음에 대한 근원적이고도 본질적인 낙심임을 깨닫게 됩니다. 그리고 그에 대한 해답은 "빛과 진리되시는 예수 그리스도"이십니다. 시편 기자는 빛과 진리를 보내주실 하나님을 앙망하고 있는 것입니다. 42:1에 "사슴이 시냇물을 찾기에 갈급함 같은" 갈망도 결국 극락의 하나님께 나아가기를 사모하는 "의에 주리고 목마른"(마5:6) 갈급함임을 알 수가 있습니다.

이는 시편 기자만의 갈급함이 아니라 구약시대 성도들 모두의 갈망임을 성령은 말씀하고 있는 것입니다. 이에 대한 해답을 신약성경은 말씀합니다 "그러므로 형제들아 우리가 예수의 피를 힘입어 성소에 들어갈 담력을 얻었나니 이 길은 우리를 위하여 휘장 가운데로 열어놓으신 새로운 살 길이요"(히10:19-20) 이제 아셨습니까?

"내가 수금으로 주를 찬양하리이다"(4하) 한대로 선하시고 신실하신 하나님을 찬양하십시다.

적용

형제도 극락의 하나님께 이르게 됨을 확신하게 되었다면 낙심이 변하여 오히려 찬송하게 될 것입니다.

묵상해 봅시다

- 42, 43편의 중심점은 어디에 있습니까?
- 그의 낙망과 불안은 결국 무엇에 대한 낙망입니까?
- 극락의 하나님께 이르게 됨이 어떻게 가능해졌습니까?

암송

하나님의 제단에 나아가 나의 큰 기쁨의 하나님께 이르리이다(4).

제44편

옛날에 행하신 일을 추억하라

4 하나님이여 주는 나의 왕이시니 야곱에게 구원을 베푸소서

내용 관찰

44편은 하나님의 선민 이스라엘이 적과의 싸움에서 패퇴한 후에(9-16) 하나님께 호소한(17-26) 마스길입니다. 마스길이란 교훈 시라는 뜻인데 이런 경우 어떻게 대처해야만 하는가를 교훈해 주고 있습니다. 지금 이스라엘은 "이제는 주께서 우리를 버려 욕을 당하게 하시고 우리 군대와 함께 나아가지 아니하시나이다 주께서 우리를 대적들에게서 돌아서게 하시니"(9-10) 한대로 적과의 싸움에서 패퇴하였습니다.

먼저 알 것은 성도가 당하는 크고 작은 시련이 반드시 어떤 죄값으로 당하는 것만은 아니라는 사실입니다. 그 점을 17절 이하에서 말씀해 주고 있습니다. "이 모든 일이 우리에게 임하였으나 우리가 주를 잊지 아니하며 주의 언약을 어기지 아니하였나이다"(17)고 말씀합니다. 시련을 만나면 하나님은 주무시는 것 같기도 하고 나를 영원히 버리신 것 같은(23) 절망감에 빠

지기도 쉽습니다.

그렇다면 어떻게 대처하고 극복하여야만 할까요. 44편은 네 부분으로 나누어 묵상함이 도움이 됩니다. 시인은 첫 부분(1-3)에서 하나님께서 "우리 조상들의 날 곧 옛날에 행하신 일"(1)을 회상합니다. 출애굽 사건과 가나안에 정착하게 되었던 것은 "그들이 자기 칼로 땅을 얻어 차지함이 아니요…오직 주의 오른손과 주의 팔과 주의 얼굴의 빛으로 하셨으니"(3), "우리 귀로 들었나이다"(1) 말합니다. 바로 이것입니다.

우리가 죄인이고 원수되었을 때에 그리스도께서 우리를 위하여 죽으심으로 하나님께서 우리에게 대한 자기의 사랑을 확증하여 주신(롬5:8) 그 사랑을 생각하는 것입니다. 그 사랑을 믿는다면 하나님께서 이 당면한 시련도 합력하여 선을 이루어 주실 것을 믿게 되는 것입니다.

시인은 과거를 기억하며 그런 연후에 둘째 부분(4-8)에서 "하나님이여 주는 나의 왕이시니"(4) 하고 하나님을 왕으로 고백합니다. 하나님을 나의 왕으로 고백할 때에 자신은 하나님의 나라 백성이 되고 하나님이 책임져 주심을 믿게 되는 것입니다. "우리가 주를 의지하여 우리 대적을…주의 이름으로 밟으리이다"(5)고 확신합니다. "나는 내 활을 의지하지 아니할 것이라 내 칼이 나를 구원하지 못하리이다 오직 주께서 우리를 우리 원수들에게서 구원하시고 우리를 미워하는 자로 수치를 당하게 하셨나이다"(6-7)고 이미 승리하게 해주신 일로 선언하고 있습니다. 그런 연후에 셋째 부분(9-16)에서 "그러나 이제는…"하고 비로소 현재의 고난을 진술합니다. 그리고 마지막 부분(17-26)에서 "일어나 우리를 도우소서 주의 인자하심으로 말미암아 우리를 구원하소서"(26) 하고 간구함을 올립니다.

사도바울은 본문 22절을 환난 중에 있는 로마교회에 보낸 서신에 인용함으로써(롬8:26) 시편 44편이 성령께서 시련 중에 있는 신구약 모든 교회에 주시는 위로와 격려의 말씀임을 증언해 주고 있습니다.

"우리가 종일 주를 위하여 죽임을 당하게 되며 도살할 양같이 여김을 받았나이다 함과 같으니라", 그러나 이 모든 일에 우리를 사랑하시는 이로 말미암아 우리가 넉넉히 이기느니라"(롬8:36-37) 합니다. 우리도 그러합니까?

44편은 결론에서 "주의 인자하심으로 말미암아 우리를 구원하소서"(26하) 합니다. 이는 일시 대적과의 싸움에서 패퇴하였으나 결국은 승리할 것을 확신하는 이 사건을 통해서 궁극적으로 하나님의 대적 원수 사탄과의 싸움에서 승리하게 될 것과 속량(구원)하여 주실 것을 바라보고 있는 것입니다. 결론은 예수그리스도의 피로 인류의 죄값을 대신 지불하게 하시고 우리를 구원하여 주시는 "속량"입니다.

적용

형제가 시련을 만나거든 이 비결을 활용하여 승리하십시오.

묵상해 봅시다

- 첫 부분에서 무엇을 회상하고 있습니까?
- 둘째 부분에서 무엇을 고백하고 있습니까?
- 그런 후에 셋째와 넷째에서 비로소 무엇을 진술하고 있습니까?

암송

하나님이여 주는 나의 왕이시니(4)

제45편

신랑되신 예수 그리스도

7 왕은 정의를 사랑하고 악을 미워하시니 그러므로 하나님 곧 왕의 하나님이 즐거움의 기름을 왕에게 부어 왕의 동료보다 뛰어나게 하셨나이다

내용 관찰

45편은 그리스도를 왕으로 교회가 그의 신부로 묘사된 사랑의 노래 곧 혼례 시입니다. 45편의 핵심은 "왕"입니다. "내 마음이 좋은 말로 왕을 위하여 지은 것을 말하리니"(1) 합니다. "좋은 말이 넘친다" 함은 성령의 감동하심을 의미합니다.

왕이란 말이 몇 번이나 나오는가 관찰해 보십시오. 이 왕이 그리스도를 가리키고 있음을 히브리서는 6-7절을 인용하여 아들에 관하여는 '하나님이여 주의 보좌가 영원하며 주의 나라의 규는 공평한 규이니이다'(히1:8-9)고 증언하고 있습니다. "주의 나라의 규는 공평한 규이니이다"란 말씀을 주목하십시오. 왜냐하면 이미 창세기에서 "규가 유다를 떠나지 아니하며 통치자의 지팡이가 그 발 사이에서 떠나지 아니하기를 실로가 오시기까지 이

르리니"(창49:10)하고 예언되어 있기 때문입니다.

서론에 이어 2–9절은 왕에 대한 묘사입니다. "왕은 사람들보다 아름다워"(2), "용사여 칼을 허리에 차고 왕의 영화와 위엄을 입으소서(3) "왕은 진리와 온유와 공의를 위하여" 싸우시는 용사(4)로 묘사되어 있는데 "위엄있게 타고 승전하소서"하는 말씀은 계 19:11에 그리스도가 백마를 타고 싸우러 나가는 장면과 일치합니다. "민민이 왕의 앞에 엎드러지는도다"(5)고 원수를 정복할 것을 말씀합니다.

6절에서는 놀랍게도 왕을 "하나님이여"라고 부르면서 "주의 보좌는 영원하며 주의 나라의 규는 공평한 규이니이다"고 의의 왕국의 통치자 되심을 말씀합니다. 히브리서 기자는 바로 이 말씀을 인용하여서 "아들에 관하여는"하고 아들되시는 그리스도의 신분이 얼마나 뛰어나신 분임을 증거하고 있습니다. "왕은 정의를 사랑하고 악을 미워하시니 그러므로 하나님 곧 왕의 하나님이 즐거움의 기름을 왕에게 부어 왕의 동료보다 뛰어나게 하셨나이다"(7)고 말씀합니다.

8–9절은 혼례식 장면입니다. 아름답게 꾸민 신랑인 왕과 "왕후는 오빌의 금으로 꾸미고 왕의 오른쪽에 서도다"(9) 말씀하고 "상아궁에서 나오는 현악"(8)소리가 울려 퍼집니다.

10절은 신부인 왕후에게 당부하는 말입니다. "딸이여 듣고 보고 귀를 기울일지어다. 네 백성과 네 아버지의 집을 잊어버릴지어다" 합니다. 이 말은 육적으로 하면 냉엄한 말 같으나 왕후가 된 이제는 떠나온 옛사람의 백성들과 인연을 끊어야 함을 말씀합니다. 롯의 처는 이 당부를 저버린 표본이고 리브가는 "그가 대답하되 가겠나이다"(창24:58)하고 "리브가의 오라버니와 그 어머니가 이르되 이 아이로 하여금 며칠 또는 열흘을 우리와 함께 머물게 하라"(창24:55)는 간청을 물리침으로 "네 백성과 아버지의 집을 잊어버

린" 모범이 되었습니다. "그는 네 주인이시니 너는 그를 경배할지어다"(11)
합니다. 왕후는 궁중 왕께로 인도함을 받습니다(14). 12하에서 "네 얼굴 보
기를 원하리로다"한 말씀이나 "시종하는 친구 처녀들도 왕께로 이끌려 갈
것이라"(14하), "그들은 기쁨과 즐거움으로 인도함을 받고 왕궁에 들어가리
로다"(15)는 말씀은 성도들로 인하여 불신자들이 그리스도에게 인도될 것
을 말씀합니다.

16절은 "왕의 아들들" 즉 그리스도로 말미암아 하나님의 자녀된 성도들
이 받을 영화를 말씀하고 있는데 "왕의 아들들은 왕의 조상들을 계승할 것
이라 왕이 그들로 온 세계의 군왕을 삼으리로다" 하십니다. 먼저 언급한
"왕"은 왕 중 왕 되시는 그리스도요 나중에 언급한 "군왕"은 그리스도와 함
께 왕 노릇할(계20:4) 성도들을 가리킵니다. 예수 그리스도의 신부된 성도
들을 얼마나 어디까지 높여 주셨습니까?

마지막 결론에서 "만민이 왕을 영원히 찬송하리로다"고 송영으로 끝맺
고 있음은 너무나 합당한 것입니다.

적용

왕후에게 한 말씀은 곧 우리에게 하시는 말씀입니다. 형제는 듣고 생각
하고 잊어버리고 있습니까(10)

묵상해 봅시다

• 왕에 대한 묘사가 어떠합니까?(2-7)
• 이 왕이 그리스도이심을 히브리서는 어떻게 증언하고 있습니까?
• 왕후에게 당부하는 말이 무엇입니까?

암송

네 백성과 네 아버지의 집을 잊어버릴지어다(10).

제46편

피난처 되시는 하나님

7 만군의 여호와께서 우리와 함께 하시니 야곱의 하나님은
우리의 피난처시로다 (셀라)

내용 관찰

46편의 주제는 "피난처"입니다. 첫 절에서 이를 말씀하고 7절과 11절에서 이를 강조하며 강화시켜 주고 있습니다.

그렇다면 46편의 피난처는 어디에 있단 말인가? 그것은 어떤 장소 적인 문제가 아니라 "하나님은 우리의 피난처시요"(1) 하고 하나님 자신이 피난처임을 말씀합니다. 그런데 그 하나님은 멀리 초월하여 계시는 하나님만이 아니라 "환난 중에 만날" 아주 찾기쉽고 가까이 계시는 하나님, 임재하셔서 "우리와 함께"(7,11하) 하시기 때문에 피난 처가 되신다고 말씀합니다.

46편의 주제는 피난처가 되시는 하나님이지만 핵심은 그 하나님이 성 중에 "계시매"(5), "우리와 함께 하시니"(7,11)한 "함께 하심"에 있습니다. 불신자들에게도 하나님은 동일하게 계시지만 그들과는 함께 계시지 아니하기 때문입니다. 하나님이 우리와 함께 계신다는 말씀을 당연시하거나 예

사로 보아 넘겨서는 아니 됩니다. 이보다 영광스럽고 경이로운 일은 달리 없습니다. 구약시대에는 성막을 통하여 함께 계셨습니다(출25:8). "하나님이 그 성 중에 계시매"(5상)란 성막이 예루살렘 성안에 안치되어 있음을 의미합니다.

신약시대는 "임마누엘" 하심으로 하나님이 우리와 함께 계시게 되었습니다. 구약시내 성막은 이에 대한 모형에 불과했던 것입니다. 성경 역사를 통틀어 보아도 하나님께서 우리와 함께 하시기 위하여 영광의 보좌를 떠나서 인간의 몸을 입으시고 이 땅에 오셨다는 임마누엘 사건보다 더 경이로운 사건은 달리 없습니다. 우리는 더 나아가야만 합니다. 그리스도께서 대속의 죽음을 죽어주심으로 하나님의 영이 "너희와 함께 거하심이요 또 너희 속에 계시겠음이라"(요14:17)가 가능하여졌다고 말씀하심을 듣게 됩니다.

"너희가 하나님의 성전인 것과 하나님의 성령이 너희 안에 계시는 것을 알지 못하느냐"(고전3:16)는 말씀이나 "너희 몸은 너희가 하나님께로부터 받은바 너희 가운데 계신 성령의 전인 줄을 알지 못하느냐"(고전6:19)는 말씀은 인간이 들을 수 있는 지고지선(至高至善)의 말씀입니다. 우리는 한 걸음 더 나아가야만 합니다. 왜냐하면 하나님께서 우리와 함께 계신다는 그 영광스러움은 아직 나타나지 않고 우리 안에 감추어져 있는 상태이기 때문입니다.

그리스도께서 다시 오실 때 하나님이 자기 백성들과 함께 거하시는 하나님의 나라는 완성되는 것입니다(계21:3). 그러므로 피난처는 궁극적으로 임마누엘의 그리스도이십니다. 하나님의 영이 함께 하시는 교회가 세상의 피난처요(고전3:16) 하나님의 영을 모신 성도들은 피난처 안에 거하고 있는 것입니다.

"새벽에 하나님이 도우시리로다"(5하)고 말씀합니다. 이는 인간이 무엇인가 시작하기도 전에 하나님께서 주권적이요 선수적으로 역사하심을 의미합니다. 구속의 역사가 그러합니다. 유월절의 밤이 그리했으며 홍해도 밤새에 갈라졌으며(출14:21) 만나도 새벽에 내렸습니다. "뭇 나라가 떠들며 왕국이 흔들렸더니"(6)함과 같이 앗수르의 군대가 예루살렘 성을 에워싸고 공격해 왔을 때에도 "아침에 일찍이 일어나 보니 다 송장이 되었더라"(왕하19:35)고 이 점을 말씀해 줍니다.

그래서 "이르시기를 너희는 가만히 있어 내가 하나님 됨을 알지어다"(10)고 말씀하십니다. 이 말씀은 홍해를 가르실 때에 하신 말씀이기도 합니다(출14:14). 또한 구속의 역사가 그러합니다. 하나님께서 이루시는 구원 사역을 인간이 거들어 드려야만 하는 것이 아닙니다. 절대로 아닙니다. 가만히 있어 믿음으로 받기만 하면 되는 것입니다.

"그러므로 땅이 변하든지 산이 흔들려 바다 가운데 빠지든지 바닷물이 솟아나고 뛰놀든지 그것이 넘침으로 산이 흔들릴지라도 우리는 두려워하지 아니하리로다"(2-3)고 말씀합니다. 피난처 되시는 하나님은 환난 중에 만날 "도우시는 하나님"(1) "우리와 함께 하시는 하나님"(7,11) 뭇 나라와 세계 중에서 "높임을 받으실 하나님"(10) 이십니다.

적용

피난처는 하나님이 함께 하심입니다. 그 함께 하심이 교회의 공동체로 그리고 형제 자신 속에 주어졌음을 명심하십시다.

묵상해 봅시다

- 46편의 주제가 무엇입니까?
- 구약의 피난처는 무엇으로 주어졌습니까?
- 그 피난처가 지금은 어디에, 어떻게 성취되었습니까?

암송

만군의 여호와께서 우리와 함께 하시니 야곱의 하나님은 우리의 피난처시로다(7).

제47편

찬양하라 우리 왕을 찬양하라

6 찬송하라 하나님을 찬송하라 찬송하라 우리 왕을 찬송하라

내용 관찰

47편의 중심점은 "하나님께서 즐거운 함성 중에 올라가심이여 여호와께서 나팔소리 중에 올라가시도다"(5)는 말씀입니다. 이 사건은 굉장히 기쁜 일이었습니다. 그래서 "너희 만민들아 손바닥을 치고 즐거운 소리로 하나님께 외칠지어다"(1)고 말씀합니다. 그렇다면 구약역사 중에 언제 이런 일이 있었습니까? 이 일은 사울 왕 때에 오랫동안 방치되었던(대상13:3) 법궤를 다윗이 왕위에 오르자 메어와 예루살렘 성에 안치하였을 때 일일 것입니다. "다윗과 온 이스라엘 족속이 즐거이 환호하며 나팔을 불고 여호와의 궤를 메어오니라"(삼하6:15)는 말씀은 본문 5절과 부합합니다.

또 어떤 분들은 여호사밧 왕 때에 대승을 거둔(대하20:22) 사건 즉 하나님이 내려오셔서 승리하시고 다시 올라가심을 찬양한 것이라고 생각하기도 합니다. 그것이 어느 때이건 47편이 바라보고 있는 "하나님이 즐거이 부르

는 중에 올라가심이여”는 그리스도께서 영광의 보좌를 떠나 이 땅에 오셔서 구속 사역을 이루시고 다시 아버지께로 돌아가시는(요13:3) 부활 승천하실 때의 장면입니다(참고, 엡4:9). “그의 거룩한 보좌에 앉으셨도다”(8)는 말씀도 하나님 우편 보좌에 앉으심(110:1)으로 성취되었습니다. 주님을 “온 땅에 큰 왕”(2), “우리 왕”(6), “온 땅의 왕”(7)이라 부르고 있습니다. 이것이 47편의 핵심입니다.

“찬송하라 하나님을 찬송하라 찬송하라 우리 왕을 찬송하라”(6), “하나님은 온 땅에 왕이심이라 지혜의 시로 찬송할지어다”(7)고 말씀합니다.

“뭇 나라의 고관들이 모임이여 아브라함의 하나님의 백성이 되도다”(9)고 말씀합니다. 왜 갑자기 아브라함이 등장하는지 아시겠습니까? 하나님께서 아브라함에게 “네 씨로 말미암아 천하 만민이 복을 얻으리라”(창22:28)고 언약하심과 같이 그리스도의 구속 사역으로 말미암아 열방이 구원얻어 “아브라함의 하나님의 백성”이 됨을 말씀하고 있는 것입니다. 성도들을 “아브라함의 자손”(갈3:29)이라고 말씀합니다.

나아가 47편의 온전한 성취는 예수 그리스도께서 재림하셔서 메시야 왕국의 왕으로 등극하실때입니다. “뭇 백성을 다스리시며 하나님이 그의 거룩한 보좌에 앉으셨도다”(8)는 말씀은 그 때에 온전히 성취될 말씀입니다. 구속의 역사가 완성됨을 보여주는 계시록에서는 “세상 나라가 우리 주와 그의 그리스도의 나라가 되어 그가 세세토록 왕 노릇 하시리로다”(계11:15)고 말씀하고 있는데 이 때에 “찬송하라 하나님을 찬송하라 우리 왕을 찬송하라”(6)고 찬송이 울려 퍼지게 될 것입니다.

왕과 보좌와 통치는 그리스도를 주로 고백한 사람들이 사모할 단어들입니다. 왕 되시는 주님이 내 몸을, 가정을, 교회를 보좌로 삼으시고 통치하시는 곳에 하나님의 나라는 임하여 있기 때문입니다.

적용

그리스도를 왕으로 모심은 그분의 통치에 순복하겠다는 고백입니다. 모든 것을 통치하시도록 맡겨드렸습니까?

묵상해 봅시다

- 47편의 역사적 배경은 언제입니까?
- "올라가시도다"는 어떤 사건을 가리킵니까?
- 이 시는 언제 온전히 성취될 것입니까?

암송

찬송하라 우리 왕을 찬송하라(6)

제48편

큰 왕의 성

14 이 하나님은 영원히 우리 하나님이시니 그가 우리를 죽을 때까지 인도하시리로다

내용 관찰

48편의 주제는 "하나님의 성"⑴ 곧 "큰 왕의 성"⑵ 입니다. 그렇다고 "성"이 핵심이 아니라 그 성에 거하시는 "하나님" 곧 "큰 왕"이 핵심인 것입니다. "하나님의 성, 거룩한 산에서 극진히 찬양 받으시리로다"⑴고 그 성은 하나님을 찬양하며 경배드려야 할 장소임을 말씀합니다.

48편은 세 부분으로 나누어 관찰함이 이해에 도움이 됩니다. 첫째 부분 ⑴-3)의 주제는 "하나님의 성"⑴입니다. "터가 높고 아름다워 온 세계가 즐거워함이여 큰 왕의 성 곧 북방에 있는 시온 산이 그러하도다"⑵고 말씀합니다.

구약의 성막과 성전은 "하나님이 우리와 함께 계시다"(마1:23는) 임마누엘의 모형으로 주어진 것입니다. 지금 우리는 파괴당하고 불타버린 예루살렘 성전을 그리워하며 찬양하고 있는 것이 아닙니다. 그렇다면 "하나님

의 성"은 지금 어디에 있으며, 찬양받으실 "큰 왕"은 어디에 계실까요?

"너희가 하나님의 성전인 것과 하나님의 성령이 너희 안에 거하시는 것을 알지 못하느냐"(고전3:16) 하십니다. 큰 왕의 성은 시온 성과 같은 교회로 성취되었으며 큰 왕은 교회 안에 거하십니다. 또한 교회의 구성원인 성도 개개인이 하나님의 성이며 큰 왕이 거하시는 성이라는 경이로운 깨달음을 얻게 됩니다.

둘째 부분(4-8)의 주제는 하나님의 성, 곧 교회의 안전성입니다. "왕들이 모여 함께 지났음이여 그들이 보고 놀라고 두려워 빨리 지나갔도다"(4-5) 하십니다. 이 말씀이 1차적으로 예루살렘 성을 공격하려다가 패퇴한 연합 군을 가리킵니다만 궁극적으로는 교회를 파괴하려는 음부의 권세가 결단 코 이기지 못할 것임을 의미합니다. 우리가 "들은 대로" "보았나니"(8)는 옛적에도 하나님은 교회를 보양하셨음을 들었고 이제도 보호하심을 목격하고 있다는 것입니다. "영원히 견고하게 하시리로다"(8) 합니다.

세 번째 부분(9-14)의 주제는 하나님의 성, 곧 교회의 영광스러움입니다. "하나님이여 우리가 주의 전 가운데에서 주의 인자하심을 생각하였나이다"(9) 합니다. 10절은 "정의가 충만하였나이다"고 말씀합니다. 인자와 정의는 신약성경에 와서 "말씀이 육신이 되어 우리 가운데 거하시매 우리가 그의 영광을 보니 아버지의 독생자의 영광이요 은혜와 진리가 충만하더라"(요1:14)로 성취되었습니다. 인자는 은혜와 같고 정의는 진리와 동일합니다. 나아가 "은혜와 진리"(요이3)는 교회의 두 기둥입니다.

12-13절에서 "너희는 시온을 돌면서 그 곳을 둘러보고 그 망대들을 세어 보라 그의 성벽을 자세히 보고 그의 궁전을 살펴서 후대에 전하라" 하십니다. 이는 예루살렘의 성의 아름다움을 둘러보라는 말입니다만 교회의 영광스러움이 어떠함을 깨달아 이를 전해 주라는 말씀입니다. 교회는 찬

양하는 것(1)과 이를 전해 주어야 할(13) 사명이 있는 것입니다. 형제는 교회의 영광스러움을 얼마나 알고 있습니까? 그림자로 주어진 모세의 성막과 솔로몬의 성전에 하나님의 영광이 어찌나 충만한지 섬기러 들어갈 수가 없었다면 그리스도의 몸된 교회에 하나님의 영광이 더욱더욱 충만하지 않겠습니까?

"이 하나님은 영원히 우리 하나님이시니" 그렇습니다. "영원토록" 우리가 함께 계십니다(요14:16). 죽을 때까지 인도하십니다(14).

적용

당신 자신과 가정과 교회가 하나님의 영을 모신 큰 왕의 성입니다. 이는 형제의 영광이요 안전함입니다. 찬송하며 전파하십시오.

묵상해 봅시다

- 48편의 주제와 핵심은 무엇입니까?
- 그 주제는 무엇에 대한 모형입니까?
- 교회의 두 기둥은 무엇입니까?

암송

하나님의 성, 큰 왕의 성(1-2)

제49편

너무나 귀한 생명의 구속

15 그러나 하나님은 나를 영접하시리니 이러므로 내 영혼을
스올의 권세에서 건져내시리로다 (셀라)

내용 관찰

49편의 핵심 주제는 "구속"입니다(7,8,15). "내 입은 지혜를 말하겠고"(3),
"나의 오묘한 말을 풀리로다"(4) 합니다. "오묘한 말"이란 풀어야 할 수수께
끼처럼 인간이면 누구나 풀어야 할 근본적이고도 긴급한 문제를 풀어주겠
다는 것입니다. 그러므로 "뭇 백성들아 이를 들으라 세상의 거민들아 모두
귀를 기울이라 귀천 빈부를 막론하고 다 들을지어다"(1-2) 합니다. 그것이
무엇일까요. "영혼의 구속"(15) 곧 구원 문제입니다. 온 천하를 얻었다 하여
도 이 문제를 해결하지 못하고 세상을 떠난다면 헛수고입니다.

5-13절에서는 구원 문제를 해결해 주지 못하는 것들을 먼저 말합니
다. "자기의 재물을 의지하고 부유함을 자랑하는"(6) 다시 말씀드리면 일생
을 투자하여 얻기를 원하는 재물의 풍부함으로는 "아무도 자기의 형제를
구원하지 못하며 그를 위한 하나님께 속전을 하나님께 바치지도 못할 것

은"(7) 합니다. 왜냐하면 생명의 구속은 그러한 물질로는 불가능한 것이며 설사 가능하다 하여도 영혼의 가치는 너무나 귀하여 비록 한국 땅덩어리가 다 그의 것이라 하더라도 아니 사탄이 주님을 시험할 때 한 말처럼 "천하만국"(마4:8)을 다 준다 하여도 그것으로는 한 영혼의 값도 지불할 수가 없다고 말씀합니다. "그가 영원히 살아서 죽음을 보지 않을 것인가"(9), "영원히 못할 것임이라"고 "못한다"는 말이 네 번 반복적으로 강조되어 있습니다(7-9). 형제도 그것을 인정하십니까?

10절은 "한 번 죽는 것은 사람에게 정하신 것이요"의 뜻입니다. "그러나 그는 지혜 있는 자도 죽고 어리석고 무지한 자도 함께 망하며"(10) 그러함에도 "그들의 속 생각에 그들의 집은 영원히"(11) 있을 것처럼 살아가고들 있으니 아무리 세상에서 존귀하다 하여도 이 진리를 깨닫지 못한다면 "멸망하는 짐승같도다"(12) 하십니다. 이 말씀이 결론에서도 또다시 경고로 주어지고 있습니다. "멸망하는 짐승"같이 살아가고 있는 사람들이 너무나 많습니다. 그러함에도 후세 사람들은 우매하게 일생을 살다가 간 이런 사람을 오히려 칭찬하라 하십니다(13). "사망이 그들의 목자"(14)라고 말씀합니다. 사망의 권세 잡은 자 사탄에게 이끌려 지옥으로 가고 있음을 말씀합니다. 그러나 "하나님은 나를 영접하시리니"(15) 하고 하나님은 하실 수 있음을 증언합니다.

영접이란 세상을 떠날 때에 하나님께서 그 영혼을 받아 주심을 말합니다. "이러므로 내 영혼을 스올의 권세에서 건져내시리로다" 하십니다. 7절에서 "구원하지 못하며"했는데 15절에는 "건져내시리로다" 합니다. 이 말씀이 49편의 핵심입니다. 어떻게 무엇으로 누구로 말미암아 이것이 가능하단 말입니까? "대속물(속전)을 바치지도 못한다"(7)는 말씀 속에서 찾을 수가 있습니다. 구속한다는 말은 대신 값을 지불하고 사서 해방시켜 줌을 의미합니다. 성경은 말씀합니다. 그리스도께서 "모든 사람을 위하여 자기를 대속물로 주셨다"(딤전2:6). 그렇습니다. 주님께서 죄값인 사망을 대신 당하심으로 값을 주고 우리를 구속해 주셨습니다. "자기 재물"을 의지하고 풍부함으로 "교만(자긍)"하지 마십시오. "지혜"(10)가 있다고 잘난척하지 마십시오. "존귀"(12) 즉 명예를 얻었다고 자고하지 마십시오. "아름다움"(14)이 있다고 뽐내지 마십시오. 스올에서 소멸하고 말 것들입니다. 그런 것들은 당신을 구속해 주지 못합니다. 오직 하나님만이 당신을 영접하실 수가 있으십니다.

그러므로 형제여 환난의 날에(5) 또는 불신자가 영광이 더할 때에(16) 두려워하지 마십시오. 존귀에 처하나 깨닫지 못하는 사람은 멸망하는 짐승과도 같습니다.

적용

환난의 날에(5), 불신자들이 영광이 더할 때에(16), 너는 두려워 말지어다.

묵상해 봅시다

- 49편의 주제는 무엇입니까?
- 무엇으로는 못합니까?
- 무엇으로만이 할 수 있습니까?

암송

하나님은 나를 영접하시리니(15상)

제50편

형식적인 예배와 위선적인 삶

23 감사로 제사를 드리는 자가 나를 영화롭게 하나니 그의
행위를 옳게 하는 자에게 내가 하나님의 구원을 보이리라

내용 관찰

50편의 주제는 "하나님 그는 심판장이심이로다"(6하)하신 최후 심판에
대한 예언적 경고입니다. 50편은 네 부분으로 구분이 되는데 첫 부분(1-6)
은 심판에 대한 선포(6)입니다. 첫 절에서 "전능하신 이 여호와 하나님께서
말씀하사 해 돋는 데서부터 지는 데까지 세상을 부르셨도다"(1)하고 온 세
계만방이 심판하실 법정에 호출될 것을 말씀합니다. "또 내가 보니 죽은 자
들이 큰 자나 작은 자나 그 보좌 앞에 서 있는데"(계20:12)하신 말씀대로 심
판에서 제외될 자란 아무도 없습니다.

"하나님이 오사 잠잠하지 아니하시니(3) 하고 심판 주되시는 그리스도의
재림하시는 모습과 "하나님이 자기의 백성을 판결하시려고(4), "나의 성도
들을 내 앞에 모으라(5) 하시고 소집하는 장면을 대하게 됩니다.

그런데 심판에 대한 경고가 "나의 성도들을 내 앞에 모으라"(5상)하시고

"내 백성아 들을지어다"(7상)하시어 "하나님의 집에서 심판을 시작할 때가 되었나니 만일 우리에게 먼저 하면"(벧전4:17) 하신대로 교회에 대한 심판에 초점이 맞추어져 있음을 주목해야만 합니다.

심판의 내용은 두 부분으로 되어있습니다. 먼저는 하나님과의 관계이고 (7-15), 다음은 사람과의 관계(16-21)에 대한 것입니다. 십계명이 하나님 사랑과 이웃 사랑 두 부분으로 되어 있듯이 말입니다.

둘째 부분(7-15)에 나타난 하나님과의 관계에서의 죄는 형식적인 예배입니다. "나는 네 제물 때문에 너를 책망하지는 아니하리니 네 번제가 항상 내 앞에 있음이로다"(8) 하십니다. 그들은 하나님 앞에 번제는 끊임없이 드리고 있었습니다.

그러나 그들의 제사에는 감사가 빠진 체 형식적으로 드려지고 있었습니다. "감사로 하나님께 제사를 드리며"(14) 하십니다. 또한 "환난 날에 나를 부르라"(15)고 그들의 기도가 형식적임을 암시합니다. 하나님께서는 심판 날에 이를 심문하시게 될 것이라고 경고합니다.

셋째 부분(16-21)에 나타난 이웃과의 관계에서의 죄는 한마디로 위선적인 죄입니다. "도덕" "간음"(18) "궤사"(19)와 "비방"(20)을 한다는 것입니다. 어떤 사람들이 이러한 죄를 범하고 있다는 것입니까? "네가 어찌하여 내 율례를 전하며 내 언약을 네 입에 두느냐"(16) 하신 데서 볼 수 있듯이 이런 죄를 범하지 말라고 회중들에게 설교하는 지도자들을 향하여 하시는 말씀인 것입니다.

이 예언적인 경고가 주님 당시의 외식하는 종교 지도자들에게 응하여 자기도 들어가지 못하고 들어가려는 자도 들어가지 못하게 하였던 것입니다(마23:14, 참고, 롬2:17-24).

"네가 이 일을 행하여도 내가 잠잠하였더니 네가 나를 너와 같은 줄로 생각하였도다"(21), "그러나 내가 너를 책망하여 네 죄를 네 눈 앞에 낱낱이 드러내리라" 이 날이 다가오고 있다고 경고하십니다.

넷째 부분(22-23)은 결론입니다. 이런 형식적인 예배와 위선적인 삶은 한 마디로 "하나님을 잊어버린"(22)데에 연유한다고 지적하십니다. "이제 이를 생각하라"(22) 하십니다. 늦기 전에 회개하고 돌이키라는 말씀입니다. 하나님께 대한 진실한 감사와 이웃에 대한 "그의 행위를 옳게 하는 자"(23)에게 구원을 보이리라 하십니다. 형식적인 예배와 위선적인 삶은 현대교회도 책망과 경고를 받아 마땅한 두 가지 요점입니다.

적용

심판의 두 가지 기준이 형제에게는 어떻게 적용이 됩니까?

묵상해 봅시다

- 50편의 주제는 무엇입니까?
- 심판의 첫째 기준은 무엇입니까?
- 심판의 둘째 기준은 무엇입니까?

암송

감사로 제사를 드리는 자가 나를 영화롭게 하나니(23)

제51편

우슬초로 나를 정결케 하소서

19 그 때에 주께서 의로운 제사와 번제와 온전한 번제를 기
뻐하시리니 그 때에 그들이 수소를 주의 제단에 드리리이다

내용 관찰

51편은 표제에 있는 대로 죄를 참회하는 회개 시입니다. 51편은 네 부분
으로 나누어집니다. 첫 부분(1-6)은 죄에 대한 참회입니다. "내 죄"라는 내
용의 말이 1-3절 안에 5번이나 나옵니다.

"무릇 나는 내 죄과를 아오니 내 죄가 항상 내 앞에 있나이다"(3)하고 고
백합니다. 다윗은 자신이 범한 "죄들"만을 생각하지 않고 "내가 죄악 중에
서 출생하였음이여 어머니가 죄 중에서 나를 잉태하였나이다"(5)하고 원죄
교리를 말씀함으로 자신이 본질적으로 죄인임을 고백하고 있습니다. 이
점에서 51편은 다윗 자신을 뛰어넘어 인간 모두의 문제로 다가오고 있는
것입니다.

노아 당시도 사람의 죄악이 세상에 관영하였으므로 인하여 홍수로 쓸어
버리신 바 되었습니다. 하나님은 홍수 후에 다시는 홍수로 멸하지 않겠다

고 말씀하십니다. 왜 그렇습니까? 죄악이 세상에 관영하지 않을 것이기 때문입니까? 아닙니다. 정반대입니다. "이는 사람의 마음이 계획하는 바가 어려서부터 악함이라"(창8:21), 즉 인간은 전적타락, 전적부패함으로 인간의 행위로는 구제불능이라는 말씀입니다.

우리는 지금 다윗의 참회록을 읽고 있는 것이 아닙니다. "내가 범죄자에게 주의 도를 가르치리니 죄인들이 주께 돌아오리이다"(13)하고 나 자신이 "죄인"임을 말씀하고 있습니다. 모든 사람이 다윗과 같은 죄를 범하지 아니하였어도 모든 인간은 하나님 앞에 죄인들이며 잉태되고 출생할 때부터 죄 중에 태어났다는 것이 성경의 증거입니다.

51편은 참회의 시 만은 아닙니다. 둘째 부분(7-12)에서 "주의 구원의 즐거움을 내게 회복시켜 주시고"(12)한대로 하나님과의 관계를 회복할 수 있는 방도를 제시해 주고 있다는 점에서 복음적입니다. 죄를 해결하는 길을 "우슬초로 나를 정결케 하소서" "나의 죄를 씻어 주소서"(7) 합니다. "내 모든 죄악을 지워주소서"(9) 합니다. 우슬초로 나를 정결케 하소서라는 간구는 "모세가 율법대로 모든 계명을 온 백성에게 말한 후에 송아지와 염소의 피와 및 물과 붉은 양털과 우슬초를 취하여 그 두루마리와 온 백성에게 뿌리며 이르되 이는 하나님이 너희에게 명하신 언약의 피라"(히9:19-20)고 말씀한 "그 언약의 피로 나를 정결케 하소서"하는 의미입니다. 그 피가 아니면 죄를 정결케 할 다른 방도는 없음을 다윗은 알고 있었습니다.

그러면서도 "주께서는 제사를 기뻐하지 아니하시나이다"(16)고 말씀합니다. 다윗은 이미 40:6에서 이것을 알고 있었습니다. 이는 짐승의 피로는 근본적으로 죄를 해결할 수 없음을 뜻합니다. 하나님은 "한 몸"을 예비하셨는데(히10:5) 그분이 단번에 드려주신 그 피만이 모든 인간의 죄를 정결케 하실 수가 있음을 말씀합니다. 그리스도는 새 언약하에 있는 사람들의 죄 뿐만 아니라 "첫 언약 때에 범한 죄(다윗이 범한 죄까지)에서 속량하려고 죽으셨다"(히9:15)고 성경은 말씀합니다. 이것이 끝 절에서 말씀하고 있는 "그 때에 의로운 제사와 온전한 번제를 기뻐하시리니"(참고, 히10:1,14)한 의미입니다. 지금에 "번제를 기뻐하지 아니하신다"는 16절과 그 때에 "번제를 기뻐하시리니"는 19절의 대조점을 주목하십시오. 이 은총을 알았기 때문에 셋째 부분(13-17)에서는 헌신의 서원을 합니다. "내가 범죄자에게 주의 도를 가르치리니"(13)고 말합니다. "내 혀가 주의 의를 높이 노래하리이다"(14) 합니다. "주여 내 입술을 열어주소서 내 입이 주를 찬송하여 전파하리이다"(15)고 서원합니다. 그리스도인은 "내 입술을 열어주소서"(15)하고 기도해야만 합니다. 왜냐하면 이 은혜를 "찬송"하며 이 기쁜 소식을 "전파"(15)하기 위해서입니다.

마지막 부분(18-19)은 결론인데 18절에서 "예루살렘 성을 쌓으소서" 간구하고 있는데 이것이 무슨 뜻일까요? 이는 건설을 의미하는데 하나님께서 다윗에게 "여호와가 너를 위하여 집을 짓고"(삼하7:11하)하신 메시야 언약을 이루어 주십사하는 간구입니다. 그래서 "그 때에 주께서 의로운 제사와 번제와 온전한 번제를 기뻐하시리니"(19) 말씀하고 있는 것입니다. "의로운 제사"와 "온전한 번제"라는 말씀을 주목하십시오. 히브리서 10:1은 "율법은 장차 오는 좋은 일의 그림자"이기 때문에 해마다 몸을 단번에 드려주신 제물로 "영원히 온전케 하셨느니라"(히10:10,14)고 명백하게 증언하고 있습니다. 하나님께서 이렇게 해주심은 "주의 은택으로 시온에 선을 행하시고"(18상) 하신대로 오직 은혜입니다.

적용

형제는 주님의 피만이 나의 죄를 정결케 할 수 있음을 믿으십니까? 그렇다면 내 입을 열어주소서 하고 기도합시다.

묵상해 봅시다

- 51편의 기록 동기는 무엇입니까?
- 51편이 어떤 의미에서 모든 사람의 문제가 됩니까?
- 죄를 해결할 수 있는 유일한 방도가 무엇입니까?

암송

의로운 제사와 번제와 온전한 번제를 기뻐하시리니(19)

제52편

하나님의 사랑을 배신한 자

8 그러나 나는 하나님의 집에 있는 푸른 감람나무 같음이여
하나님의 인자하심을 영원히 의지하리로다

내용 관찰

52편은 표제에 있는 대로 도엑이란 자가 사울에게 다윗이 제사장 아히
멜렉의 집에 왔더라고 밀고한 때에 지은 시입니다. 도엑이란 자는 사울의
명을 따라 제사장 85인을 죽이고 남녀와 아이들과 젖먹이까지 죽인(삼상
22:18~19) 배신자요 강포한 자의 대명사입니다.

"포악한 자여 네가 어찌하여 악한 계획을 스스로 자랑하는가"(1)하고 꾸
짖습니다. "네 혀가 심한 악을 꾀하여 날카로운 삭도 같이 간사를 행하는도
다"(2), "간사한 혀여 너는 남을 해치는 모든 말을 좋아하는도다"(4)고 책망
합니다.

이 점에서 또 한 사람의 배신자를 연상하게 됩니다. 그는 가룟 유다입니
다. "내가 예수를 너희에게 넘겨주리니 얼마나 주려느냐"(마26:15) 하고 "해
치는 모든 말을 좋아"(4)하던 그 혀가 "랍비여 안녕하시옵니까? 하고 입을

맞추니"(마26:49) 얼마나 "간사"합니까? 간사하다는 말이 2절과 4절에 지적되어 있습니다. 하나님께서 기름 부으신 자를 배신함은 곧 하나님을 배신함입니다. 이점에서 다윗은 그리스도의 예표가 되고 있습니다. 배신자의 종말은 "영원히 너를 멸하심이여" "네 장막에서 뽑아내며 살아 있는 땅에서 네 뿌리를 빼시리로다"(5)고 말씀합니다. 실로 "그 사람은 차라리 나지 아니하였더면 자기에게 좋을 뻔하였느니라"(막14:21)의 사람입니다.

이와는 대조적으로 "그러나 나는 하나님의 집에 있는 푸른 감람나무 같음이여"(8) 합니다. 호세아 14:5–6에 의하면 감람나무는 번영을 상징합니다. 뿌리가 뽑히는 배신자와는 대조적으로 백향목같이 뿌리가 박힐 것이라고 말씀하고 영원히 멸하심과는 반대로 그 가지는 퍼지며 그 아름다움은 감람나무와 같다고 말씀합니다. 이러한 번영은 "이새의 줄기에서 한 싹이 나며 그 뿌리에서 한 가지가 나서 결실할 것이요"(사11:1) 하고 예언한 메시야에게서 성취될 것입니다.

52편의 핵심적인 말씀은 "하나님의 인자하심"입니다. "포악한 자여 네가 어찌하여 악한 계획을 스스로 자랑하는가 하나님의 인자하심은 항상 있도다"(1) 하십니다. 인간의 강포와 악한 계획에도 불구하고 하나님의 인자하심은 항상 있도다 하신 그 대조를 보십시오. 그러므로 배신자는 다름 아닌 이 "하나님의 인자하심"을 배신한 자입니다. 반면 "의인"이란 "하나님의 인자하심을 영원히 의지하리로다"(8)고 그 인자하신 하나님을 믿는 자입니다. 인자란 곧 하나님의 사랑을 의미합니다.

"영원히"라는 말이 세 번 등장하고 있는데 영원히 멸하신다는 영원한 멸망이 있는가 하면(5), 영원히 의지하고(8) 영원히 감사하는(9) 영생의 길이 있습니다. 또한 의지한다는 말이 세 번 나오는데(7,8,9) "재물의 풍부함을 의지하는"(7), 하나님의 인자를 의지하고(8), 주의 이름을 사모(9)하는 신자가 대비되어 있습니다. 의지함이란 곧 믿음을 의미합니다. 52편의 메시지는 하나님의 사랑을 배신하는 자와 하나님의 사랑을 의지하는 자의 종말이 어떻게 다른가를 말씀해 주고 있습니다. "내가 주의 이름을 사모하리이다"(9). 아멘.

적용

결코 하나님의 사랑을 배신하지 말고 하나님의 사랑을 영원히 의지하십시다. 그런 형제는 하나님의 집에 있는 푸른 감람나무 같으십니다.

묵상해 봅시다

- 52편의 역사적인 배경이 무엇입니까?
- 하나님의 사랑을 배신하는 자의 종말이 어떠합니까?
- 하나님의 사랑(인자)을 의지하는 자의 축복이 무엇입니까?

암송

하나님의 인자하심을 영원히 의지하리로다(8).

제53편

죄론과 구원론

6 시온에서 이스라엘을 구원하여 줄 자 누구인가 하나님이
자기 백성의 포로된 것을 돌이키실 때에 야곱이 즐거워하며
이스라엘이 기뻐하리로다

내용 관찰

53편은 내용이 14편과 대동소이합니다. 그렇다고 해서 소홀히 다루기
가 쉽습니다. 그러나 성령님은 무의미한 반복을 하지 않으십니다. 표제를
보면 14편은 "영장으로 한 노래"로 되어있으나 53편은 "다윗의 마스길"이
란 설명이 있습니다. 마스길이란 교훈 시라는 뜻입니다.

그러므로 14편이 예배와 기도를 위한 것이라면 53편은 전도와 교훈을 위
한 것이라고 구분할 수가 있습니다. 하나님의 호칭이 14편에는 "여호와"로
되어있으나 53편은 "하나님"으로 바뀐 것만 보아도 이를 뒷받침해 줍니다.

53편은 크게 두 부분으로 나눌 수 있는데 1-5은 죄론입니다. 그런 연후
에 6절에서 구원론을 말씀하고 있습니다. 로마서에서도 이렇게 하고 있
는데 이것이 성경적인 순서입니다. 로마서는 죄론의 결론 부분에서 본문

1−3을 인용하여 "기록된바 의인은 없나니 하나도 없으며 깨닫는 자도 없고 하나님을 찾는 자도 없고 다 치우쳐 함께 무익하게 되고 선을 행하는 자는 없나니 하나도 없도다"(롬3:10−12)고 말씀합니다.

로마서의 죄론은 53편의 해설이라 하여도 과언이 아닙니다. "하나님이 없다 하는 자는 어리석은 자"(1)라고 말씀하고 있는데 왜 그들이 어리석은 자냐하면 "이는 하나님을 알만한 것이 그들 속에 보임이라"(롬1:19) 하십니다. 더욱이 "창세로부터 그의 보이지 아니하는 것들 곧 그의 영원하신 능력과 신성이 그가 만드신 만물에 분명히 보여 알려졌나니 그러므로 그들이 핑계하지 못할지니라"(롬1:20) 하십니다. 그럼에도 "오히려 그 생각이 허망하여지며 미련한 마음이 어두워졌나니 스스로 지혜 있다 하나 어리석게 되어 썩어지지 아니하는 하나님의 영광을 썩어질 사람과 새와 짐승과 기어다니는 동물 모양의 우상으로 바꾸었느니라"(롬1:21−23)는 것입니다. 그러니 얼마나 어리석은 자들입니까?

"또한 그들이 마음에 하나님 두기를 싫어하매"(롬1:28) 하고 그들 마음에서 하나님을 추방하였다는 것입니다. 그러나 추방당한 것은 하나님이 아니시고 "하나님께서 저희를 그 상실한 마음대로 내어버려두사" 하고 그들이 내어버림을 당한 것을 말씀합니다. 53편에서도 "하나님이 그들을 버리셨으므로"(5) 하고 말씀합니다.

시편 53편의 죄론이나 로마서의 죄론이나 결론은 하나님이 찾아보셨지만 "그들은 부패하며 가증한 악을 행함이여 선을 행하는 자가 없도다"(1) 하십니다. "한 사람도 없도다"(3) 하십니다. 로마서에서는 "의인은 없나니 하나도 없다"(롬3:10)고 이를 해석하여 주고 있습니다. 로마서의 죄론이나 5절에서 "그들이…크게 두려워하였으니" 하였는데 이는 "다만 네 고집과 회개하지 아니한 마음을 따라 진노의 날 곧 하나님의 의로우신 심판이 나타나는 그 날에 임할 진노를 네게 쌓는도다"(롬2:5) 하신 그날에 임할 두려움을 의미합니다. 이것이 죄론입니다. 그런 후에 "시온에서 이스라엘을 구원하여 줄자 누구뇨"하고 구원론을 제시합니다. 구원자가 시온에서 나올 것을 시편 기자는 알고 있습니다. 성경은 그 대답으로 "이름을 예수라 하라 이는 그가 자기 백성을 그들의 죄에서 구원할 자이심이라"(마1:21)고 말씀하십니다.

로마서에서도 "육신으로 하면 그리스도가 그들에게서 나셨으니"(롬9:5)라고 구원자가 시온에서 나셨음을 말씀하고 또한 "이 복음은 모든 믿는 자에게 구원을 주시는 하나님의 능력이 됨이라"(롬1:16)고 복음만이 구원하여 줄 수 있음을 말씀하십니다. "시온에서 이스라엘을 구원하여 줄자 누구뇨" 오직 예수 그리스도이십니다. 53편은 이것을 전하고 교훈하기 위하여 다시 한번 말씀하고 있는 것입니다.

적용

결과는 하나님께 맡기고 성경적인 방법대로 전도합시다.

묵상해 봅시다

• 첫 부분(1-5)의 주제가 무엇입니까?
• 둘째 부분의 주제가 무엇입니까?
• 하나님이 없다하는 자들이 어떤 점에서 어리석은 자들 입니까?

암송

시온에서 이스라엘을 구원하여 줄 자 누구인가(6)

제54편

구원과 감사

6 내가 낙헌제로 주께 제사하리이다 여호와여 주의 이름에
감사하오리니 주의 이름이 선하심이니이다

내용 관찰

54편은 "십 인이 사울에게 이르러 말하기를 다윗이 우리 곳에 숨지 아니하였나이까? 하던 때에"라는 표제가 붙어 있습니다. 이러한 역사적인 사실은 삼상 23장에 기록되어 있습니다. "그를 왕의 손에 넘길 것이 우리의 의무이니이다"(삼상23:20)고 십 사람들이 사울에게 밀고하는 것이 나옵니다. "낯선자들이 일어나 나를 치고 포악한 나의 생명을 수색"(3)한다고 호소합니다. 그러면서 "주께서는 내 원수에게 악으로 갚으시리니"(5)하고 원수 갚는 것을 하나님께 맡깁니다.

삼상 26장에 보면 사울을 죽일 수 있는 결정적인 순간이 주어졌음에도 하나님께 의탁한 체 자신이 그를 해하기를 금합니다. 이런 배경에서 54편은 기록되었습니다.

54편은 1-3과 4-7로 두 부분으로 나누어집니다. 앞부분의 핵심은 "주

의 이름으로 나를 구원하시고(1)이고, 뒷부분의 핵심은 "주의 이름에 감사하오리니"(6) 입니다. 앞부분에서는 구원을 호소하고 뒷부분에서는 감사를 서원합니다.

먼저 "주의 이름으로 나를 구원"해 달라는 간구는 다름아닌 자신에게 주의 이름이 주어졌음을 인식하고 하는 기도입니다. 하나님이 다윗을 택하시고 기름을 부어 왕을 삼으시사 성령으로 충만케 하심이 아니었다면 다윗이 이런 고난 당할 이유가 없는 것입니다. 다윗이 일개 목동에서 왕위에 오르게 되었음이 다윗 개인의 출세를 의미하지 않습니다. 다윗이 칼과 창으로 하지 않고 일개 물맷돌로 골리앗을 쓰러뜨린 것이 다윗 개인의 명예를 의미하지 않습니다. 다윗은 하나님의 구속 사역을 이루어 나가시는데 있어서 "택한 그릇"으로 쓰임을 받고 있을 뿐입니다. 그러므로 "그가 내 이름을 위하여 얼마나 고난을 받아야 할 것을 내가 그에게 보이리라"(행9:16)하신 구속사의 동일 선상에서 그는 고난을 당하고 있는 것입니다. 지금 다윗은 주의 이름으로 말미암아 미움을 받고 있는 것이며 주의 이름을 위하여 핍박을 받고 있는 것입니다. 다시 말씀드리면 주의 이름이 걸려 있는 싸움을 싸우고 있다는 말씀입니다

"낯선 자들이 일어나 나를 친다"(3상)고 말씀하고 있는데 외인이란 누구를 가리킬까요? 십 사람들은 다윗이 "우리 곳에 숨었다"고 말했습니다. 다윗은 십 사람의 땅에 간 것입니다. 그렇다해도 그들은 "낯선 자"에 불과하였습니다. 그들은 하나님의 나라 건설에 있어서 외국인이었습니다. 그들에게는 주의 이름이 주어지지 아니하였다는 뜻입니다. 사도바울이 이방인이었던 에베소 성도들을 향해 "이제부터 너희는 외인도 아니요 나그네도 아니요 오직 성도들과 동일한 시민이요 하나님의 권속이라"(엡2:19)고 하신 말씀을 듣게 된다는 것은 감격스러운 일입니다.

그렇습니다. 구속 사역에는 하나님의 이름과 명예가 걸려 있는 것입니다. 그리고 주의 종들은 이 일에 쓰임을 받고 있는 것입니다. 그러므로 "주의 이름 때문에 구원해주시는 것입니다. 주님께서도 잡히시던 날 밤에 제자들에게 주신 것이 "주의 이름"이었습니다. "너희가 내 이름으로 무엇을 구하든지 내가 행하리니 이는 아버지로 하여금 아들로 말미암아 영광을 받으시게 하려 함이라"(요14:13,14:14,15:16,16:23,24,26). 그러므로 우리로 인하여 주의 이름이 거룩히 여기심을 받으시기도 하고 모독을 받으시게 되기도 하는 것입니다.

둘째 부분에서 다윗은 "주의 이름에 감사하오리니 주의 이름이 선하심이니이다"(6) 하고 주의 이름을 거듭 말합니다. 그냥 감사가 아니고 "주의 이름에 감사"하겠다 함은 하나님의 성품과 그 성품에서 나오는 선하심(6) 행사를 생각하면서 감사하겠다는 것입니다. 또한 그 이름에 합당한 감사(29:2)를 드리겠다는 것을 의미합니다. 이것이 낙헌제(6) 입니다. 즐겁고 감사해서 자원하는 마음으로 드리는 것이 낙헌제입니다. 이것은 의무제가 아니라 자원제입니다. "주의 이름으로 구원하소서" "주의 이름에 감사하오리니" 이는 하나님 중심의 신앙이요 최고의 기도입니다.

적용

성도란 "주의 이름으로 일컬음을 받는 자"(단9:19)입니다. 형제는 그 이름을 어떻게 하시겠습니까? 그 이름을 의지하고, 그 이름을 영화롭게 함이 마땅합니다.

묵상해 봅시다

- 54편의 배경이 무엇입니까?
- 앞부분의 주제가 무엇입니까?
- 뒷부분의 주제가 무엇입니까?

암송

주의 이름이 선하심이니이다(6).

제55편

나를 치는 전쟁

18 나를 대적하는 자 많더니 나를 치는 전쟁에서 그가 내 생명을 구원하사 평안하게 하셨도다

내용 관찰

55편의 저작 동기는 12-13절의 "나를 책망한 자는 원수가 아니라 원수일진대 내가 참았으리라 나를 대하여 자기를 높이는 자는 나를 미워하는 자가 아니라 미워하는 자일진대 내가 그를 피하여 숨었으리라 그는 곧 너로다 나의 동료, 나의 친구요 나의 가까운 친우로다"한 말씀으로 미루어 보아 가까운 친구의 배신으로 말미암아 "내 마음이 내 속에서 심히 아파하며 사망의 위험이 내게 이르렀도다"(4)고 몹시 상심하여 지은 시입니다. 그렇다면 그것은 압살롬의 반역 때에 다윗의 모사였던 아히도벨이 다윗을 배반한 일일 것입니다(삼하15:31).

이 예표적인 말씀은 41편과 함께 예수 그리스도를 배신한 가롯 유다에게서 성취되었던 것입니다. 주님은 가롯 유다가 "랍비여 안녕하시옵니까(마26:49)하고 입을 맞추었을 때에 "친구여 네가 무엇을 하려고 왔는지 행하라"

고 끝까지 그를 친구라 부르셨습니다. 본문에서도 "나의 친구요, 나의 가까운 친우로다"(13)고 말씀합니다. 그런데 성경은 "아히도벨"이나 "가룟 유다"라 하시지 않고 "그가 곧 너로다" 하심으로 듣는 자로 하여금 가슴이 찔리게 합니다. 그렇습니다. 배신자 그는 바로 나 자신이라는 깨달음입니다.

다윗에게는 이와 동일한 뼈저린 경험이 있습니다. 나단 선지자가 찾아와서 다윗이 깨닫기를 바라고 우회적으로 그의 범죄를 말했을 때에 그런 놈은 마땅히 죽을 자라고 남의 이야기로 여겼습니다. 그때 나단이 한 말이 "당신이 그 사람이라"(삼하12:7) 였습니다.

55편은 세 부분으로 나누어 관찰할 수가 있는데 1-8은 다윗이 직면한 "압제"(3) 입니다. 다윗은 이 압제를 피하여 "비둘기같이 날개가 있다면 날아가서 편히 쉬리로다"(6) 싶은 마음이었습니다. 이 압제는 그 원인이 둘째 부분(9-15)에서 설명되어 있는데 "가까운 친우(13)의 배신"으로 말미암아 가중되었습니다. 이 둘째 단락(9-15)이 어떻게 끝나나 보십시오. 다윗은 압제자의 운명이 "사망이 갑자기 그들에게 임하여 산 채로 스올에 내려가게(15) 될 것을 알았습니다.

요한계시록 19:20에 사탄의 추종자들이 "산채로 유황 불붙는 못에 던지운다"고 "산채로 음부에 내려 갈지어다"는 말씀이 그대로 성취됨을 봅니다. 셋째 부분(16-23)에서 "나는 하나님께 부르짖으리니 여호와께서 나를 구원하시리로다"(16)고 기도를 통한 확신을 갖게 됩니다. "저녁과 아침과 정오에 내가 근심하여 탄식하리니 여호와께서 내 소리를 들으시리로다"(17) 합니다. "구원하시리로다"(16), "들으시리로다"(17), "낮추시리이다"(19), "요동함을 허락지 아니하시리로다"(22)고 그는 확신합니다.

55편의 요절은 18절의 "나를 대적하는 자 많더니 나를 치는 전쟁에서 그가 내 생명을 구원하사 평안하게 하셨도다"는 말씀입니다. 다윗은 자신이 당하고 있는 박해를 전쟁으로 보고 있습니다. 그렇습니다.

　바울도 전쟁으로 보았습니다. 구속의 역사란 영적전쟁인 것입니다. "나를 치는 전쟁"이란 다윗의 왕위에 오르사 사탄을 정복하고 인류를 구원하실 그리스도의 전쟁을 의미합니다. 그 승리가 너무나 확실하기 때문에 "내 생명을 구속하사 평안하게 하셨도다"고 이미 이루어진 일 인양 과거사로 말씀하고 있습니다. 하나님께서 주권적으로 이루실 역사는 미래에 되어질 일이지만 성경은 과거사로 말씀을 합니다(롬 8:30).

　"내가 근심으로 편하지 못하여 탄식하오니"(2)로 시작된 55편은 "네 짐을 여호와께 맡기라 그가 너를 붙드시고 의인의 요동함을 영원히 허락하지 아니하시리로다"(22) 합니다. 아멘. "나는 주를 의지하리이다"(23하)

적용

　형제에게도 근심으로 편치 못해 탄식한 때가 있으셨겠지요. 형제의 짐을 여호와께 맡겨 버리십시오.

묵상해 봅시다

- 55편은 어떤 배경 하에서 기록되었습니까?
- 압제자들의 종말이 어떠합니까?
- 여호와의 전쟁을 싸우는 자의 확신이 무엇입니까?

암송

네 짐을 여호와께 맡기라(22).

제56편

사람이 내게 어찌하리요

4 내가 하나님을 의지하고 그 말씀을 찬송하올지라 내가 하나님을 의지하였은즉 두려워하지 아니하리니 혈육을 가진 사람이 내게 어찌하리이까

내용 관찰

56편은 표제가 말씀해 주고 있는 대로 다윗이 블레셋인에게 잡힌 때에 그 위험한 지경에서 구원하여 주시기를 간구한 역사적 배경을 갖고 있습니다. "하나님이여 내게 은혜를 베푸소서 사람이 나를 삼키려고 종일 치며 압제하나이다"(1)고 말씀합니다.

56편 전체를 요약해 주는 말씀이 3절이라 할 수가 있습니다. "내가 두려워하는 날에는"(3상)합니다. 다윗은 지금 두려워 하는 날을 당한 것입니다. 원수가 "종일 압제하며"(1), "종일 삼키려 하며"(2), "종일 곡해"(5)한다고 말씀합니다. "종일"이라는 말이 세 번 "삼키려고"(1,2)가 두 번 반복됩니다. 어떻게 해야만 합니까? "주를 의지하리이다"(3하)고 그 비결을 말씀합니다. 성도가 두려운 날을 만났을 때에 주를 의지하는 것, 이것이 신앙입니다. 평

안할 때는 의지하는 듯하다가 정작 필요한 두려운 날에는 놓치고 마는 것을 흔히 보게 됩니다. 광풍을 만난 제자들이 두려워하며 주님을 깨웠을 때에 주님께서는 "너의 믿음이 어디 있느냐"(눅8:25)고 말씀하셨습니다. 믿음은 이런 때 사용하기 위해서 평소에 준비하는 것이란 뜻입니다.

"의지한다"는 말씀이 3-4에 3번 나오고 10-11에 3번 나옵니다. 이것이 56편의 중심점입니다. "의지하였은즉 두려워하지 아니하리니"(4) 합니다. "혈육을 가진 사람이 내게 어찌하리이까"(4) 하고 도전적인 말을 합니다. 혈육 있는 자란 자신이 의지한 하나님의 능력에 비해 "너희는 인생을 의지하지 말라 그의 호흡은 코에 있나니 셈할 가치가 어디 있느냐"(사2:22)한 인간의 보잘 것 없음을 나타내는 말입니다. 이런 말씀이 4절과 11절에 후렴처럼 반복됨으로 강조적입니다.

이 점에서 "하나님을 의지한다"는 것이 구체적으로 어떻게 하는 것을 의미하느냐 하는 데까지 나아가야만 합니다. 내가 하나님을 의지하고 "그 말씀을 찬송하올지라"(4) 합니다. 10절에서는 더욱 강조적인데 "내가 하나님을 의지하여 그 말씀을 찬송하며 여호와를 의지하여 그의 말씀을 찬송하리이다"고 반복합니다. 의지(依支)한다는 말과 무엇이 짝을 이루어 있는지 보셨습니까? "말씀"(4,10)입니다. 하나님을 의지한다는 것은 입으로만 하는 그런 막연한 것이 아닙니다. 하나님의 말씀을 생각하고 그 약속의 말씀을 붙드는 것을 의미합니다.

107:20에 "그가 그 말씀을 보내어 그들을 고치시고 위험한 지경에서 건지시는도다"고 하시고, 사도바울도 고별설교에서 "그 은혜의 말씀에 부탁하노니 그 말씀이 여러분을 능히 든든히 세우시리라"(행20:32)고 하십니다. 그러므로 "형통한 날에는 기뻐하고 곤고한 날에는 생각하라"(전7:14) 하십니다. 하나님의 신실하신 언약을 생각하라는 말씀입니다. 만일 "두려워하

는 날에" 하나님의 약속의 말씀이 주어졌는데도 이를 믿지 못해 붙들지 않는다면 그를 도와줄 다른 방도는 없는 것입니다. "두려워하는 날에" 그는 부르짖습니다. 하나님은 그에게 "말씀"(4,10)을 보내사 생각나게 해주십니다. 그는 "찬송"(4,10)하게 될 것이고, 드디어 "내가 감사제를 주께 드리리니"(12) 하고 감사로 끝맺게 됩니다.

이것이 승리의 비결입니다. 이렇게 하는 것이 하나님을 의지하는 것입니다. 이런 성도는 "내가 하나님을 의지하였은즉 두려워 아니하리니 사람이 내게 어찌하리이까"(11)하고 물리칠 수 있는 사람입니다. 잊지 맙시다. "내 생명을 사망에서 건지"(13)시기 위해서 하나님은 "말씀이 육신되어" 오셨습니다.

적용

문제는 성도들 속에 하나님의 말씀이 없다는 것입니다(요일2:14하). 그것은 무장해제를 당한 상태요, 의지할 곳이 없는 위험천만함을 말해 줍니다. 형제는 어떻습니까?

묵상해 봅시다

- 56편의 역사적 배경이 무엇입니까?
- 다윗은 두려워하는 날에 어떻게 하였습니까?
- 하나님을 의지한다는 구체적인 뜻이 무엇입니까?

암송

사람이 내게 어찌하리이까?(11)

제57편

모든 것을 이루시는 하나님

5 하나님이여 주는 하늘 위에 높이 들리시며 주의 영광이 온
세계 위에 높아지기를 원하나이다

내용 관찰

57편은 두 부분으로 나누어지고 있는데 1–5절은 신앙고백이고 6–11은
찬양입니다. 신앙을 고백하는 앞부분도, 찬양하고 있는 뒷부분도 "하나님
이여 주는 하늘 위에 높이 들리시며 주의 영광이 온 세계 위에 높아지기를
원하나이다"(5,11)는 송영으로 마치고 있습니다. 이 영광스러움을 함께 맛
보기 위해서는 2절의 "곧 나를 위하여 모든 것을 이루시는 하나님"이란 무
엇을 의미하는가를 알아야만 합니다.

다윗은 지금 표제가 말해 주고 있는 대로 사울에게 쫓겨 굴에 숨어있어
사자 앞에(4) 한 마리 토끼같은 신세입니다. 그런 형편이면 낙심하고 포기
할 만도 합니다. 그러나 "내가 지존하신 하나님께 부르짖음이여 곧 나를 위
하여 모든 것을 이루시는 하나님께로다"(2)고 그의 신앙을 고백합니다. 실
패로 끝나는 것이 아니라 "이루실" 것을 그는 믿고 있는 것입니다. 무엇을

이루신다는 것일까요?

1차적으로 다윗이 왕위에 등극하게 될 것을 의미합니다. 자기에게 기름을 부으신 이가 결코 중단하시지 않을 것을 그는 믿고 있습니다. 지금은 비록 굴속에 숨어있는 신세이나 하나님께서 왕의 보좌에 앉게 해주실 것을 믿고 있는 것입니다. 이것이 믿음입니다. 아브라함도 바랄 수 없는 중에 바라고 믿었다고 말씀합니다. "그가 백 세나 되어 자기 몸의 죽은 것 같고 사라의 태가 죽은 것 같음을 알고도 믿음이 약하여지지 아니하고 믿음이 없어 하나님의 약속을 의심치 않고…약속하신 그것을 또한 능히 이루실 줄을 확신하였다"(롬4:19-21)고 말씀합니다. 이것이 믿음입니다. 이런 경우 형제라면 어떠하겠습니까? 다윗은 지금 이 믿음을 갖고 있는 것입니다. 나아가 하나님이 시작하시고 이루시는 역사는 궁극적으로 구속의 역사인 것입니다.

그러므로 하나님은 다윗을 예표의 인물로 사용하셔서 그의 후손 중에 메시야를 보내셔서 구속의 역사를 이루실 계획을 갖고 계시는 것입니다. 이사야 선지자도 "이는 한 아기가 우리에게 났고 한 아들을 우리에게 주신 바 되었는데" 그분은 다윗의 위에 앉아서 영원히 왕 노릇하실 분임을 예언하면서 "만군의 여호와의 열심히 이를 이루시리라"(사9:7하) 말씀했습니다. 하나님은 그 약속을 이루어 주셨으며 주님께서도 십자가상에서 "다 이루었다"(요19:30) 하시고 계시록에서는 "이루었도다 나는 알파와 오메가요"(계21:6) 하심으로 구속의 역사는 완성되는 것입니다.

이루시는 역사는 개인 구원에도 적용이 됩니다. 사도바울은 옥중에서 "너희 안에서 착한 일을 시작하신 이가 그리스도 예수의 날까지 이루실 줄을 우리는 확신하노라"(빌1:6)고 그것을 믿고 있었습니다. 하나님은 시작하시고 이루시지 못하시는 그런 하나님이 아니십니다. 그렇다면 하나님이 어떤 방도로 이루실까요? 하나님께서는 그것을 이루시기 위하여 "그가 하늘에서 보내사…하나님이 그 인자와 진리를 보내시리로다"(3)고 보내주실 것을 말씀합니다. 구속의 역사를 이루시기 위하여 보내주실 "인자와 진리"가 누구이겠습니까? 성경은 "은혜(인자)와 진리는 예수 그리스도로 말미암아 온 것이라"(요1:17)고 말씀합니다. 구속의 역사를 이루시지 못하도록 대적하는 자들도 보입니다. "그들이 내 걸음을 막으려고 그물을 준비하였으니 내 영혼이 억울하도다 그들이 내 앞에 웅덩이를 팠으나 자기들이 그 중에 빠졌도다"(6)고 말씀합니다.

다윗은 이를 알고 있었습니다. 그래서 "내 마음이 확정되었고 내 마음이 확정되었사오니 내가 노래하고 내가 찬송하리이다"(7)고 말씀합니다. 찬송할 제목은 "주의 인자는 커서 하늘에 미치고 주의 진리는 궁창에 이르나이다"(10)하고 예수 그리스도로 말미암아 나타날 구속의 은총에 그는 감격하고 감복해 있는 것입니다. 형제도 이 영광스러움을 맛보게 되었습니다. 그렇다면 "하나님이여 주는 하늘 위에 높이 들리시며 주의 영광이 온 세계 위에 높아지기를 원하나이다"(5,11)고 영광을 돌리십시다.

적용

성도가 해야 할 일이 9절에는 어떻게 나타나 있습니까?

묵상해 봅시다

• 다윗은 어떤 형편에 있습니까?
• 모든 것을 이루시는 하나님이란 무슨 뜻입니까?
• 누구를 보내셔서 이루십니까?

암송

모든 것을 이루시는 하나님께로다(2).

제58편

어찌 잠잠하느뇨?

11 그 때에 사람의 말이 진실로 의인에게 갚음이 있고 진실로 땅에서 심판하시는 하나님이 계시다 하리로다

내용 관찰

58편은 1-5에서는 "통치자들아 너희가 정의를 말해야 하거늘 어찌 잠잠하냐 인자들아 너희가 올바르게 판결해야 하거늘 어찌 잠잠하냐"(1) 하고 불의한 지도계급을 책망하고 있으며 6-9에서는 "꺾으소서"(6), "사라지게 하시며"(7), "소멸" 하시며(8) "휩쓸려가게 하소서"(9) 하고 그들의 심판을 촉구하고 있습니다.

그리고 마지막 결론(10-11)에서 때에 사람의 말이 진실로 의인에게 갚음이 있고 진실로 땅에서 판단하시는 하나님이 계시다 하리로다고 정의의 심판이 있을 것을 말씀합니다.

58편을 다룰 때에 '사회정의 구현'에 초점을 맞추기가 쉽습니다만 그렇게 한다면 "악인의 보복 당함을 보고 기뻐함이여 그의 발을 악인의 피에 씻으리로다"(10)와 같은 적의(敵意)에 대해서 설명할 길이 없습니다. 58편은

신학적인 문제요 결국 부당한 대우와 재판을 받으실 그리스도에게서 성취될 예언적인 말씀인 것입니다.

주님께서 말씀하시기를 "내가 안식일에 사람의 전신을 건전하게 한 것으로 너희가 내게 노여워하느냐 외모로 판단하지 말고 공의롭게 판단하라 하시니라"(요7:23-24)하셨습니다. 그의 제자된 자들은 이를 변명하기 위하여 세우심을 입은 자들입니다. 58편은 "너희가 올바르게 판결해야 하거늘 어찌 잠잠하냐"(1) 책망하십니다.

요한복음 7:51에 니고데모가 "우리 율법은 사람의 말을 듣고 그 행한 것을 알기 전에 판결하느냐"고 변명하였을 때에 저들은 "너도 갈릴리에서 왔느냐"하고 조롱하는 것을 보게 됩니다. 누가복음 23:51에서는 아리마대 요셉을 "그들의 결의와 행사에 찬성하지 아니한 자"라고 소개하고 있는 것만 보아도 주님께서 받으신 재판이 얼마나 부당하였던가를 짐작하게 해줍니다. 니고데모나 요셉은 그래도 공의를 말한 자들입니다. 악인의 묘사(3-5) 중에 "저희의 독은 뱀의 독 같으며" "귀머거리 독사 같으니" "독사로다" 하고 뱀의 독과 간교함에 비유하고 있음을 주목할만 합니다. 왜냐하면 주님께서 거짓 지도자들을 향해서 "뱀들아 독사의 새끼들아 너희가 어떻게 지옥의 판결을 피하겠느냐"(마23:33)고 책망하고 계심에서 성취되고 있기 때문입니다. 그들을 향해 주님께서는 "이후에 인자가 권능의 우편에 앉아 있는 것과 하늘 구름을 타고 오는 것을 너희가 보리라"(마26:64)고 정의로 재판하실 심판 주로 오실 것을 말씀하십니다. 본문 10절은 그 때의 광경이며 "그 때에 사람의 말이 진실로 의인에게 갚음이 있고 진실로 땅에서 심판하시는 하나님이 계시다 하리로다"(11)고 "진실로 진실로" 하게 될 것이라는 경고적인 메시지입니다.

적용

"너희가 정의를 말해야 하거든 어찌 잠잠하냐"(1) 하십니다. 불의 앞에 침묵하고 있는 비겁한 자가 자신이 아닌가 반성해 보십시다.

묵상해 봅시다

- 58편의 악인은 누구들로 응하여졌습니까?
- 역사상 불의의 재판을 받은 최대의 사건은 누구입니까?
- 공의의 재판은 언제 시행이 됩니까?

암송

진실로 땅에서 심판하시는 하나님이 계시다(11).

제59편

우겨쌈을 당하여도 싸이지 아니하며

16 나는 주의 힘을 노래하며 아침에 주의 인자하심을 높이
부르오리니 주는 나의 요새이시며 나의 환난 날에 피난처심
이니이다

내용 관찰

59편은 "사울이 사람을 보내어 다윗을 죽이려고 그 집을 지킨 때에"라는
표제가 붙어 있습니다. 이 역사적 배경은 삼상 19:11에 "사울이 사자들을
다윗의 집에 보내어 그를 지키다가 아침에 그를 죽이게 하려 한지라"에서
찾을 수가 있습니다.

"나의 하나님이여 내 원수에게서 나를 건지시고"(1), "악을 행하는 자에
게서 나를 건지시고 피 흘리기를 즐기는 자에게서 나를 구원하소서"(2)하
고 호소합니다. 그런데 5절에서 갑자기 "일어나 모든 나라들을 벌하소서"
하고 간구하는 것을 보게 됩니다. 8절에서도 "모든 나라들을 조롱하시리이
다"고 열방을 거론하고 있는 의미가 무엇일까요. 이를 알기 위해서는 시편
2편으로 가 보아야만 합니다. "어찌하여 이방 나라들이 분노하며 민족들이

헛된 일을 꾸미는가 세상의 군왕들이 나서며 관원들이 서로 꾀하여 여호와와 그 기름 받은 자를 대적하며"(2:1-2) 이것입니다. 다윗을 죽이려고 포위하고 있는 역사적인 사건을 예표로 삼아 기름 부음을 받은 자 곧 그리스도를 죽이려고 모든 나라가 분노하며…관원들이 서로 꾀하여 대적하게 될 것을 보여주고 있는 것입니다.

그러나 2:4과 59:8을 대조해 보십시오. 다 같이 "주께서 그들을 비웃으시며 모든 나라들을 조롱하시리이다"고 말씀하십니다. 다윗은 포위당한 상황에서도 하나님을 "나의 산성"(9,16,17)으로 고백합니다. 구약의 산성, 피난처, 도피성 등은 신약에 와서 "그리스도 안에" 있음으로 성취되었습니다.

3절을 보면 "그들이 나의 생명을 해하려고 엎드려 기다리고 강한 자들이 모여" 즉 합세하여 치려하오니 한 말씀이나, "그들이 저물어 돌아와서 개처럼 울며 성으로 두루 다니고"(6)라는 표현에서 "대적 마귀가 우는 사자같이 두루 다니며 삼킬 자를 찾는다"(벧전5:8)는 모습을 보게 됩니다. 그러나 "그들은 먹을 것을 찾아 유리하다가 배부름을 얻지 못하면 밤을 새우려니와"(15)한 말씀은 "배부름을 얻지 못함" 즉 사탄의 궤계가 결코 이루지 못할 것을 의미합니다.

"그들을 죽이지 마옵소서"(11)합니다. 왜 입니까? "나의 백성이 잊을까 하나이다"고 그 이유를 말합니다. 일견 무자비한 듯한 이 말씀이 계시록에서 "그 날에는 사람들이 죽기를 구하여도 얻지 못하고 죽고 싶으나 죽음이 그들을 피하리로다"(9:6)고 응하게 됨을 보게 됩니다.

"나는 주의 힘을 노래하며 아침에 주의 인자하심을 높이 부르오리니"(16)합니다. "밤을 세운다"는 15절과 "아침에 부르오리니"의 16절의 대조를 보십시오. 지금이 "이제는 너희 때요 어둠의 권세로다"(눅22:53) 하신 밤의 시간이라면, 원수가 소멸되는 그날은 시온의 영광이 빛나는 아침의 시간입니다.

적용

사도바울은 "우리가 사방으로 우겨쌈을 당하여도 싸이지 아니하며"(고후 4:8)합니다. 하나님은 나의 산성(9,16,17)이십니다.

묵상해 봅시다

- 59편의 배경이 무엇입니까?
- 이방 나라들을 벌하소서의 뜻이 무엇입니까?
- 대적자들의 종말이 어떻게 묘사되어 있습니까?

암송

아침에 주의 인자하심을 높이 부르오리니(16)

제60편

대적을 밟으실 자

12 우리가 하나님을 의지하고 용감하게 행하리니 그는 우리
의 대적을 밟으실 이심이로다

내용 관찰

60편은 짧지만 전체가 전쟁 시입니다. 그리고 '전쟁은 여호와께 속 하였
다'(삼상17:47, 대하20:15)는 사실입니다. 다윗이 골리앗을 물리친 일이나 여
호사밧 군대가 모압과 암몬의 연합군을 패퇴시킨 일들은 구속의 역사를 대
적하는 사탄의 음모를 하나님의 군대가 물리친 전쟁이었던 것입니다.

다윗은 지금 이 전쟁을 싸우고 있는 것입니다.

1-5에서 다윗은 한때의 패배가 하나님의 징계에 의한 것이었음을 인정
하고 있습니다. "하나님이여 주께서 우리를 버려 흩으셨고 분노하셨사오
니 지금은 우리를 회복시키소서"(1) 합니다. 구속의 역사란 다름 아닌 "회
복"의 역사인 것입니다.

"주를 경외하는 자"(4), "주께서 사랑하시는 자"(5) 게는 한때의 패배는 있
을 수 있어도 영원한 패배란 없습니다. 그러므로 승리를 의미하는 "깃발을

주시고 진리를 위하여 달게 하셨나이다"(4)라고 승리를 확신합니다. "하나님이 그의 거룩하심으로 말씀하시되"(6상) 함과 같이 다윗의 확신은 하나님이 당신의 거룩함을 두고 맹세하신 언약의 말씀을 묵상함으로 얻게 된 확신입니다.

89:35에 "내가 나의 거룩함으로 한 번 맹세 하였은즉 다윗에게 거짓을 아니할 것이라" 하십니다. 그러므로 "내가 뛰놀리라"(6) 합니다. 그의 확신과 기쁨이 어떠함을 말씀해 줍니다. 승리에 대한 확신은 가나안 안에서의 통일국가를 이루실 것과(6-7) 이방 적대국들에 대한 승리로(8) 나타납니다.

다윗은 세 번 기름 부음을 받았는데 왕으로 예선해 놓으셨을 때(삼상16:13)와 유다 왕이 되었을 때(삼하2:4)와 통일왕국의 왕으로 등극할 때(삼하5:3)였습니다. 하나님의 성전이 세워져야 할 예루살렘, 그리스도가 탄생하셔야 할 다윗성은 다윗 때에야 비로소 여부스 사람에게서 빼앗을 수가 있었습니다(대상11:5). 그리고 대외적으로도 다윗이 통치하는 동안에는 모압 에돔 블레셋 등의 적대국들을 제거할 수가 있었던 것입니다.

그러나 전쟁은 아직 끝난 것은 아닙니다. "누가 나를 이끌어 견고한 성에 들이며"(9)하고 누군가를 찾고 있습니다. "그는 우리의 대적을 밟으실 이심이로다"(12)고 말씀합니다. 대적을 밟으시는 이는 그리스도 예수이십니다. 이 전쟁은 창3:15에서 시작되었으며, 계시록에 가서 완성될 것입니다.

60편은 전투적인 교회가 영적인 싸움에서 일시 패배한 듯하여 낙망하여 있을 때에 하나님이 그 거룩하심으로 말씀하신 그 말씀에 의지하여 격려될 것을 말씀해 주고 있습니다.

적용

성도들에게는 한때의 패배는 있어도 영구한 패배란 없습니다.

묵상해 봅시다

- 1–3절은 무엇을 말씀하고 있습니까?
- 둘째 부분에서 무슨 말씀을 상기합니까?(6)
- 대적을 밟으실 이는 누구이며, 언제 성취될 말씀입니까?

암송

우리의 대적을 밟으실 이심이로다(12).

제61편

네 위가 영원히 견고하리라

6 주께서 왕에게 장수하게 하사 그의 나이가 여러 대에 미치
게 하시리이다

내용 관찰

61편은 1−4절과 5−8절의 두 부분으로 나누어집니다. 첫째 부분은 "나
의 부르짖음을 들으시며"⑴한 간구요, 둘째 부분은 "나의 서원을 이행하리
이다"⑻한 서원이며, 핵심은 "주께서 왕에게 장수하게 하사 그의 나이가 여
러 대에 미치게 하시리이다"⑹는 말씀에서 찾을 수가 있습니다. 이는 분명
하나님께서 다윗에게 언약하신 언약에 근거하는 말씀입니다. 하나님은 다
윗에게 "네 집과 네 나라가 내 앞에서 영원히 보전되고 네 왕위가 영원히
견고하리라"(삼하7:16)고 약속하였습니다.

그런데 다윗은 지금 압살롬의 반역에 쫓겨나서 멀리 "땅끝에서부터 주
께 부르짖으오리니"⑵ 있는 것입니다. 이런 경우 어떻게 해야 합니까? 다
윗은 하나님의 언약을 붙잡고 기도를 드립니다. "주께서 왕에게 장수하게
하사 그의 나이가 여러 대에 미치게 하시리이다"⑹ 하고 언약을 신뢰하고

있는 것입니다.

시편에서 말씀하고 있는 "왕"은 궁극적으로 "내가 나의 왕을 내 거룩한 산 시온에 세웠다 하시리로다"(2:6)하신 그리스도에게로 귀결이 됩니다. 그러므로 '왕에게 장수케 하사 여러 대에 미치게 하시리라'는 말씀은 다윗의 왕위가 끊어지지 않고 계속되다가 그 자손으로 그리스도가 오시게 될 것을 의미합니다. 다윗은 배척당하여 쫓겨난 상황 하에서도 이를 바라보며 신뢰하고 있는 것입니다.

둘째 부분의 서원에서 "그리하시면 내가 주의 이름을 영원히 찬양하며 매일 나의 서원을 이행하리이다"(8)고 말씀합니다. "그리하시면"이란 뜻이 1차적으로는 다윗의 왕위를 회복시켜 달라는 것을 의미합니다만, 주목해야 할 점은 4절과 7절의 대조점입니다. 4절은 "내가 영원히 주의 장막에 머물며" 했는데, 7절에서는 "그가 영원히 하나님 앞에서 거주하리니" 하고 인칭이 '나'에서 "저"로 바뀌고 있다는 점입니다. 이는 6절의 왕이 궁극적으로 하늘에 있는 참 지성소에 들어가실 그리스도이심을 의미합니다. 영원히 주의 장막(성막)에 거하기를 사모하는 자(4)는 쫓겨난 다윗일지라도 영원히 하나님 앞에 거하실 분(7)은 영원한 대제사장 되시며 왕이신 그리스도이신 것입니다.

5절의 "기업을 내게 주셨나이다"한 기업이 다윗에게는 이 땅에서의 왕위로 주어졌으나 "주의 이름을 경외하는 자가 얻을 기업"(5)은 영원한 하늘나라에 있습니다. 아직 이르지는 못하고, 나타나지는 아니하였을지라도 이미 신약의 성도들에게는 그 신분과 지위와 기업이 주어진 것입니다. 그러므로 "그리하시면"(8)이 아니고 그리하여 주셨으므로 주의 이름을 영원히 찬양하며 매일 서원을 이행함이 마땅합니다.

적용

찬양은 하나님 나라에 가서도 드려야 할 "영원한" 것이지만 서원은 사는 날 동안 "매일"(8) 드려야 함을 명심하십시다.

묵상해 봅시다

- 61편의 역사적 배경이 무엇입니까?
- 두 부분의 중심 주제는 무엇입니까?
- 왕으로 장수하게 하사의 구속사적 의미가 무엇입니까? ,

암송

영원히 찬양하며 매일 나의 서원을 이행하리이다(8).

제62편

잠잠히 하나님만 바라라

1 나의 영혼이 잠잠히 하나님만 바람이여 나의 구원이 그에게서 나오는도다

내용 관찰

62편은 하나님을 믿는 신앙이란 어떤 것인가를 보여주고 있습니다. 한마디로 "나의 영혼이 잠잠히 하나님만 바람이여"(1상), "내가 크게 흔들리지 아니하리로다"(2하). 이것이 신앙인의 자세입니다. 어떻게 그럴 수가 있습니까? "오직 그만이 나의 반석이시요 나의 구원이시요 나의 요새"(2)이시기 때문입니다. 이 말씀(1-2)이 5-6절에서도 "나의 영혼아 잠잠히 하나님만 바라라 무릇 나의 소망이 그로부터 나오는도다 오직 그만이 나의 반석이시요 나의 구원이시요 나의 요새이시니 내가 흔들리지 아니하리로다"하고 반복되고 있는데 이것이 62편의 중심점입니다.

62편에는 탄식도 없거니와 부르짖음도 없습니다. 그렇다고 무사태평하냐 하면 그렇지도 않습니다. 잠잠히 하나님만 바라는 신앙은 탄식보다도, 부르짖음보다도 깊고 높은 신앙입니다.

이 말씀은 불안에 떨고 초조하고 조급하며 마음에 정함이 없는 현대인 들에게 주시는 크나큰 선물이 아닐 수 없습니다. 불신자들은 물론 신자들 중에도 불안에 떠는 사람들이 많이 있습니다.

본문은 세 부분으로 나누어집니다. 첫 부분(14)에서 "나의 영혼이 잠잠히 하나님만 바람이여…내가 크게 흔들리지 아니하리로다" 함은 평안할 때만 두고 하는 말씀이 아닙니다. 다윗을 죽이려고 일제히 공격해 오고 그를 윗 자리에서 떨어뜨리려고 온갖 술책을 다 꾀하고 있는(3-4) 그런 상황에서도 잠 잠히 하나님만 바라고 흔들리지 아니하리로다 합니다.

둘째 부분(5-8)에서 "잠잠히 하나님만 바라라…내가 흔들리지 아니하리 로다" 함은 꼭 위급한 상황이 닥쳤을 때만 그렇게 하는 것이 아니라 "시시 로 그를 의지하고 그 앞에 마음을 토하라"(8)고 평상시에도 그러하여야 함 을 말씀합니다. 혹자는 급할 때만 하나님을 찾는 사람이 있는데 정상적인 신앙 자세는 아닌 것입니다.

셋째 부분(9-12)에서는 의지할 것이 못 되는 것들을 먼저 말씀합니다 "아, 슬프도다 사람은 입김이며 인생도 속임수이니 저울에 달면 그들은 입 김보다 가벼우리로다 포학을 의지하지 말며 탈취한 것으로 허망하여지지 말며 재물이 늘어도 거기에 마음을 두지 말지어다"(9-10) 하십니다. 신분의 높고 낮음은 "저울에 달면 그들은 입김보다 가벼우리로다"(9), 남보다 힘이 있다고 탈취한 것으로 허망하여지지 말며 재물이 늘어도 그것을 의지하듯 거기에 마음을 빼앗기지 말지어다(10) 하십니다. 이러한 것들은 의지할 것 이 못됩니다. 연후에 "하나님이 한두 번 하신 말씀을 내가 들었나니 권능은 하나님께 속하였다 하셨도다"(11) 하십니다. 이 말씀의 뜻은 구원해 줄 수 있는 권능은 하나님에게만 있다는 말씀입니다. "주여 인자함은 주께 속하 오니"(12)하고 응답합니다. 그렇습니다. 권능만 있고 인자가 없으시다면 폭군이 될 것이요 인자는 있고 권능이 없으시다면 무능한 자가 되어서 결코 구원자는 되실 수가 없으실 것입니다.

62편에서 하나님은 "나의 구원"(1;2,6,7), "나의 반석(2,6)" "나의 요새"(2,6), "나의 소망"(5), "우리의 피난처"(7,8)로 계시되어 있습니다.

그런 분이 누구이십니까? 곧 예수 그리스도로 오시었습니다. "하나님만"(1,5), "오직 저만"(2,6) 하고 유일 신앙을 고백하고 있음을 주목하십시오. 진실한 신앙이란 환경과 형편이 어떠하든지 "잠잠히 하나님만 바라는"(1,5) 것입니다. "여호와 앞에 잠잠하고 참아 기다리라"(37:7) 하십니다. "사람이 여호와의 구원을 바라고 잠잠히 기다림이 좋도다"(애3:26) 하십니다.

형제여! "여호와를 의지하는 자는 시온 산이 흔들리지 아니하고 영원히 있음 같도다"(125:1) 하십니다.

적용

"잠잠히 하나님만 바라는" 신앙인 만나기가 어려운 시대입니다. 형제가 그러한 사람이 되십시오.

묵상해 봅시다

- 첫 부분(1–4)의 중심점이 무엇입니까?
- 둘째 부분(5–8)의 중심점이 무엇입니까?
- 셋째 부분(9–12)의 중심점이 무엇입니까?

암송

권능은 하나님께 속하였다 하셨도다(11).

제63편

영혼의 갈망

2 내가 주의 권능과 영광을 보기 위하여 이와 같이 성소에서
주를 바라보았나이다

내용 관찰

63편은 세 부분으로 나누어 묵상함이 이해에 도움이 됩니다(1-4, 5-7,
8-11). 그리고 각 부분은 "영혼"에 대한 진술로 시작하고 있음을 주목하십
시오. 첫째 부분(1-4)의 중심점은 "내 영혼이 주를 갈망하며"(1하)한 영혼의
갈급함입니다.

"내가 간절히 주를 찾되 물이 없어 마르고 황폐한 땅에서 내 영혼이 주를
갈망하며 내 육체가 주를 앙모하나이다"(1) 합니다. "물이 없어 마르고 황폐
한 땅" 광야에서 영적 갈급함으로 허덕이는 자가 어찌 다윗뿐이겠습니까?
여기에 63편의 메시지가 있는 것입니다. 갈급한 영혼은 가뭄에 농부가 하
늘을 쳐다보듯 필연적으로 "간절히 주를 찾고" "주를 앙모"(1) 하기 마련입
니다.

둘째 부분(5-7)의 중심점은 "나의 영혼이 만족할 것이라"(5)는 말씀입니

다. 주님의 약속은 "의에 주리고 목마른 자는 복이 있나니 그들이 배부를 것임이요"(마5:6) 하셨습니다. 첫 절에서 간절히 주를 찾되 물이 없어 마르고 황폐한 땅에서 갈급해 하며 갈망한 영혼은 필연적으로 "골수와 기름진 것을 먹음과 같이 나의 영혼이 만족할 것이라"(5) 말씀합니다. 만족한 영혼은 "내가 주의 날개 그늘에서 즐겁게 부르리이다"(7)고 주의 품 안에 거하며 은혜 안에서 즐거워하게 되는 것을 봅니다.

셋째 부분(8-11)의 중심점은 "나의 영혼이 주를 가까이 따르니"(8)에 있습니다. 갈급한 영혼은 만족함을 얻게 되고 주와 동행하는 삶을 사는 데까지 이르게 됩니다. 동행하되 떨어져서 걷고 있는 것이 아니라 "주의 오른손이 나를 붙드시거니와"(8) 하고 힘있는 오른손으로 붙들고 동행하고 있는 것입니다.

이와 같이 세 부분에는 조화로운 짝이 있음을 보게 됩니다. 갈급한 영혼은 앙모함과 바라봄이 짝이고, 만족한 영혼은 날개 그늘에서 즐거이 부르리이다와 조화를 이루고 있으며, 가까이 따르는 영혼은 오른손으로 붙들어 주심과 결합되어 있습니다. 우리는 여기서 멈추어서는 아니됩니다. 그렇게 한다면 의문(儀文)만 보고 신령한 것은 보지 못하게 될 것입니다.

그렇다면 "물이 없어 마르고 황폐한 땅에서" 영혼의 갈급함으로 허덕이던 영혼이 누구에 의해서 어떻게 이처럼 "영혼의 만족"을 누리며, 주님과 동행하는 자리에까지 이르게 됩니까? 성경은 말씀합니다. "내가 주는 물은 그 속에서 영생하도록 솟아나는 샘물이 되리라"(요4:14) "누구든지 목마르거든 내게로 와서 마시라"(요7:37)고 초청하고 계십니다. 시편 기자는 "내가 주의 권능과 영광을 보기 위하여 이와 같이 성소에서 주를 바라보았나이다"(2) 하고 이날을 보기를 원하고 있는 것입니다. 이를 알았기 때문에 "주의 인자하심이 생명보다 나으므로 내 입술이 주를 찬양할 것이라"(3)고 말

씀하고 있는 것입니다;

이처럼 사모하는 시(詩)속에도 "나의 영혼을 찾아 멸하려 하는"(9) 대적자가 있음을 주의하십시오. 그가 누구이겠습니까? 그가 바로 사탄입니다.

적용

형제는 세 부분 중 어느 단계에 이르러 있다고 생각되십니까? 그러나 이 세 단계는 계속 순환하는 단계임을 명심하십시오.

묵상해 봅시다

- 첫 부분의 중심점은 무엇입니까?
- 둘째 부분의 중심점은 무엇입니까?
- 셋째 부분의 중심점은 무엇입니까?

암송

주의 인자하심이 생명보다 나으므로(3)

제64편

묘책을 찾고 있는 자

9 모든 사람이 두려워하여 하나님의 일을 선포하며 그의 행하심을 깊이 생각하리로다

내용 관찰

64편은 두 부분으로 나누어집니다. 앞부분(1~6)에서는 사탄의 음모가 어떠한가를 말씀하고, 뒷부분(7~10)에서는 "그러나"하고 그 음모가 무산되고 심판받게 될 것을 말씀합니다.

"하나님이여 내가 근심하는 소리를 들으시고 원수의 두려움에서 나의 생명을 보존하소서"(1) 합니다. 다윗을 죽이려는 "원수"가 1차적으로는 누구이든지 궁극적으로는 영적 다윗인 예수 그리스도를 죽이려는 사탄이요 나아가 성도들을 삼키려고 우는 사자같이 두루 찾고 있는 "대적 마귀"(벧전 5:8)인 것입니다. 오늘날 교회의 치명적인 허점은 원수 마귀에 대한 경계가 허술하다는 점입니다. 마귀에게 틈을 주지 않고(엡4:27) 마귀를 대적(약4:7)하기는커녕 마귀의 존재를 인정하려 하지 않고 있습니다. 마귀에 대한 말을 하면 거부감을 나타내기까지 합니다. 그렇다면 그와의 전쟁의 결과가

어떻게 되겠습니까?

2-6까지에서 묘사하고 있는 원수의 궤계를 "비밀한 꾀"(2), "숨은 곳에서"(4), "비밀한 올무"(5), "우리가 묘책을 찾았다"(6) 등으로 묘사하고 있는데 이는 사탄의 간교함을 말해 줍니다. 사탄은 여간해서 자기의 정체를 들어내지 않습니다. 인류의 시조를 유혹할 때에도 숨은 곳에서 조정하고 있었습니다. "묘책을 찾았다"는 말에서 사탄이 얼마나 틈과 허점을 찾으려고 궁리하고 있는가를 보게 됩니다. 돈에 눈이 어두운 가룟 유다를 은 30에 매수하고는 "묘책을 찾았다"고 생각했을 것입니다. "각 사람의 속뜻과 마음이 깊도다"(6하)는 말은 좋은 의미가 아니라 그 흉계는 너무 깊어서 알 길이 없다는 가공스러운 말씀인 것입니다. 여기에 걸려들지 않고 속아 넘어가지 않은 자가 누구이겠습니까?

이에 대한 신약성경의 말씀을 들어보십시오. "이는 우리로 사탄에게 속지 않게 하려 함이라 우리가 그 계책을 알지 못하는 바가 아니로라"(고후 2:11) 하십니다. 이렇게 말씀하고 있는 바울도 "우리도 전에는 속은 자요"(딛 3:3) 하고 사탄에게 속아 교회를 핍박하던 장본인입니다. "근심하라 깨어라 너희 대적 마귀가 우는 사자같이 두루 다니며 삼킬 자를 찾나니 너희는 믿음을 굳건하게 하여 그를 대적하라"(벧전5:8-9)고 권면하고 있는 베드로 사도도 주님에게 "사탄아 내 뒤로 물러가라"(마16:23) 는 호된 책망을 받은 경험이 있습니다.

본문에는 "화살같이" "겨누고" "쏘며 갑자가 쏘고"(3-4) 하는 화살 비유가 많은데 사도바울은 "믿음의 방패를 가지고 이로써 능히 악한 자의 모든 불화살을 소멸"(엡6:16)하라고 경계합니다. "그들은 악한 목적으로 서로 격려하며"(5) 한다는 말을 주목하십시오. 사탄의 궤계는 한 마디로 악한 목적, 즉 하나님의 선한 목적인 구속의 경륜을 파괴하려고 서로 장려, 즉 한 패거리가 되어있다는 것입니다. 눅23:12에 "헤롯과 빌라도가 전에는 원수였으나 당일에 서로 친구가 되니라"고 성경은 증언하고 있습니다. 주님께서 친히 하신 말씀 중에 "그 아들을 보고 서로 말하되 이는 상속자니 자 죽이고 그의 유산을 차지하자"(마21:38)고 도모한다는 것입니다.

둘째 부분(7-10)에서 말씀하고 있는 그들의 종말을 보십시오. "그러나 하나님이 그들을 쏘시리니"(7) 합니다. 쏘려던 자를 쏘시는 것이 하나님의 공의로우신 심판입니다. "그들이 갑자기 화살에 상하리로다" 하십니다. 그때에야 "모든 사람이 두려워하여 하나님의 일을 선포하며 그의 행하심을 깊이 생각하리로다"(9) 합니다. 깊이 생각한다는 말은 과연 하나님은 계시는구나 하게 된다는 것이지요. "의인은 여호와로 말미암아 즐거워하며…자랑하리로다"(10)하고 하나님의 선하신 뜻이 최후 승리할 것을 말씀합니다.

적용

사탄은 묘책을 찾고 있는 자입니다(6). 즉 약점을 찾고 있습니다. 형제의 허점은 어디에 있다고 생각하십니까?

묵상해 봅시다

- 원수의 궤계가 어떻게 묘사되어 있습니까?
- 악한 목적이 무엇입니까?
- 그들의 결국이 어떻게 됩니까?

암송

그의 행하심을 깊이 생각하리로다(9).

제65편

구원의 하나님

5 우리 구원의 하나님이시여 땅의 모든 끝과 먼 바다에 있는
자가 의지할 주께서 의를 따라 엄위하신 일로 우리에게 응답
하시리이다

내용 관찰

65편은 하나님의 은혜에 대한 감사 찬양입니다. 첫 절의 "하나님이여 찬
송이 시온에서 주를 기다리오며"는 찬양하기를 원하는 부푼 마음을 안고
마치 문이 열리기를 기다리고 있는 장면입니다.

우리는 하나님께 기도하며 찬양하며 예배함에 있어서 너무 모르고 버릇
이 없는 편입니다. 자기 마음대로, 자기 좋을 대로, 자기하고 싶은 대로하
면 되는 줄로 알고 있습니다. 드리고 싶으면 드리고 말고 싶으면 말고 주도
권이 인간에게 있는 줄로 착각하고 있습니다. 나 같은 죄인이 하나님 앞에
예배하고 보좌 앞에 나아가고 아바 아버지라 부르며 찬양과 기도드림이 어
떻게 해서 가능하게 되었는가를 예배와 찬양과 기도를 드릴 때마다 먼저
생각해야 마땅합니다. 드림은 우리에게 있어도 받으심은 하나님께 있기

때문입니다.

65편은 세 부분으로 나누어지는데 첫 부분(1-4)에서는 구속의 은총을 찬양하고 있습니다. 구속의 은총이란 다름 아닌 추방당했던 죄인이 하나님 앞에 나아갈 수 있도록 문을 열어주심을 의미합니다. "모든 육체가 주께 나아오리이다"(2) 합니다. 그렇다고 인간에게 무슨 자격이나 공로가 있어서가 아니라 "우리의 허물을 주께서 사하여"(3) 주셨기 때문이고 그보다 먼저 "주께서 택하시고 가까이 오게 하사 주의 뜰에 살게"(4) 해주셨기 때문에 가능한 것임을 말씀합니다. 그런 사람은 "복이 있나이다"(4) 하십니다. 여기에 복음이 있습니다. 성부는 택하시고(4) 성자는 죄를 사하시고(3) 성령은 나아오게 하시고(2) 가까이 오게(4) 해주십니다.

구원의 하나님을 향해 나아가는데도 점진적으로 묘사되어 있습니다. "나아오고"(2) "가까이 오게 하사"(4) "주의 뜰에 살게 하신 사람은" 드디어 "주의 집 곧 주의 성전의 아름다움으로 만족하리이다"(4) 합니다.

둘째 부분(5-8)에서는 창조 세계에 나타난 일반 은총(참고: 마5:45)을 누리고 살아가는 "땅의 모든 끝과 먼 바다에 있는 자"(5)들에게도 특별 은총인 구원을 베풀어주실 것을 바라보고 있습니다. 그래서 "우리 구원의 하나님이시여"(5상) 하면서 "주께서 아침되는 것과 저녁되는 것을 즐거워하게 하시며"(8하) 합니다.

셋째 부분(9-13)에서도 한량없이 공급되는 영육간의 은혜를 찬양합니다. "하나님의 강에 물이 가득하게 하시고"(9)는 천상(天上)의 강에 가득하게 저수되어 있는 은혜를 의미합니다. 그 물로 "주께서 밭고랑에 물을 넉넉히 대사 그 이랑을 평평하게 하시며 또 단비로 부드럽게 하시고 그 싹에 복을 주시나이다"(10)고 말씀합니다. 물을 '댄다'는 말이 9절과 10절에 나오는데 이는 공급자 되심을 말씀합니다. 이는 신약시대에 와서 "하나님 우리 아버지와 주 예수 그리스도로 부터 은혜와 평강이 너희에게 있을지어다"(엡1:2)라는 보편적인 축복으로 주어지고 있습니다. 하나님의 강에 가득한 은혜가 흘러나와 성도들의 마음의 밭고랑에 평강의 강수로 흘러넘치게 되는 것입니다. 그 결과로 성령의 열매가 풍성히 맺히게 됩니다.

"초장은 양 떼로 옷 입었고 골짜기는 곡식으로 덮였으매"(13)는 참으로 아름다운 풍경입니다. 이는 하나님의 강에서 물이 흘러나와 맺어진 열매들입니다. 이것이 육적 이스라엘에게는 풍년을 주신 일반 은총에 대한 찬양일 수도 있습니다만 시 전체의 흐름으로 보아서 하나님의 특별은총을 시적으로 묘사해 주고 있음까지 나아가야만 합니다. "초장에는 양 떼가 입혔고"에서 "나는 선한 목자라"(요10:11)하신 주님을 만나게 되고 "골짜기에는 곡식이 덮였으매"에서는 "눈을 들어 밭을 보라 희어져 추수하게 되었도다"(요4:35)하신 주님의 음성을 듣게 해줍니다.

구속사적인 관점으로 65편을 바라보노라면 성부의 택하심과 성자의 구속하심과 성령의 공급하여 주시는 성삼위의 사역하심으로 말미암아 은혜와 평강이 넘쳐서 풍성한 열매를 산출하여 내는 한편의 아름다운 그림입니다.

적용

형제의 마음 밭고랑에, 가정에, 교회에도 '물을 넉넉히' 대주신 하나님께 감사하며 양 떼와 곡식이 덮이도록 헌신하십시다.

묵상해 봅시다

- 첫 부분의 주제는 무엇입니까?
- 둘째 부분의 주제는 무엇입니까?

• 셋째 부분에서 어떤 영적 의미를 발견할 수 있습니까?

암송

하나님의 강에 물이 가득하게 하시고(9)

제66편

와서 하나님의 행하신 일을 보라

16 하나님을 두려워하는 너희들아 다 와서 들으라 하나님이
나의 영혼을 위하여 행하신 일을 내가 선포하리로다

내용 관찰

66편의 중심점은 '하나님이 행하신 일'입니다. "와서 하나님께서 행하신 것을 보라"(5)고 말씀하고, 16절에서도 "다 와서 들으라 하나님이 나의 영혼을 위하여 행하신 일을 내가 선포하리로다"고 하나님께서 '행하신 일'을 와서 보고 들으라고 초청하고 있습니다. 그렇다면 하나님께서 행해주신 일이 무엇이기에 와서 보고 들으라는 것일까요? 이스라엘 백성들은 하나님이 행해주신 일 가운데 애굽에서 구원하여 주신 일을(5-7) 언제나 첫손가락에 꼽고 있습니다(예 74:12-13, 78:12-13) 그들은 국가적인 위기에 처했을 때마다 출애굽 사건을 상기하면서 그렇게 구원하여 주셨다면 이제도 이 위기에서 구원해주실 것을 확신하였던 것입니다. 큰 것이 사실이라면 보다 작은 것은 더욱 확실하다는 말씀입니다. 이것입니다. 성도들은 자신의 문제만을 내려다보고 낙심할 것이 아니라 하나님이 우리를 사랑하사 독생자

까지 내어주신 이 큰일을 행하심을 먼저 더 많이 생각해야만 합니다.

10-12에 의하면 현재도 "시험"(10)과 "어려운 짐"(11)과 "불과 물을 통과"(12) 하듯 한 시련을 당하였으나 "우리를 끌어내사 풍부한 곳에 들이셨나이다"(12) 하고 말씀하고 있습니다. 옛적에 행해 주신 일과 현재도 행하신 일로 말미암아 "온 땅이여 하나님께 즐거운 소리를 낼지어다 그의 이름의 영광을 찬양하고 영화롭게 찬송할지어다"고 초청하고 있는 것입니다 (1-2).

66편은 13절부터 인칭대명사가 '우리'에서 '나'로 바뀌고 있습니다. '우리'란 국가 또는 교회 전체를 가리킵니다만 '나'란 그 구성원인 개인을 의미합니다. 하나님이 민족적으로 행해주신 일이 출애굽 사건이었다면 개개인에게 행해주신 일은 "하나님을 두려워하는 너희들아 다 와서 들으라 하나님이 나의 영혼을 위하여 행하신 일을 내가 선포하리로다"(16)하고 '영혼 구원'을 증언하고 있습니다. 전체를 말씀한 후에 개개인을 말씀하는 이것 또한 성령께서 우리에게 말씀하시는 방도입니다. 구원은 도매금으로 받는 것이 아니라 개별적으로 받는 것입니다. 그러나 구원 얻은 후에는 더 이상 개인이 아니라 구원 얻은 공동체의 일원, 즉 몸된 교회의 한 지체가 되는 것입니다.

시편 기자는 "나의 영혼을 위하여 행하신 일을 선포하리로다"(16)고 말씀하고 "내가 나의 입으로 그에게 부르짖으며 나의 혀로 높이 찬송하였도다"(17)고 말씀합니다.

구원 얻은 자가 해야 할 일은 하나님이 행해주신 일을 "찬양하고 선포"하는 일입니다. 이것이 "내가 번제물을 가지고 주의 집에 들어가서 나의 서원을 주께 갚으리니"(13)한 헌신의 삶을 사는 것입니다. 하나님이 행해주신 이 큰 일을 찬양하십시다, 선포하십시다.

적용

성도의 서원 갚음(13)은 헌신입니다. 찬양과 선포하는 일에 형제는 얼마나 헌신되어 있습니까?

묵상해 봅시다

• 이 시의 중심점은 어디에 있습니까?
• 우리에게 행해주신 일이 무엇입니까?
• 나에게 행해주신 일이 무엇입니까?

암송

와서 하나님께서 행하신 것을 보라(5).

제67편

제사장적 기도

2 주의 도를 땅 위에, 주의 구원을 모든 나라에게 알리소서

내용 관찰

67편의 중심점은 "주의 도를 땅 위에, 주의 구원을 모든 나라에게 알리소서"⑵ 한 '주의 도'와 '주의 구원'에 있습니다. 주의 도와 주의 구원이란 하나님의 구원계획을 의미합니다. 그렇다면 하나님께서는 주의 구원을 만방 중에 알리시려는 어떤 계획을 갖고 계실까요.

1절에서 "하나님은 우리에게 은혜를 베푸사 복을 주시고 그의 얼굴빛을 우리에게 비추사"(셀라)합니다. 여기서 말씀하는 '우리'는 선민 이스라엘을 가리킵니다. 그리고 "복을 주시고 그 얼굴빛을 우리에게 비추사"하신 말씀은 "구원이 유대인에게서 남이라"(요4:22)하신 대로 선민 유대인을 통하여 메시야가 오심으로 주의 도를 땅 위에 주의 구원을 만방 중에 알리시려는 계획을 갖고 계심을 의미합니다. 1절에서 '우리에게'하고 시작한 기도는 "모든 나라에게"⑵ "모든 민족"⑶ "땅 위의 나라"⑷로 확장되어 나감을 봅니다. 이 계시는 일찍이 아브라함에게 "네 씨로 말미암아 천하 만민이 복을

얻으리니"(창22:18) 하신 언약에 근거하고 있으며 아브라함의 자손으로 오신 예수 그리스도를 통하여 성취되었던 것입니다.

3절과 5절이 동일함을 주목하십시오. "하나님이여 민족들이 주를 찬송하게 하시며 모든 민족들이 주를 찬송하게 하소서"(3,5) 합니다. 이는 "해 뜨는 곳에서부터 해 지는 곳까지의 이방 민족 중에서 내 이름이 크게 될 것이라"(말1:11) 하신 의미입니다.

67편은 이런 날이 '어서 속히 오게 해주십시오' 하고 간구하고 있는 것입니다. 하나님께서 선민 이스라엘을 가리켜 "너희가 내게 대하여 제사장 나라가 되며"(출19:6) 하셨는데, 시편 기자는 지금 제사장적 기도를 드리고 있는 것입니다. 주님께서 "내가 비옵는 것은 이 사람들만 위함이 아니요 또 그들의 말로 말미암아 나를 믿는 사람들도 위함이니"(요17:20) 하고 대제사장적 기도를 드리심과 맥을 같이하고 있습니다. 또한 주님께서 이렇게 기도하라고 가르쳐 주신 "나라이 임하옵시며 뜻이 하늘에서 이룬 것 같이 땅에서도 이루어지이다"란 기도와 상통합니다.

주의 도와 주의 구원이 만방에 전파되어 "주는 민족들을 공평히 심판하시며 땅 위에 나라들을 다스리실"(4하) 메시야 왕국을 대망하고 있는 것입니다. 이런 문맥에서 "땅이 그의 소산을 내었도다"(6상)는 말씀도 은혜의 단비를 받아 구원얻게 된 영적 추수를 생각하게 합니다(참고, 85:10-12). 결론 부분에서 "하나님 곧 우리 하나님이 우리에게 복을 주시리로다"(6-7)의 '우리'는 유대인과 이방인의 막힌 담을 허시고 둘로 하나를 만드사 '우리'(엡2:18)가 될 날을 바라보게 해줍니다. 그 날에는 "땅의 모든 끝이 하나님을 경외"(7하)하게 될 것입니다.

적용

67편은 제사장적 기도입니다. 이제는 형제가 제사장이요 형제를 통해서 하나님의 나라가 확장되기를 원하고 계십니다.

묵상해 봅시다

- 67편의 중심 주제가 무엇입니까?
- 구원이 어디에 나타나 만방에 알려지게 됩니까?
- 67편의 기도는 누구의 기도와 맥을 같이 합니까?

암송

주의 구원을 모든 나라에게 알리소서(2).

제68편

주의 백성 앞에서 행진하시는 하나님

7 하나님이여 주의 백성 앞에서 앞서 나가사 광야에서 행진
하셨을 때에 (셀라)

내용 관찰

68편은 승리의 행진곡입니다. 한 곳에 좌정해 계시는 하나님이 아니라
계속 행진하시며 승전하시는 하나님을 계시해 주고 있습니다. "타고 광야
에 행하시던 이를 위하여 대로를 수축하라"(4) 합니다. "하나님이여 주의 백
성 앞에서 앞서 나가사 광야에서 행진하셨을 때에(셀라)"(7) 하고 감격해 합
니다. "하나님이여 그들이 주께서 행차하심을 보았으니"(24) 합니다.

하나님을 행진하시는 하나님으로 계시함은 "일을 행하시는 여호와, 그
것을 만들며 성취하시는 여호와"(렘33:2)를 의미합니다. 즉 창세기에서 시
작하여 요한계시록에서 완성되는 구속의 역사를 성취해 나가고 계심을 의
미합니다. 주님께서도 "내 아버지께서 이제까지 일하시니 나도 일한다"(요
5:17) 말씀하셨습니다. 구원계획이 완성되는 날까지 하나님은 쉬지 않으실
것입니다.

68편의 역사적인 배경은 다윗이 법궤를 예루살렘으로 옮겨 올 때에 지은 시로 인정되고 있습니다(24). 그것을 또 하나의 행차로 보았던 것입니다. 그러므로 68편은 법궤가 지어진 후로 첫 행차하던 시내 산을 출발하는 것으로 시작되고 있습니다. 1절은 모세가 시내 산을 출발할 때에 말한 민수기 10:35의 인용입니다. "하나님이 일어나시니 원수들은 흩어지며 주를 미워하는 자들은 주 앞에서 도망하리이다" 합니다. 하나님이 구속의 역사를 이루어 나가시기 위하여 행차하시는데 그 앞을 가로막고 그렇게는 못합니다 하고 대적할 자가 누구이겠습니까? 주의 행차하심은 시내 산(8, 17)을 출발하여 광야를 통과하고(7) 가나안에 입성하여 하나님이 거하시려고 택하신 시온 산(16)에 이르기까지로 되어있습니다. 하나님의 언약궤가 약속의 땅 가나안에 입성하여 어느 곳에 좌정하느냐 하는 문제는 구속사의 관점에서 보면 대단히 중요한 의미가 있는 것입니다. 왜냐하면 하나님께서 그들에게 가나안 땅을 주심은 메시야가 나실 땅을 준비하심이요. 열두 지파 중 어느 한 지파를 통하여 메시야가 나실 터인데 그 지파가 어느 지파냐와 결부되어 있기 때문입니다.

법궤가 가나안에 입성하여 처음에는 에브라임 지파에게 분배된 실로에 있었습니다. 그런데 하나님께서는 "에브라임 지파를 택하지 아니하시고 오직 유다 지파와 그 사랑하시는 시온 산을 택하셨다"(78:67~68)고 말씀하심을 듣게 됩니다. 그래서 성막은 실로를 떠나 시온 산으로 옮겨 온 것입니다(78:60). 이것이 본문 16절에서 "너희 높은 산들아 어찌하여 하나님이 계시려 하는 산을 시기하여 보느냐'하신 의미입니다. "진실로 여호와께서 이 산에 영원히 계시리로다'하고 메시야가 시온에서 나실 것을 말씀합니다.

또 주목해야 할 말씀이 있는데 "주께서 높은 곳으로 오르시며"한 18절 말씀을 신약성경은 예수 그리스도께서 부활 승천하심으로 성취되었음을 증언해 주고 있습니다(엡4:8-10). 영광의 보좌를 떠나셔서 이 땅에 오심은 최고의 행차요 주께서 뱀의 머리를 상케 하시고(21) 사망의 권세자에게 매여있던 자기 백성들을 구원해주신 부활 승천하심이야말로 최대의 승리가 아닐 수 없습니다.

하나님은 언제까지나 행차하시고 전투하시는 하나님은 아니십니다. "이 산에 영원히 계시리로다"(16)고 말씀합니다. 이 산은 시온 산인데 성막과 성전이 세워진 곳입니다. 이는 예표로써 참 성전되시는 그리스도께서 시온에서 나실 것을 의미합니다만 온전한 성취는 계시록 14:1에서 "보라 어린양이 시온 산에 섰고 그와 함께 십사만사천이 섰는데" 하실 때에 완성될 말씀입니다. 또 하늘에서 새 예루살렘 성이 내려오는 것을 봅니다(계21:10). 이 때에 구속의 역사는 완성되는 것이며 행하시던 하나님은 영원히 안식하시게 되는 것입니다.

그 때까지 하나님은 "백성 앞에서 앞서 나가사"(7) 행진하십니다. 즉 구속의 역사를 주권적으로 성취해 나가십니다. 그것도 "날마다 우리 짐을 지시는"(19) 말입니다. 짐이란 백성들을 먹이고 치료하시는 부양책임뿐만 아니라 그들이 범한 원망과 불순종과 음행과 우상숭배 등의 죄짐까지를 의미합니다. "그것이 내게 무거운 짐이라 내가 지기에 곤비하였느니라"(사1:14)고 말씀합니다.

68편은 마지막 부분에서(32-35) 찬송과 능력과 위엄을 하나님께 돌리고 있습니다. 하나님은 참으로 찬양을 받으시기에 합당하십니다.

적용

행진하시는 하나님은 지금 형제 속에 내주하셔서 형제와 함께 행진하고 계심을 잊지 마십시오.

묵상해 봅시다

- 68편은 어떤 하나님을 계시해 주고 있습니까?
- 최고의 행차와 최대의 승리가 무엇입니까?
- 7절과 19절의 의미를 묵상해 보십시오

암송

날마다 우리 짐을 지시는 주 곧 우리의 구원이신 하나님을 찬송할지로 다(19).

제69편

건설자와 파괴자

35 하나님이 시온을 구원하시고 유다 성읍들을 건설하시리
니 무리가 거기에 살며 소유를 삼으리로다

내용 관찰

창세기에서 시작하여 계시록에서 완성되는 구속사의 주인공은 그리스
도시오. 구속의 역사에는 두 종류의 사람만이 등장하고 있는데 세우는 자
와 파괴하려는 자입니다. 구속의 역사를 세우는데 수종 들다 고난을 받는
자들은 신구약을 물론하고 주인공 되시는 그리스도를 위한 고난에 동참하
고 있는 것이 됩니다(히11:26). 그래서 본문에서 다윗은 "내가 주를 위하여
비방을 받았사오니"(7)하고 호소하고 있는 것입니다.

그런 의미에서 다윗은 그리스도가 당하실 고난을 예표적으로 당하고 있
는 것입니다. 그러므로 69편에는 신약성경에서 인용하여 그리스도에게서
응하여진 예언적인 말씀이었음이 증거된 구절이 무려 다섯 곳이나 됩니다
(4,9,21,22,24). 4절의 "까닭없이 나를 미워하는 자"는 요한복음 15:25에, 21
절의 "갈할 때에 초로 마시웠사오니"는 요한복음 19:28-29에서 응하여졌

습니다. 주님께서 고난을 당하셔야만 했던 이유는 한마디로 "주의 집을 위하는 열성이 나를 삼키고"(9) 로 표현될 수가 있습니다. 이 구절은 요한복음 2:17에서 주님께 인용되고 있는데 "주의 집을 위하는 열성"이란 하나님의 나라 건설을 위한 열성 즉 구속의 역사를 성취하시기 위한 열성이었던 것입니다.

69편의 핵심은 "하나님이 시온을 구원하시고 유다 성읍들을 건설하시리니"한 35절입니다. 원수들은 멸망시키고 파괴하려 하나 하나님은 '구원'하시고 '건설'해 나가십니다. 이것이 어떻게 가능해집니까 18절에서 "내 영혼에게 가까이하사 구원하시며 내 원수로 말미암아 나를 속량하소서"하고 있는데 "구속하시며" "속량하심이" "소 곧 뿔과 굽이 있는 황소를 드림"(31)으로는 불가능함을 다윗은 이미 알고 있었습니다. 40:6에 보면 다윗은 "주께서 내 귀를 통하여 내게 들려 주시기를 제사와 예물을 기뻐하지 아니하시며 번제와 속죄제를 요구하지 아니하신다"는 것을 들어 알고 있었으며 그래서 51:16에서 "주께서는 제사를 기뻐하지 아니하시나니 그렇지 아니하면 내가 드렸을 것이라 주는 번제를 기뻐하지 아니하시나이다"라고 말씀한 것입니다. 그러므로 본문 31절에서도 "이것이 소 곧 뿔과 굽이 있는 황소를 드림보다 여호와를 더욱 기쁘시게 함이 될 것이라"고 제물을 드리는 것보다 찬송과 감사를 드리는 것이 더욱 기쁘시게 함이 될 것이라고 말씀하고 있는 것입니다. 그리스도로 말미암은 구속과 속량만이 시온을 구원하시며 유다 성읍을 건설할 수가 있는 것입니다. 이것이 69편에서 그리스도의 고난이 그토록 예언적으로 강조된 이유입니다.

건설하신 그곳에 "무리가 거기 살며" "그의 이름을 사랑하는 자가 그 중에 살리로다"(35-36)고 "거하게 됨"이 거듭 강조되어 있습니다. 주님은 우리의 거할 집을 예비하시기 위하여 오셨으며 또한 가셨습니다.

반면 구속의 역사를 파괴하려는 자들은 "그들의 거처가 황폐하게 하시며 그들의 장막에 사는 자가 없게 하소서"(25) 하고 거함이 불가능하게 됨을 말씀합니다. 이는 사도행전 1:16, 20에 의하여 가룟 유다에게 응하여졌고 "그들의 밥상이 올무가 되게 하시며"(22)는 로마서 11:9에 인용되어 주를 배척한 자들에게 적용이 되었습니다.

한마디로 69편의 주인공은 개인의 싸움이 아니라 "주를 찾는 자가 나로 말미암아 욕을 당하게 하지 마옵소서"(6) 하고 주를 바라는 모든 자들의 대표자로서의 싸움을 싸우고 있는 것입니다. 주님은 우리의 대표자로서의 싸움을 싸우셨습니다. 예수 그리스도를 바라는 자 곧 믿고 따르는 자들은 그를 인하여 결코 수치를 당하지 않을 것임을 말씀합니다. 수치를 당하기는 커녕 그가 구원하시고 건설하신 도성에 영원토록 거하게 될 것입니다.

적용

구속의 역사에 쓰임 받고 있는 형제에게도 같은 싸움 같은 고난이 있음을 명심하십시오(빌1:30).

묵상해 봅시다

- 신약성경에 인용된 구절들은 어느 것들입니까?
- 69편의 핵심은 무엇입니까?
- 구속의 역사를 위하는 자와 반대하는 자의 종말이 어떻게 다릅니까?

암송

시온을 구원하시고 유다 성읍들을 건설하시리니(35)

제70편

S.O.S.

5 나는 가난하고 궁핍하오니 하나님이여 속히 내게 임하소
서 주는 나의 도움이시요 나를 건지시는 이시오니 여호와여
지체하지 마소서

내용 관찰

70편은 "하나님이여 나를 건지소서 여호와여 속히 나를 도우소서"(1) 하
고 긴급한 구원을 호소하는 내용입니다. 전체가 다섯 절 밖에 안되는 짧은
시 속에 '속히'라는 말이 세 번이나 나오고 이 시는 "지체하지 마소서"라고
끝맺고 있습니다.

그렇다면 어떠한 상황으로부터의 구원요청이며 좀 더 구체적으로 누구
로부터 무엇을 구해 달라는 호소입니까. 2절을 보시면 "나의 영혼을 찾는
자"라고 말씀합니다. 70편의 호소는 '영혼'을 구원해 달라는 것입니다.

이 시는 영적인 S.O.S(save our souls)입니다. 마치 조난 당한 배에서 타전
된 마지막 전문과도 같습니다. 서론도 없고 감사와 찬양으로 끝맺는 결론
부분도 없이 "속히 나를 도우소서"하고 타전하고 있는 것입니다.

그러므로 70편의 긴급한 구원요청은 신학적인 문제요 "주를 찾는 모든 자"(4)의 문제로 다가옵니다. 구속의 역사에 있어서 이러한 시기가 네 번 있습니다. 첫 번은 애굽에서의 구원요청입니다(출2:23). "부르짖는 소리가 하나님께 상달된지라"고 말씀합니다. 하나님께서는 구원자 모세를 보내셔서 그들을 구출해 내셨습니다

두 번째는 바벨론 포로 중에서의 구원요청입니다. "주여 들으시고 행하소서 지체하지 마옵소서"(단9:19)하고 부르짖습니다. 하나님은 예레미야에게 하신 약속을 지키셔서 그들을 돌아오게 해주셨습니다. 그런데 이것들은 예표로 주어진 것이었습니다. 시편 기자는 "하나님이여 속히 내게 임하소서"(5)하고 간구하고 있는데 진정한 구원은 하나님이 친히 이 땅에 임하신 임마누엘 사건이었습니다. "이름을 예수라 하라 이는 그가 자기 백성을 그들의 죄에서 구원할 자 이심이라"(마1:21). 이 구원이야말로 "주를 찾는 모든 자들이 주로 말미암아 기뻐하고 즐거워하게 하시며 주의 구원을 사랑하는 자들이 항상 말하기를 하나님은 위대하시다 하게 하소서"(4)의 구원인 것입니다.

마지막 또 한 번의 구원요청이 남아 있습니다. 이는 그리스도의 다시 오심입니다. 피조물들도 고대하며 성도들도 몸의 구속을 기다리고 있습니다(롬8:19-23). 주님은 말씀하셨습니다. "내가 진실로 속히 오리라" "아멘 주 예수여 오시옵소서"(계22:20), 문제는 성도들이 얼마만큼 주의 재림을 갈망하며 고대하고 있느냐 입니다. 기다리다가 지쳐있는 것은 아닙니까? 잠이 든 것은 아닙니까? '주님 속히 오시지 아니하셔도 괜찮습니다'하고 너무나 세상에 빠져있는 것은 아닐까요' 그럴 수 없습니다. "여호와여 지체하지 마소서" 마라나타.

적용

또 하나의 s.o.s를 들어야만 합니다. 그것은 불신자들의 구원요청입니다. 하나님은 형제를 보내셔서 구원하시기를 원하십니다.

묵상해 봅시다

- 70편은 어떤 상황입니까?
- 누구에 의한 위급함입니까?
- 그들을 도와주고 건져 주실 분은 누구이십니까?

암송

주는 나의 도움이시요 나를 건지시는 이시오니(5)

제71편

주께서 대사를 행하셨나이다

15 내가 측량할 수 없는 주의 공의와 구원을 내 입으로 종일 전하리이다

내용 관찰

71편의 중심점은 "측량할 수 없는 주의 공의와 구원"(15) 입니다. 나의 의가 아니라" 주의 의"입니다. 15절을 위시하여 16절에 두 번 그리고 2절과 19절과 24절에 나타납니다.

그렇다면 "주의 의"가 무엇을 의미하는가 하는 문제입니다. 우리는 자칫 하나님의 공의와 칭의가 반대되는 개념이요 별개의 것인양 오해해서는 아니됩니다. 주의 의가 바로 주어질 때에는 공의가 되어 심판을 의미하지만 예수 그리스도의 십자가를 통하여 주어질 때는 은혜가 되어서 칭의가 되는 것입니다.

"측량할 수 없는 주의 공의와 구원을 내 입으로 종일 전하리이다"(15)고 말씀합니다. 주의 공의만 진술하겠다고 다짐합니다(16). "종일토록 주의 의를 작은 소리로 읊조리오리니"(24) 합니다. 주의 의가 무엇이 그토록 중요

하길래 주의 의만 종일 전하겠다는 것일까요. 그 죄인된 인간이 구원얻기 위해서는 하나님 앞에 의롭다함을 얻어야만 합니다. 그러나 인간의 행위로는 불가능함이 입증되었습니다. 그래서 절망적인 인간이 의롭다함을 얻을 수 있는 방도를 하나님께서 마련해 주신 것입니다. 이것이 "주의 의" 곧 "하나님의 의"(롬3:21)인 것입니다.

복음이란 다름 아닌 '하나님의 의'가 나타났다는 소식입니다(롬1:17, 3:21). 인간은 자기 행위가 아니라 이 의를 믿음으로 받아 구원에 이를 수가 있는 것입니다. 그러므로 "주의 의로 나를 건지시며 나를 풀어주시며…나를 구원하소서"(2) 하고 "주의 의와 구원"(15)이 결부되어 있습니다. 시편 기자는 놀랍게도 이를 알고 있었습니다. 그래서 주의 공의만 전하고(15) 진술하겠다(16)는 것입니다.

'주의 의'는 그냥 마련된 것이 아니라 대신 값을 지불하신 "속량"(23) 하시고야 마련하신 것임을 잊지 말아야 합니다. 그래서 "하나님이여 주께서 큰 일을 행하셨사오니"(19하) 합니다. 대사(大事) 중의 대사는 우리의 죄를 대속하시고 마련해 주신 '주의 의'입니다. 그래서 전파할 뿐만 아니라 "비파로 주를 찬양하며" "수금으로 주를 찬양하리이다"(22) 합니다. 찬양의 제목은 물론 구속하여 주신 '주의 의'입니다. "내가 주를 찬양할 때에 나의 입술이 기뻐 외치며 주께서 속량하신 내 영혼이 즐거워하리이다"(23)고 말씀하고 있는 것입니다. "나는 항상 소망을 품고 주를 더욱더욱 찬송하리이다"(14)고 말씀합니다.

그런데 시편 기자는 이상하리만치 나를 떠나지(버리지) 말라(9, 18)고 말씀합니다. 그것도 늙은 때에, 힘이 쇠약한 때에(9), 늙어 백발이 될 때에도(18) 버리지 말라고 호소하고 있습니다.

무슨 의미일까요? 주의 의란 젊었을 때뿐만 아니라 늙었을 때에 더욱 필요합니다. 이 땅에서가 아니라 하나님 앞에 가게 될 때에 절대적으로 필요합니다. '나는 주의 의만 의지할 것밖에 없사오니 나를 버리지 말라'는 뜻일 것입니다. 주의 의를 의지하는 자는 결코 버림당하지 아니합니다. 그는 "영원히 수치를 당하게"(1) 아니할 것입니다.

적용

하나님의 행적 중에 가장 큰 대사가 무엇이라고 믿으십니까? 그것이 왜 그다지도 중요합니까? 이제 어떻게 하시겠습니까?

묵상해 봅시다

71편의 중심 주제는 무엇입니까?
주의 의를 깨달은 그는 어떻게 하겠다고 말씀합니까?
'늙어서 버리지 마소서'의 뜻이 무엇입니까?

암송

측량할 수 없는 주의 공의와 구원을 내 입으로 종일 전하리이다(15).

제72편

의의 왕, 평강의 왕

17 그의 이름이 영구함이여 그의 이름이 해와 같이 장구하
리로다 사람들이 그로 말미암아 복을 받으리니 모든 민족이
다 그를 복되다 하리로다

내용 관찰

72편의 주제는 정의로 재판하리니(2) 즉 의로운 왕 그래서 백성들에게
"평강의 풍성"(7)을 주시는 평강의 왕입니다. 그리고 핵심은 "사람들이 그
로 말미암아 복을 받으리니"(17)한 말씀에 있습니다. 이러한 왕이 누구일까
요. '솔로몬의 시'라는 표제가 붙어 있는 것으로 보아 솔로몬을 이러한 이상
적인 왕의 모형으로 세우신 듯싶습니다. 솔로몬이라는 이름 자체가 평화
를 뜻합니다. 그러나 솔로몬은 예표적인 인물에 불과합니다. 이것이 솔로
몬을 그리스도에 술람미 여자를 교회에 비유하고 있는 아가서를 통해서도
입증됩니다.

이사야 선지자는 예언하기를 "이는 한 아기가 우리에게 났고 한 아들을
우리에게 주신 바 되었는데 그의 이름은 기묘자라, 모사라, 전능하신 하나

님이라, 영존하시는 아버지라, 평강의 왕이라 할 것임이라"(사9:6) 말씀했습니다. 또 32:1에서는 "보라 장차 한 왕이 공의로 통치할 것이요" 하셨습니다. 의로운 왕, 평강의 왕은 예수 그리스도이십니다. 사람들은 '그로 말미암아' 구원의 복을 받게 되는 것입니다.

72편은 의로운 왕이 오시면 "그가"(2,4,6,7,8,12,13) 어떻게 통치하실 것인가를 말씀해 주고 있습니다. "그"로 시작되는 구절들을 유의해 보십시오. 72편은 세 부분(1-7, 8-14, 15-19)으로 나누어집니다. 첫 부분(1-7)은 의로운 통치를 보여줍니다. "하나님이여 주의 판단력을 왕에게 주시고 주의 공의를 왕의 아들에게 주소서"(1) 합니다. 솔로몬 자신이 왕이며 또한 다윗왕의 아들이었듯이 예수 그리스도는 왕이시며 또한 왕의 아들이시기도 합니다. 그에게 통치권(판단력)과 의를 주셔서 다스리게 하시는 메시야 왕국에 대한 비전입니다. "그가 주의 백성을 공의로 재판하며"(2)하고 의로 통치하실 것을 말씀합니다. "그가 가난한 백성의 억울함을 풀어 주며 궁핍한 자의 자손을 구원"(4)하실 것이라고 말씀합니다. "그의 날에 의인이 흥왕하여 평강의 풍성함이 달이 다할 때까지 이르리로다"(7) 하십니다. 이는 평강이 영구할 것을 의미합니다. "그는 벤 풀에 위에 내리는 비 같이, 땅을 적시는 소낙비 같이 내리리니"(6) 하시는데 이는 기다리는 중에 오시는 반가움을 나타냅니다.

둘째 부분(8-14)은 그의 통치권의 영역(領域)을 보여줍니다. "그가 바다에서부터 바다까지와 강에서부터 땅 끝까지 다스리리니"(8)하고 그의 통치 범위가 전 세계적이요 우주적임을 말씀합니다. "모든 왕이 그의 앞에 부복하며 모든 민족이 다 그를 섬기리로다"(11)고 하십니다. "그는 궁핍한 자가 부르짖을 때에 건지며 도움이 없는 가난한 자도 건지며"(12)라고 의로 우신 왕은 가난하고 비천한 자들을 돌보시는 자비하신 왕이심을 말씀합니다

(12-14). "궁핍한 자" "도움이 없는 가난한 자"(12) "가난한 자" "궁핍한 자"(13)
란 말이 거듭나오는데 이는 소망이 없던 이방인들까지 저가 건지시며 구
원하여 주실 것을 의미합니다. "그들의 생명을 압박과 강포에서 구원하리
니"(14) 하신 말씀은 그리스도만이 해주실 수 있는 구원 사역입니다. "그들
의 피가 그의 눈앞에서 존귀히 여김을 받으리로다"(14하) 하십니다. 이는 구
속함을 얻은 자들의 생명이 귀함을 뜻합니다만 그들이 피로 구속함을 얻었
음으로 그들의 피가 그 눈앞에서 존귀히 여김을 받으리로다 고 말씀하는
것입니다. 예수 그리스도의 재산 목록(소유)의 1호에는 구속함을 얻은 당신
이 올라 있다는 사실을 명심하십시오.

셋째 부분(15-19)은 통치의 영광스러움입니다. "스바의 금을 그에게 드
리며 사람들이 그를 위하여 항상 기도하고 종일 찬송하리로다"(15)고 말씀
합니다. 10절에서도 "다시스와 섬의 왕들이 조공을 바치며 스바와 시바 왕
들이 예물을 드리리로다"고 말씀하고 있는데 메시야 왕국을 예언하고 있
는 이사야 60:6에 스바의 사람들은 다 금과 유향을 가지고 와서 여호와의
찬송을 전파할 것이며 하고 또 이사야 60:9에 "섬들이 나를 앙망하고 다시
스의 배들이 먼저 이르되 먼 곳에서 네 자손과 그 은금을 아울러 싣고 와서
네 하나님 여호와의 이름에 드리려 하며"하고 시편과 상응하고 있음을 보게
됩니다. 이는 메시야가 통치하시는 그 나라의 영광스러움을 보여주는 말씀
들입니다.

성도들이 잊지 말아야 할 것은 "그 이름"입니다. "그의 이름이 영구함이
여 그의 이름이 해와 같이 장구하리로다"(17) 합니다. "그 영화로운 이름을
영원히 찬송할지어다"(19) 합니다. 그 이름 예수 그리스도이십니다. "온 땅
에 그의 영광이 충만할지어다"(19) 합니다. 우리도 "아멘, 아멘" 하십시다.

적용

우리는 구약에 가리워져 있던 계시가 나타난 시대에 살고 있습니다. 이를 누리며 "항상 기도하고 종일 찬송"(15)함이 마땅합니다.

묵상해 봅시다

- 이상적인 왕은 누구를 가리킵니까?
- 그의 통치의 특성은 무엇입니까?
- "사람들이 그로 말미암아 복을 받으리니"(17)하신 복은 무엇입니까?(참고, 창22:18)

암송

온 땅에 그 영광이 충만할지어다(19).

제73편

영광으로 나를 영접하시리니

24 주의 교훈으로 나를 인도하시고 후에는 영광으로 나를
영접하시리니

내용 관찰

73편의 주제는 "나는 거의 넘어질 뻔하였고 나의 걸음이 미끄러질 뻔하
였으니"(2) 그가 "하나님께 가까이함이 내게 복이라"(28)는 결론에 이르게
된데 있습니다. 시편 기자는 왜 거의 넘어질 뻔하였고 미끄러질 뻔하였는
가 이는 내가 악인의 형통함을 보고 오만한 자를 질투하였음이로다"(3)고
말씀합니다. "하나님은 참으로 이스라엘 중 마음이 정결한 자에게 선을 행
하시는"(1)분으로 믿고 있었는데 그와는 반대로 불신자들이 형통하고 신자
들은 "종일 재난을 당하며 아침마다 징벌을"(14) 받게 되니 그의 마음에 걷
잡을 수 없는 회의와 갈등을 겪게 된 것입니다.

4-12에는 악인의 형통함이 묘사되어 있는데 "그들은 죽을 때에도 고통
이 없고 그 힘이 강건하며 사람들이 당하는 고난이 그들에게는 없고 사람
들이 당하는 재앙도 그들에게는 없나니 그러므로 교만이 저의 목걸이요

강포가 그들의 옷이며"(4-6) 합니다. 그들의 소득은 마음의 소원보다 많으며(7) "그러므로 그의 백성이 이리로 돌아와서"(10) 즉 동조세력들이 모여들 것을 뜻합니다. "볼지어다 이들은 악인이라도 항상 평안하고 재물은 더욱 불어나도다"(12)고 말씀합니다. 이를 보고 신자는 '내가 내 마음을 깨끗하게 하며 내 손을 씻어 무죄하다 한 것이 실로 헛되도다'하는 생각이 들었습니다(13). "만일 스스로 이르기를 내가 그들처럼 말하리라 하였더라면 나는 주의 아들들의 세대에 대하여 악행을 행하였으리이다"(15)고 말합니다. "내가 어쩌면 이를 알까 하여"(16) 그는 이 문제로 많은 고심을 하다가 "하나님의 성소에 들어갈 때에야 그들의 종말을 내가 깨달았나이다"(17)고 말씀합니다. "주께서 참으로 그들을 미끄러운 곳에 두시며 파멸에 던지시니 그들이 어찌하여 그리 갑자기 황폐되었는가 놀랄 정도로 그들은 전멸한"(18-19) 것을 깨닫게 되었습니다. 이는 종말적인 말씀입니다만 "전멸하였나이다"(19)하고 이미 되어진 일로 말씀하고 있습니다. 시편 기자가 깨달을 수 있었던 것은 성령께서 그를 감동하심으로 이를 깨닫고 기록하기에 이른 것입니다만 그 후 세대들은 하나님의 성소(교회)에 들어가서 본문 말씀을 설교를 통해서 듣게 될 때에 성령께서 역사하사 그의 칼등이 치료받게 되는 것입니다.

　"내 마음이 산란하며 내 양심이 찔렸나이다"(21)고 두려워합니다. 왜냐하면 자신도 저 무리의 한 사람같이 될 뻔하였기 때문입니다. "내가 이같이 우매 무지함으로 주 앞에 짐승이오나"(22) 그렇습니다. 짐승은 먹이만 보고 덫과 같이 그날이 임할 것을 알지 못합니다(눅21:34). 다윗같은 분도 실수한 후에 자책하기를 "종의 죄를 사하여 주옵소서 내가 심히 미련하게 행하였나이다"(삼하24:10)고 회개하였습니다. 거의 실족할 뻔한 그가 실족하지 아니할 수 있었던 것도 "주께서 내 오른손을 붙들어 주셨기 때문"(23)임을 깨닿게 되었습니다.

24-25에 중요한 말씀이 있습니다. "주의 교훈으로 나를 인도하시고"(24
상)했는데 이처럼 성도가 이 세상을 살아가는 동안은 주의 교훈으로 나를
인도하시고 "후에는 영광으로 나를 영접하시리니"(24하) 합니다. 우매 무지
하여 짐승과 같은 인간을 "영광으로 영접해 주신다"니 이것이 어떻게 가능
해졌습니까. "나는 부족하여도 영접하실 터이니 영광나라 계신 임금 우리
구주 예수라" 여기서도 문자를 통해서가 아니라 영을 통해서 그리스도를
만나게 됩니다. 오직 주님의 구속으로 말미암아서 뿐입니다. 이를 알았다
면 "하늘에서는 주 외에 누가 내게 있으리요 땅에서는 주 밖에 내가 사모할
이 없나이다"(25)고 고백하지 아니할 수 없을 것입니다.

"내 육체와 마음은 쇠약하나"(26상)한 말씀을 유의하십시오. 시편 기자가
이 진리를 깨달았다고 그가 당면한 모든 문제가 형통하게 된 것은 아닙니
다. 여전히 육체와 마음은 쇠잔한 가운데 있습니다. 그러나 "하나님은 내
마음의 반석이시요 영원한 분깃이시라"(26하)고 선언합니다. 분깃이란 하
나님이 그의 재산이라는 뜻입니다. 그래서 "무릇 주를 멀리하는 자는 망하
리니…하나님께 가까이 함이 내게 복이라(27-28)는 결론에 이르게 되었습
니다. "내가 주 여호와를 나의 피난처로 삼아 주의 모든 행적을 전파하리이
다"(28하) 아멘.

적용

형제도 이런 문제로 갈등을 경험하셨습니까? 말씀과 기도로 해결 받으
십시오.

묵상해 봅시다

- 시편 기자는 왜 실족할 뻔하였습니까?

- 그는 이 문제의 해답을 어떻게 깨닫게 되었습니까?

- 자녀들을 다루시는 하나님의 섭리하심이 무엇입니까?(24)

암송

후에는 영광으로 나를 영접하시리니(24)

제74편

주의 원통을 푸소서!

12 하나님은 예로부터 나의 왕이시라 사람에게 구원을 베푸셨나이다

내용 관찰

74편은 "이제 그들이 도끼와 철퇴로 성소의 모든 조각품을 쳐서 부수고 주의 성소를 불사르며 주의 이름이 계신 곳을 더럽혀 땅에 엎었나이다"(6-7)한 것으로 보아 역사적인 배경이 느브갓네살에 의하여 성이 함락되고 성전이 불타버린 비통한 상황에서 기록된 시입니다.

"하나님이여 주께서 어찌하여 우리를 영원히 버리시나이까 어찌하여 주께서 기르시는 양을 향하여 진노의 연기를 뿜으시나이까"(1)하고 호소합니다. "우리의 표적은 보이지 아니하며 선지자도 더 이상 없으며 이런 일이 얼마나 오랠는지 우리 중에 아는 자도 없나이다"(9) 하고 암담한 심정을 토합니다. 이런 경우 고난의 한가운데 서서 성도들은 어떻게 대처해야만 합니까.

2절에 "옛적부터"라는 말씀이 있고, 12절에서도 "하나님은 예로부터"라고 말씀합니다. '예로부터'라는 말은 '오늘'과 대조되는 말입니다. 오늘은 시

련의 날이요 능욕의 날이라 하더라도 자신들은 "옛적부터 얻으시고 속량하사 주의 기업의 지파로 삼으신"(2) 주의 소유된 백성임을 고백하는 말씀입니다. 그래서 12절에서도 "하나님은 예로부터 나의 왕이시라"고 고백하면서 "주께서 주의 능력으로 바다를 나누시고 물 가운데 용들의 머리를 깨뜨리셨으며"(13)하고 홍해를 가르고 추격해 오던 바로의 군사들을 멸하신 일을 상기하면서 택하신 족속이요, 값 주고 구속하신 소유된 백성을 기억해 달라고 호소하고 있는 것입니다(2). 20절에서는 "언약을 눈여겨 보소서"하고 언약을 붙들고 기도합니다. 고난 자체만을 보지 마십시오. 먼저 자기 아들을 아끼지 아니하시고 내어주신 하나님의 사랑을 생각하십시오. 자기 아들의 피로 값주고 사신 택하신 족속이요 왕같은 제사장이요 거룩한 나라요 하나님의 자녀요 소유된 백성인 자신의 신분을 생각하십시오. 언약하시고 맹세로 보증하신 바를 반드시 지켜 주시는 신실하신 하나님을 바라보십시오.

74편에서 가장 큰 손상을 입은 것이 누구인지 아시겠습니까. 거룩하신 여호와의 이름입니다. "주의 이름"이 네 번(7,10,18,21) 나오는데 어떻게 언급되어 있는가를 보십시오. "주의 이름이 계신 곳을 더럽혀"(7) 합니다. "주의 이름을 영원히 능욕하리이까"(10) 합니다, "주의 이름을 능욕하였나이다"(18) 합니다. 이것을 마음 아파하고 있는 것입니다. 그래서 "주의 이름을 찬송하게 하소서"(21) 합니다. "하나님이여 일어나사 주의 원통함을 푸소서"(22) 합니다. 주의 이름에 모독을 끼친 일이 얼마나 분하면 이렇게 말하겠습니까. "기억하소서" "잊지마소서"(22-23)합니다. 성도들에게는 상표처럼 주의 거룩하신 이름이 붙어 있음을 명심하십시오.

이에 대한 응답이 "내 거룩한 이름이 그들로 말미암아 더러워졌나니" "더럽힌 내 거룩한 이름을 내가 아꼈노라" "너희가 들어간 그 여러 나라에서 더럽힌 나의 거룩한 이름을 위함이라" 이로 말미암아 그들을 바벨론에서 귀환케 하시겠다고 대답하십니다(겔36:20-23).

그렇습니다. 구속의 역사 곧 회복의 역사는 우리의 선함으로 인하여서가 아니라 하나님의 거룩하신 이름으로 말미암아 시작하셨으며 또한 완성하시고야 마실 것입니다. 성이 함락되고 성전이 불타버리고 그 백성들이 이방에 포로로 끌려간 것은 하나님의 사랑에 대한 인간의 배신과 하나님의 신실하신 언약에 대한 인간의 불성실 때문이었으나 그럼에도 불구하고 처음이요 나중이요 시작과 끝이 되시는 하나님께서는 자신의 거룩하신 이름을 위하여 시작하신 구속 사역을 완성하시고야 만다는 이것이 74편을 통하여 우리에게 계시하시는 빛이십니다.

적용

하나님의 백성, 하나님의 자녀된 형제는 하나님 아버지의 이름을 얼마나 존중히 여기고 있습니까?

묵상해 봅시다

- 74편의 시대적 배경이 무엇입니까?
- 암담한 중에 그는 무엇을 상기시키고 있습니까?
- 가장 큰 손상을 입은 것은 누구입니까?

암송

하나님은 예로부터 나의 왕이시라(12)

제75편

재판장이신 하나님

> 7 오직 재판장이신 하나님이 이를 낮추시고 저를 높이시느니라

내용 관찰

75편의 중심점은 "재판장이신 하나님"(7) 입니다. 하나님의 심판이 성도들에게는 구원으로 불신자들에게는 진노로 나타나기 때문에 심판의 날이 가까움을 알고 "하나님이여 우리가 주께 감사하고 감사함은 주의 이름이 가까움이라"(1)고 말씀하는 것입니다.

74편과 75편은 절묘한 조화를 이루고 있습니다. 74편에서 "어찌하여… 어찌하여"(1)하며 호소하였더니 75편에서 "내가 정한 기약이 이르면 내가 바르게 심판하리니"(2)하고 대답하고 계십니다. 성도들은 감사하고 또 감사하고 있습니다(1). 이러한 구도는 하박국서에서도 보입니다. 하박국 선지자는 "나의 질문에 대하여 어떻게 대답하실는지 보리라"(2:1) 합니다. 그에게 여호와께서 말씀하시기를 "이 묵시는 정한 때가 있나니 그 종말이 속히 이르겠고 결코 거짓되지 아니하리라 비록 더딜지라도 기다리라 지체되지 않고 정녕 응하리라"(2:3) 대답하십니다.

3절에 "땅의 기둥은 내가 세웠거니와"는 모든 주권이 하나님께 있음을 의미합니다. 한나의 기도에 "땅의 기둥들은 여호와의 것이라 여호와께서 세계를 그 위에 세우셨도다"(삼상2:8하)하는 대목이 있습니다. 세우신 이가 "죽이기도 하시고 살리기도 하시며" "낮추기도 하시고 높이기도 하시는도다"(삼상2:6-7). 그렇습니다. 모든 주권이 여호와께 있음을 말씀합니다(3).

이를 무시하는 "오만한 자들에게 오만하게 행하지 말라 하며 악인들에게 뿔을 들지 말라"(4)고 경고하십니다. "너의 뿔을 높이 들지 말며 교만한 목으로 말하지 말지어다"(5) 하십니다. "무릇 높이는 일이 동쪽에서나 서쪽에서 말미암지 아니하며 남쪽에서도 말미암지 아니하고 오직 재판장이신 하나님이 이를 낮추시고 저를 높이시느니라"(5-7) 말씀합니다.

하나님께서는 광야 40년 기간을 자기 백성을 "낮추시는"(신8:2) 훈련기간으로 삼으셨습니다. 그러나 하나님은 낮추시는 것만은 아닙니다. 본문 마지막을 보십시오. "의인의 뿔은 높이 들리로다"(10하) 하십니다. 낮추십시오. 그리하면 한없이 높여주실 것입니다. 뿔을 드는 자는 불신자만은 아닙니다. 에스겔서에 "너희가 옆구리와 어깨로 밀어뜨리고 모든 병든 자를 뿔로 받아 무리를 밖으로 흩어지게 하는도다"(34:21)라는 말씀이 있습니다. 이는 삯군 목자들을 지목하신 말씀입니다. 그래서 "내가 한 목자를 그들 위에 세워 먹이게 하리니"(겔34:23) 하십니다. 이 예언이 선한 목자이신 예수 그리스도와 주님을 배척한 당시의 교권주의자들로 응하여졌습니다.

8절에 "여호와의 손에 잔이 있어 술 거품이 일어나는도다"라는 말씀은 진노의 잔을 의미합니다(계16:1). "그 잔을 하나님이 쏟아 내시나니 실로 그 찌꺼기까지도 땅의 모든 악인이 기울여 마시리로다"(8)고 진노의 두려움과 그 진노가 심판 때에는 조금도 남김없이 쏟아 부어질 것을 경고하십니다. 성도는 여기서 문자를 통해서가 아니라 영(고후3:6)을 통해서 그리스도를 만나게 됩니다. "아버지의 뜻이거든 이 잔을 내게서 옮기시옵소서 그러나 내 원대로 마시옵고 아버지의 원대로 되기를 원하나이다"(눅22:42하) 하시고 우리 대신 진노의 잔을 받으셨기 때문입니다. 만일 이를 인정하지 않고 거부한다면 심판의 날에 진노의 잔을 자신이 받을 수밖에는 피할 길은 없습니다. 9-10은 결론적인 말씀입니다. 성도들은 재판장되시는 하나님을 선포하며 찬양해야 합니다. "악인의 뿔을 다 베고 의인의 뿔을 높이 들리로다"는 종말의 날은 다가오고 있기 때문입니다.

적용

심지어 교회 안에서 조차도 뿔을 높이 들며 교만한 자들이 있습니다. 형제는 어떠합니까?

묵상해 봅시다

- 75편의 주제는 무엇입니까?
- 주의 심판은 언제 시행이 됩니까?(2)
- 75편에서 그리스도는 어떻게 계시되어 있습니까?

암송

오직 재판장이신 하나님이 이를 낮추시고 저를 높이시느니라(7)

제76편

하나님의 자기 계시

1 하나님은 유다에 알려지셨으며 그의 이름이 이스라엘에 알려지셨도다

내용 관찰

76편의 역사적 배경은 "거기에서 그가 화살과 방패와 칼과 전쟁을 없이 하셨도다"(3)한 말씀으로 보아 적의 침략을 깨치시고 구원하여 주심에 대한 찬양 시임을 알 수가 있습니다. 학자들은 이 사건이 앗수르의 산헤립 군대가 예루살렘을 침공해 왔다가 말과 병거로 하지 아니하고 여호와의 능력으로 파하신 일을 가리킬 것이라고 말합니다.

성경은 이 장면을 "이 밤에 여호와의 사자가 나와서 앗수르 진영에서 군사 십팔만 오천명을 친지라 아침에 일찍이 일어나 보니 다 송장이 되었더라"(왕하19:35)고 기록하고 있습니다. 5절에서 강한 자들이 자기 잠을 잤다는 말씀과 6절의 "주께서 꾸짖으시매 병거와 말이 다 깊이 잠들었나이다"가 이를 말해 줍니다.

이 사건으로 인하여 "하나님은 유다에 알려지셨으며 그의 이름이 이스

라엘에 알려지시며"(1) 높이심을 받으시게 되었다고 말씀합니다. '알린바 되셨으매'는 이 사건의 의미가 "나를 여호와인 줄 알리라"(겔36:38)는 하나님의 자기 계시였다는 말씀입니다. 이것이 중요합니다.

하나님이 왜 적의 "화살과 방패와 칼과 전쟁을 없이 하셨도다"(3) 했습니까. 이는 단순한 외침을 막아주신 전쟁이 아니었습니다. 침략을 당하고 있는 유다가 하나님의 선민이요 그 유다 지파를 통하여 메시야를 보내시려는 구원계획을 갖고 계셨기 때문에 이는 영적 전쟁이었던 것입니다. 하나님께서는 이 사건을 통하여 아브라함과 다윗에게 언약하신 구원계획을 주권적으로 성취해 나가고 계시는 신실하신 하나님이 심을 계시하시기를 원하셨던 것입니다.

2절을 보십시오 "그의 장막은 살렘에 있음이여 그의 처소는 시온에 있도다" 하십니다. "그 장막" "그 처소"는 여호와께서 임재하시는 성전을 의미합니다. 이것이 핵심입니다. 만일 그 장막 그 처소가 거기에 없다고 생각해 보십시오. 그래서 3절은 "거기에서 그가 화살과 방패와 칼과 전쟁을 없이 하셨도다"(셀라)라고 말씀하고 있습니다. 우리는 더 나아가야만 합니다. 그 장막 그 처소가 "시온"에 있도다는 말씀을 주목하십시오. 이는 "나의 왕을 내 거룩한 산 시온에 세웠다(2:6)하신 메시야에 대한 예표였던 것입니다. 왜 화살과 방패와 칼과 전쟁을 깨치셔야만 했습니까. 그 민족을 통하여 메시야를 보내시려는 계획을 성취하시기 위해서였습니다. 우리는 한 걸음 더 나아가야만 합니다. 이제는 예수 그리스도의 구속으로 말미암아 형제가 "그 장막"과 "그 처소"가 되었음을 명심하십시오. "거기서" 하나님은 역사하십니다.

열왕기하 19:34에 이 사건에 관하여 이사야 선지자에게 임한 여호와의 말씀의 결론이 있습니다. "내가 나와 나의 종 다윗을 위하여 이 성을 보호하여 구원하리라" 하셨습니다. 먼저는 하나님 자신의 거룩하신 이름을 위하시고 다음은 다윗에게 언약한 그 약속을 지키시기 위하여 이 성을 보호하시고 구원하시겠다는 말씀입니다. 그래서 "하나님이 땅의 모든 온유한 자를 구원하시려고 심판하러 일어나신 때에로다"(9)고 말씀하는 것입니다.

'유다에 알린 바 된' 하나님의 신실하심을 알았다면 성도들은 어떻게 하여야 마땅합니까? ① "그의 이름이 이스라엘에 알려지셨도다"(1) ② "주께서는 경외 받을 자이시다"(7) ③ "마땅히 경외할 이에게 예물을 드릴지로다"(11) 한마디로 여호와 경외하기를 배우게 되는 것입니다. "너희는 여호와 너희 하나님께 서원하고 갚으라"(11상) 하십니다. 이 망극하신 은혜를 어떻게 갚을 수가 있겠습니까? '오직 이 몸 바칩니다' 하는 헌신이 있을 뿐입니다.

적용

형제여 마땅히 경외할 이에게 서원을 갚으십시오. 그것은 오직 몸으로 산 제사를 드리는 것입니다.

묵상해 봅시다

- 76편의 역사적 배경이 무엇입니까?
- 이 사건을 통해서 계시하고자 하는 바가 무엇입니까?
- 이를 깨달은 성도의 할 바가 무엇입니까?

암송

하나님이 유다에 알려지셨으며(1)

제77편

지존자의 오른손의 해

13 하나님이여 주의 도는 극히 거룩하시오니 하나님과 같이
위대하신 신이 누구오니이까

내용 관찰

77편은 크게 두 부분으로 나누어 관찰함이 도움이 됩니다. 1–9에서 현
재 당면한 환난을 진술하고 있습니다. "나의 환난 날에 내가 주를 찾았으
며"(2) 합니다. 그는 "하나님께 부르짖으면"(1) 기도의 "손을 들고 거두지 아
니하였으나"(2) "내가 하나님을 기억하고 불안하여 근심하니 내 심령이 상
하도다"(3)고 말합니다. 이는 그가 기도를 하면서도 불안해 하는 모습입니
다. 이것이 4절에 나타나 있습니다.

그래서 "기억하여 내 심령으로, 내가 내 마음으로 간구하기를"(6) 즉 이
생각 저 생각 궁리하면서 "주께서 영원히 버리실까, 다시는 은혜를 베풀지
아니하실까, 그의 인자하심은 영원히 끝났는가, 그의 약속하심도 영구히
폐하였는가, 하나님이 그가 베푸실 은혜를 잊으셨는가, 노하심으로 그가
베푸실 긍휼을 그치셨는가"(7–9)하고 6가지 의문을 제기하고 있습니다.

본문이 제기하고 있는 환난은 개인적인 문제이기보다는 민족적인 환난으로 보입니다. 이런 경우 해결책은 무엇일까요.

뒷부분(10-20)에서 그 해답을 얻고 위로를 받게 됩니다. "곧 여호와의 일들을 기억하며 주께서 옛적에 행하신 기이한 일을 기억"(11)하고 "또 주의 모든 일을 작은 소리로 읊조리며 주의 행사를 낮은 소리로 되뇌이리이다"(12)하는 것 이것이 해결책입니다. 하나님께서 옛적에 행하신 일 중에서 첫손가락에 꼽히는 것은 출애굽 사건입니다. "주의 팔로 주의 백성 곧 야곱과 요셉의 자손을 속량하셨나이다"(15)고 진술합니다. 16-19은 홍해를 가르시고 육지같이 건너게 하셨음을 회상하는 대목입니다. "주의 길이 바다에 있었다"(19)고 말씀합니다. 그리고 "주의 백성을 양 떼 같이 모세와 아론의 손으로 인도하셨나이다"(20) 합니다.

이는 "지존자의 오른손의 해"(10) 입니다. 어떻습니까. 여기까지 "여호와의 옛적 일들을 기억하며"(11) "또 주의 모든 일을 작은 소리로 읊조리며 주의 행사를 낮은 소리로 되뇌이리이다"(12)하고도 "주께서 영원히 버리실까 다시는 은혜를 베풀지 아니하실까"(7)하고 의문을 제기하겠습니까. 아닙니다. 그는 고백하기를 "이는 나의 잘못이라"(10)고 말합니다.

7-9에 제기된 6가지 의문들을 다시 한번 보십시오. 그것은 하나님의 성품과 하나님의 마음과는 반대되는 내용들입니다. 하나님께서 자기 백성을 버리시다니요. "내가 너를 떠나지 아니하며 버리지 아니하리니"(수1:5, 히 13:5) 하십니다. 구속하신 자를 잊으시다니요. "여인이 어찌 그 젖먹는 자식을 잊겠으며 자기 태에서 난 아들을 긍휼히 여기지 않겠느냐 그들은 혹시 잊을지라도 나는 너를 잊지 아니할 것이라"(사49:15) 말씀합니다.

그는 위안을 얻고 "하나님이여 주의 도는 극히 거룩하시오니 하나님과 같이 위대하신 신이 누구오니이까"(13)하고 고백하기에 이릅니다.

적용

승리의 비결은 큰 것에서 작은 것으로 생각하는 법을 배우는데 있습니다. 큰 것을 주셨다면 작은 것은 더욱 확실합니다.

묵상해 봅시다

- 어떤 형편에 직면해 있습니까?
- 그의 6가지 의문이 무엇입니까?
- 그는 어떻게 위안을 얻게 되었습니까?

암송

하나님과 같이 위대하신 신이 누구오니이까?(13)

제78편

옛 비밀한 말을 발표하리로다

70 또 그의 종 다윗을 택하시되 양의 우리에서 취하시며

내용 관찰

78편은 "감추어졌던 것을 드러내려하니"⑵ 한 대로 구속의 역사에 대한 진술입니다. 시편 기자는 성경 역사를 구속사의 관점에서 진술하고 있는 것입니다. 78편은 크게 세 부분으로 나누어 집니다.

첫 부분(1-11)에서는 구속사를 통해서 배우는 것이 무엇인가를 서론 적으로 진술하고 있습니다. 구속의 역사를 알려주는 목적은 이 교훈을 자자손손에게 계승시켜 주어서⑹ "그들로 그들의 소망을 하나님께 두며 하나님께서 행하신 일을 잊지 아니하고 오직 그의 계명을 지켜서"⑺ 그 심령이 하나님께 충성치 아니한 세대와 같이 되지 아니하게 하려는데 목적이 있습니다⑻.

둘째 부분(12-64)은 구속의 역사인데 진술된 구속의 역사는 "옛적에 하나님이 애굽 땅 소안 들에서 기이한 일을 그들의 조상들의 목전에서 행하셨으되"(12)하고 출애굽 사건으로부터 시작하여 "또 그 종 다윗을 택하시

되"(70)하고 다윗까지 이르고 있습니다. 출애굽 당시에 애굽 천지에 내리셨던 열 가지 재앙은 43-52에 진술되어 있고 홍해를 갈라 육지같이 건너게 하신 일(13), 반석에서 물을 내셔서 마시게 하신 일(15-16), 만나를 먹여주신 일(23-25), 고기를 먹여주신 일(26-29) 등을 증언하고 있습니다.

이것들은 하나님이 해주신 기이한 일들이었습니다. 이에 대한 인간의 보답은 언제나 "그들은 계속해서 하나님께 범죄하여 메마른 땅에서 지존자를 배반하였도다"(17) 였습니다. 하나님은 선을 행해주시나 "이러함에도 그들은 여전히 범죄하여 그의 기이한 일들을 믿지 아니하였으므로"(32) "하나님이 그들의 날들을 헛되이 보내게 하시며"(33) 40년을 방황하게 하셨습니다.

징계를 당할 때마다 회개하노라 하였으나 "그러나 그들이 입으로 그에게 아첨하며 자기 혀로 그에게 거짓을 말하였으니 이는 하나님께 향하는 그들의 마음이 정함이 없으며 그의 언약에 성실하지 아니하였음이로다"(36-37)고 인간의 거짓됨을 말씀합니다. "그의 언약에 성실하지 아니하였다"(37)는 말씀을 귀담아 들으십시오. 하나님은 언약하신 바를 맹세로 보증까지 해주셨습니다. 그런데도 인간은 그 언약을 믿을 수 없어 했다는 것입니다. 소중하게 여기지 아니하고 대수롭지 않게 여겼다는 것입니다. 이것이 성실치 아니하였다는 의미입니다.

명심하십시오. 믿음이란 언약에 대한 성실한 반응입니다. 언약을 믿는 여부는 그의 순종 여부로 나타나는 것입니다. 그러므로 출애굽한 1세대들이 약속의 땅에 들어가지 못한 것을 언약에 대한 믿음의 순종이 없었기 때문이라고 성경은 말씀합니다(히3:18-19).

"그들이 광야에서 그에게 반항하며 사막에서 그를 슬프시게 함이 몇 번인가"(40) 합니다. 그렇다면 인간에게는 소망이 없다는 말입니까. 역사의 이면에서 진행되고 있는 하나님의 비밀(2)을 주목해 보아야만 합니다.

시편 기자는 "옛 비밀한 일"을 발표하더라" 했는데 셋째 부분(65-72)에 이 비밀이 담겨 있습니다. 결론 부분에서 "에브라임 지파를 택하지 아니하시고 오직 유다 지파와 그가 사랑하시는 시온 산을 택하셨다"(67-68)고 말씀합니다. 이것은 무엇을 의미하느냐 하면 이스라엘 백성이 가나안에 정착하게 되었을 때에 운반해온 성막을 에브라임 지경인 실로에 세웠었는데 하나님은 그를 싫어 버리시며(67) 실로의 성막을 떠나시고((60, 삼상4:4) 유다 지파의 지경인 예루살렘 시온 산을 택하시고 그리로 옮겨 오셨음을(68, 삼하6:12) 말씀하는 것입니다. 여기에는 중대한 의미가 있습니다. 인류의 소망인 메시야는 유다 지파를 통해서 오신다는 것입니다. 이것이 "또 그의 종 다윗을 택하셔서"(70) "그의 소유인 이스라엘을 기르게 하셨다"(71)는 말씀 속에 명백하게 나타나고 있습니다. 메시야는 다윗의 위에 오르실 왕으로 다윗의 지파인 유다 지파를 통하여 다윗의 동네에 오시는 것입니다. 그분은 우리의 반석이시오, 우리의 구속자이십니다(35). 이것이 78편의 핵심이요. 하나님의 비밀이요(2), 하나님의 궁극적인 언약입니다(37).

적용

믿음이란 하나님의 언약에 대한 성실한 반응입니다. 형제는 하나님의 언약에 대해서 얼마나 성실합니까?

묵상해 봅시다

• 하나님의 선하심이 어떻게 진술되어 있습니까?
• 인간의 거짓됨이 어떻게 진술되어 있습니까?

• 하나님의 택하심과 성취하심이 무엇입니까?(67–70)

암송

그의 언약에 성실하지 아니하였음이로다(37)

제79편

주의 영광의 이름을 위하여

9 우리 구원의 하나님이여 주의 이름의 영광스러운 행사를
위하여 우리를 도우시며 주의 이름을 증거하기 위하여 우리
를 건지시며 우리 죄를 사하소서

내용 관찰

"하나님이여 이방 나라들이 주의 기업의 땅에 들어와서 주의 성전을 더
럽히고 예루살렘이 돌무더기가 되게 하였나이다 그들이 주의 종들의 시체
를 공중의 새에게 밥으로, 주의 성도들의 육체를 땅의 짐승에게 주며"(1–2)
이는 실로 엄청난 징벌의 날입니다. 이런 경우 어떻게 하여야 마땅합니까?
하나님께 간구하여야 마땅합니다. 왜냐하면 "주의 기업" "주의 성전" "주의
종들" "주의 성도들이 당하는 재난이기 때문입니다"(1–2) "주의ㅇㅇ"라는
말은 주의 소유를 의미합니다. 그러므로 그 주인 되시는 분에게 보고하고
호소함은 당연한 일인 것입니다. 그들이 비록 징벌을 당하고 있으나 "주의
ㅇㅇ"라는 주의 이름으로 일컬음을 받는 주의 종들, 주의 성도들임을 그들
은 인식하고 있는 것입니다.

이것입니다. 환난 날에 자신들이 당하는 고통을 먼저 생각하는 것이 아니라 주님의 거룩하신 이름이 자신들에게 주어졌음을 먼저 생각하는 것입니다. 이것이 성도의 마땅한 바요, 승리의 비결이기도 합니다. 7편에 "주의ㅇㅇ"이 몇 번이나 어떻게 사용되고 있는가를 표시하면서 주목해 보십시오.

그들이 당하는 징벌이 "주의 질투"(5)를 사서 당하는 것인 줄을 알고 "주의 긍휼로 우리를 속히 영접하소서"(8) 합니다. "주의 이름의 영광스러운 행사를 위하여 우리를 도우시며 주의 이름을 증거하기 위하여 우리를 건지시며 우리 죄를 사하소서"(9) 합니다. 마지막 결론에서도 "주의 백성" 곧 "주의 목장의 양"된 우리는 영원히 주께 감사하며 "주의 영예를 대대에 전하리이다"(13)고 말씀합니다.

"주의ㅇㅇ"라는 말이 전체 13절 속에 16번이나 나옵니다. 79편의 핵심은 "주의 이름 주의 영예"에 있습니다. 그들은 자신들의 특권을 내세우고 있는 것이 아니라 자신들에게 주신 주의 이름과 주의 영예가 침해를 당하고 손상을 입히게 됨을 애통해하고 있는 것입니다. 이것이 "이방 나라들이 어찌하여 그들의 하나님이 어디 있느냐 말하나이까"(10)의 뜻입니다. 42:3에서도 "사람들이 종일 나더러 하는 말이 네 하나님이 어디 있느뇨 하니 내 눈물이 주야로 내 음식이 되었다"고 말씀합니다.

79편에서 주목할 말씀 중 하나가 "주의 크신 능력을 따라 보존하소서"(11하)한 "보존"이라는 말씀입니다. 구속의 역사란 인간의 행실로 보면 천 배, 만 배나 진멸 받아 마땅하지만 하나님의 선하심과 그 이름을 위하여 메시야가 태어나실 그 씨와 계보를 보존하여 내려온 역사이기 때문입니다. 이것이 "남은 자"의 교리입니다.

하나님은 죄악이 관영한 세상을 홍수로 심판하시면서도 "오직 의를 전파하는 노아와 그 일곱 식구를 보존"(벧후2:5)하셨던 것입니다. "밤나무와 상수리나무가 베임을 당하여도 그 그루터기는 남아 있는 것같이 거룩한 씨가 이 땅의 그루터기니라"(사6:13)고 말씀합니다. 그 줄기에서 한 싹이 나며 그 뿌리에서 한 가지가 나서(사11:1) 인류를 구원하시려는 구원계획을 이루시기 위하여 진노 중에서도 "남은 자"(사10:21)를 보존하시는 하나님이 십니다. 우리를 위해서가 아니라 "주의 이름의 영광을 위하여"(9) 보존하십니다. 구속의 역사에는 하나님의 존귀하신 이름과 영예가 걸려 있기 때문입니다. 그러므로 성도들은 영원히 주께 감사하며 "주의 영예를 대대에 전하여"(13)야만 합니다.

적용

하나님은 지금도 주의 성도들을 주의 이름으로 보존하십니다(요17:11). 우리는 어떤 삶을 살아야만 마땅합니까?(13)

묵상해 봅시다

- 79편의 징벌이 어떠합니까?
- 징벌 중에서도 "주의ㅇㅇ"라는 것이 어떻게 나타나 있습니까?
- 하나님은 구속의 역사를 이루시기 위하여 지금까지 어떻게 해오셨습니까?

암송

주의 영예를 대대에 전하리이다(13).

제80편

주의 얼굴빛을 비추사

3 하나님이여 우리를 돌이키시고 주의 얼굴빛을 비추사 우
리가 구원을 얻게 하소서

내용 관찰

80편의 요절은 3절입니다. "하나님이여 우리를 돌이키시고 주의 얼굴빛
을 비추사 우리가 구원을 얻게 하소서" 합니다. 같은 말씀이 후렴처럼 7절
과 마지막 절에도 나옵니다. "우리를 돌이키시고"란 것을 보면 그들은 지금
이방에 포로로 끌려가 있는 형편임을 알 수가 있습니다(참고, 126:1).

1-3에서는 "요셉을 양 떼같이 인도하시는 이스라엘의 목자여"하고 목
자와 양과의 관계에 비유해서 "우리를 구원하러 오소서"⑵ 합니다. 4-7에
서는 "만군의 하나님 여호와여 주의 백성의 기도에 대하여 어느 때까지 노
하시리이까"⑷ 하고 "너희를 내 백성으로 삼고 나는 너희의 하나님이 되리
니"(출6:7) 하신 주의 백성과 그들의 하나님 되심을 들어서 그 징벌이 "어느
때까지"입니까 하고 호소합니다. 8-19에서는 "주께서 한 포도나무를 애굽
에서 가져다가 민족들을 쫓아내시고 그것을 심으셨나이다"⑻ 하고 출애굽

한 이스라엘은 포도나무요 하나님은 포도나무를 심으신 농부로 비유해서 "주께서 어찌하여 그 담을 허시사 길을 지나가는 모든 이들이 그것을 따게 하셨나이까 숲속의 멧돼지들이 상해하며 들짐승들이 먹나이다"(12-13) 하고 "이 포도나무를 돌보소서"(14) 하고 호소합니다.

이처럼 자신들을 양 떼로 언약 백성으로 포도나무로 말씀하면서 그때마다 반복해서 "주의 얼굴빛을 비추사 우리로 구원을 얻게 하소서" 하고 애타게 탄원합니다 "얼굴빛을 비추사"란 은혜를 구하는 호소인데 먼저 하나님께서는 왜 그 얼굴빛을 자기 백성에게 가리우시게 되었는가를 알아야만 합니다.

이사야 59:2에 "오직 너희 죄악이 너희와 너희 하나님 사이를 갈라놓았고 너희 죄가 그의 얼굴을 가리어서" 인류의 시조가 빛 앞에서 추방당한 것도 이 죄 때문이었으며 이제 선민 이스라엘이 이방의 포로가 된 것도 죄악 때문인 것입니다. 구속사의 맥락에서 보면 하나님께서 시내 산에 강림하셨을 때에 그 사방에 지경을 정하심도 그 얼굴빛을 가리우심이요, 내가 거할 성소를 지으라 하신 그 성소에 휘장이 가리우게 된 것도 하나님께서 그 얼굴빛을 가리우심인 것입니다.

그러므로 성경 역사상 "주의 얼굴빛을 비추사" 구원하여 주신 최대의 구원사건은 임마누엘 사건입니다. 고후 4:6에 "하나님께서 예수 그리스도의 얼굴에 있는 하나님의 영광을 아는 빛을 우리 마음에 비추셨느니라"고 얼굴빛을 비추심이 그리스도로 오셨음을 분명히 증거해 주고 있습니다. "우리를 구원하러 오소서"(2) 했는데 메시야는 목자로 오셨고 자기 백성 삼으시기 위하여 오셨으며 참 포도나무로 오셨습니다. 말씀이 육신을 입고 오신 사건은 주의 얼굴빛을 비춰주신 최대의 계시 사건이었던 것입니다.

17절의 "주의 오른쪽에 있는 자"가 선민 이스라엘을 가리킨다 하여도 궁극적으로는 하나님 우편에 앉아 계신 그리스도를 말씀합니다. 왜냐하면 우리는 그리스도 안에서 하나님 오른쪽에 앉아 있는 것입니다. "주의 얼굴빛을 비취사 우리로 구원 얻게 하소서"하고 애타게 부르짖고 있습니다. 진정한 구원은 출애굽 사건(8)도 아니요, 포로에서 귀환하는 데(3) 있는 것이 아니라 이런 것들은 다 그림자요 궁극적인 구원은 예수 그리스도로 말미암아 사탄의 포로에서 해방되는 데 있음을 80편은 계시해 주고 있습니다. "하나님이여 우리를 돌이키시고"(3상) 했는데 진정한 돌아옴은 애굽에서 바벨론에서 돌아오는데 있지 아니하고 사탄의 포로에서 돌아오는 데 있는 것입니다.

이 문제가 얼마나 중요하면 3절과 7절 마지막 절에서 계속적으로 호소하고 있겠습니까? 이 영광스러운 계시가 구약시대는 감추어져 있었으나 "이제는 그의 성도들에게 나타난"(골1:26) 것입니다. 그러함에도 이를 보지 못하고 증거하지 못한다면 아직도 그 얼굴에서 수건이 벗어지지 아니하였기 때문인 것입니다(고후3:14). 주의 얼굴빛을 비춰주신 하나님을 찬양하십시다.

적용

우리는 이제 '구원을 얻게 하소서' 하고 호소하는 것이 아니라 '주님을 닮게 하소서' 하고 호소해야 합니다. 닮지 못한 것이 한이요, 불효입니다.

묵상해 봅시다

- 80편의 역사적 배경은 무엇입니까?

- 하나님과의 관계를 무엇에 비유하여 호소하고 있습니까?

- 주의 얼굴을 비춰주신 최대의 사건이 무엇입니까?

암송

주의 얼굴빛을 비추사 우리가 구원을 얻게 하소서(3)

제81편

예배의 두 요소

10 나는 너를 애굽 땅에서 인도하여 낸 여호와 네 하나님이
니 네 입을 크게 열라 내가 채우리라 하였으나

내용 관찰

81편은 유대인의 명절에 부른 찬양입니다. 크게 세 부분(1-5, 6-10, 11-16)으로 나누어지는데 첫째 부분(1-5)은 서론적인 명절에의 부름입니다. "우리의 능력 되시는 하나님을 향하여 기쁘게 노래하며 야곱의 하나님을 향하여 즐거이 소리칠지어다"(1) 합니다. 이는 축제에 초대하는 말씀입니다. "시를 읊으며 소고를 치고 아름다운 수금에 비파를 아우를지어다"(2) 합니다. 이는 환희의 축제임을 의미합니다.

"이는 이스라엘의 율례요 야곱의 하나님의 규례로다"(4)하고 하나님이 정하신 절기임을 말씀합니다 "너의 가운데 모든 남자는 일 년에 세 번 곧 무교절(유월절)과 칠칠절(오순절)과 초막절에 네 하나님 여호와께서 택하신 곳에서 여호와를 뵈옵되"(신16:16) 하셨습니다. 둘째 부분(6-10)에서는 하나님께서 왜 규례 즉 절기를 지키라고 명하셨는지를 설명하고 있습니다. "거

기서 내가 알지 못하던 말씀을 들었나니"(5하) 하고 그 의도를 설명합니다.

유대인의 3대 절기 중에서 본문에는 특히 유월절과 관계되어 있는데 유월절을 지키라 하심은 "내가 그의 어깨에서 짐을 벗기고 그의 손에서 광주리를 놓게 하였도다"(6)하고 유월절 양의 피로 그들을 구속하여 내셨음을 잊지 않게 하시기 위해서임을 말씀합니다.

둘째 부분은 "나는 너를 애굽 땅에서 인도하여 낸 여호와 네 하나님이니"(10상)하신 대로 이스라엘을 애굽에게 구원하여 주신 과거 행사를 상기시켜주고 있습니다. 그러므로 서론 부분에서 말씀한 찬양과 즐거움과 시를 읊으며 소고를 치고 기뻐함은 구속의 은총을 얼마나 잊지 않고 누리고 있느냐와 비례합니다.

셋째 부분(11-16)은 현재적인 상황입니다. "내 백성이 내 소리를 듣지 아니하며 이스라엘이 나를 원하지 아니하였도다"(11)라 말씀합니다. 과거 조상 때에만 그러한 것이 아니라 조상 때부터 지금까지 그러했다는 것이 성경의 증거입니다. 십계명을 주신 것은 "내가 오늘 네 행복을 위하여 네게 명하는 여호와의 명령과 규례를 지킬 것이 아니냐"(신10:13)고 그들에게 복을 주려 하심에서였습니다(18:16). 이것이 "네 입을 크게 열라 내가 채우리라 하였으나"(10)라는 말씀입니다. 넓게 연다는 것은 하나님을 신뢰한 만큼 그 말씀을 청종한 만큼 채워주시겠다는 약속입니다. 하나님의 축복은 하나님의 말씀을 얼마만큼 청종하였는가와 비례합니다.

셋째 부분의 중심점은 "내 백성이 내 소리를 듣지 아니하며 이스라엘이 나를 원하지 아니하였도다"(11)에 있습니다. 13-16에서 권면을 하십니다. "내 백성아 내 말을 들으라 이스라엘아 내 도를 따르라" 하십니다. 그리하면 불순종하던 그들을 징벌하기 위하여 사용하셨던 "그들의 원수를 누르고" 물질적인 축복도 주실 것을 약속 하십니다(16, 신32:13-14).

하나님께 드리는 예배에는 구속의 은총을 기뻐하며 감사하는 희락이 있어야 하고 하나님의 말씀을 듣고 그대로 청종하고자 하는 헌신이 있어야 합니다. 이것이 예배의 두 요소입니다.

적용

형제는 예배의 두 요소 중 어느 부분이 취약합니까? 기뻐하는 사람은 많으나 하나님의 소리를 듣고자 하는 자는 많지 않습니다.

묵상해 봅시다

- 예배의 두 가지 요소가 무엇입니까?
- 기쁨은 무엇에 비례합니까?
- 축복은 무엇에 비례합니까?

암송

네 입을 크게 열라 내가 채우리라(10).

제82편

너희는 신들이며 지존자의 아들들이라

8 하나님이여 일어나사 세상을 심판하소서 모든 나라가 주
의 소유이기 때문이니이다

내용 관찰

82편의 중심은 첫 절과 마지막 절에 계시된 재판장 되시는 하나님이십
니다. "하나님은 신들의 모임 가운데에 서시며 하나님은 그들 가운데에서
재판하시느니라"(1) 합니다. 이는 모든 재판장들 배후에 최고 주권자이신
하나님이 계심을 뜻합니다. 또한 "하나님이여 일어나사 세상을 심판하소
서"(8) 하고 종말에 최후 심판을 행하실 분이 하나님이심을 말씀합니다.

그런데 82편을 해석하는 열쇠는 6절에 "내가 말하기를 너희는 신들이며
다 지존자의 아들들이라"하신 말씀에 있습니다. "너희는 신들이라"는 말씀
은 여기서는 재판장들을 가리킵니다. 그들을 신들이라고 부른 것은 최고
재판장 되시는 하나님의 대리자들이기 때문입니다. 그런데 중요한 문제는
82편이 말씀하고 있는 "재판장들"(1)이 누구를 가리키느냐에 있습니다. 우
리는 선입관 때문에 재판장하면 곧바로 법관을 연상합니다. 그렇다면 과

연 82편의 주제가 불의한 법관에 대한 책망입니까? 아닙니다. 구약시대는 신정시대(新正時代)였으므로 재판의 역사를 보면 재판관들은 족장들, 모세, 천부장, 백부장(출18:13-26), 사사들(삿4:5), 왕들(왕상3:9), 제사장, 레위인(대상23:4)들이어서 하나님의 말씀을 맡은 자들이었음을 명심할 필요가 있습니다. 94:20에 "율례를 빙자하고 잔해를 도모하는 악한 재판장"이란 분명 율례(하나님의 말씀)를 빙자하여 하나님의 백성을 괴롭히는 악한 제사장을 가리키고 있습니다(참고, 마23:16-22). 주님께서는 "하나님의 말씀을 받은 사람들을 신이라 하였거늘"(요10:35)하고 이 점에 관해서 해석해 주고 계십니다.

그러므로 82편의 주제는 하나님의 말씀을 선포하므로 선악을 판단하고 있는 말씀의 사역자들에게 적용되고 있는 것입니다(요12:48).

"너희가 불공평한 판단을 하며 악인의 낯 보기를 언제까지 하려느냐"(2)고 책망하십니다. "악인의 낯 보기를"이란 말은 하나님을 관심하기보다는 사람을 의식함을 뜻합니다. 신약적으로 말씀하면 "이제 내가 사람들에게 좋게 하랴 하나님께 좋게 하랴 사람들에게 기쁨을 구하랴 내가 지금까지 사람들의 기쁨을 구하였다면 그리스도의 종이 아니니라"(갈1:10)는 말씀입니다. 그런데 82편에서 세움받은 말씀의 사역자들은 그렇게 하지 않고 사람에게 영합하고 있다는 것입니다. 재판장들은 육법전서와 같은 법전(法典)은 하나님께서 주신 법 곧 성경인 것입니다. 그러므로 "너희가 불공평한 판단을 하며"(2상)는 결국 하나님의 말씀을 바로 해석하지 않고 곡해하고 있다는 것입니다.

그들을 세우신 목적이 "가난한 자와 고아를 위하여 판단하며 곤란한 자와 빈궁한 자에게 공의를 베풀지며, 가난한 자와 궁핍한 자를 구원하여 악인들의 손에서 건질지니라"(3-4)하십니다. 이 말씀들은 구원하여 건질지니라 하신 대로 구원과 관계되는 말씀들입니다. 시편이 말씀하고 있는 빈궁한 자란 성도를 가리키는 말씀입니다. 그러나 "그들은 알지도 못하고 깨닫지도 못하여 흑암 중에 왕래하니 땅의 모든 터가 흔들리도다"(5) 하십니다. "무지무각"(無知無覺)이란 알지도 못하고 깨닫지도 못한다는 말입니다. 하나님의 법을 알지도 깨닫지도 못하여 바로 전해 주지 못하고 흑암 중에서 헤매이니 땅의 모든 터가 흔들리도다 하십니다. 성경 역사를 살펴보면 이런 일은 어느 시대에나 있어 왔습니다만 최대의 사건은 예수 그리스도 당시였습니다. 그들은 메시야를 고대하고 있었으나 정작 메시야가 오시자 배척하고 죽였습니다. 어찌하여 이런 일이 일어났습니까? 주님이 친히 하신 말씀을 들어보십시오. "화 있을진저 너희 율법교사여 너희가 지식의 열쇠를 가져가서 너희도 들어가지 않고 또 들어가고자 하는 자도 막았느니라"(눅11:52) 결국 "너희는 신들이며"하신 말씀의 사역자들이 말씀을 바로 열어서 전해 주지 못했기 때문입니다. 또 한 번의 큰 고비가 있었습니다. 그것은 종교개혁 직전의 시기였습니다. 너희는 신들이며 하신 그들은 교권을 쥐고 강포를 일삼으며 가난하고 궁핍한 자들을 도리어 속박하고 구원하여 주지 않았습니다.

　세상의 빛이시오. 진리의 말씀되시는 예수 그리스도는 선포하지 않고 사람들의 "낯 보기"(2)에만 급급하다면 "그들은 알지도 못하고 깨닫지도 못하여 흑암 중에 왕래하니 땅의 모든 터가 흔들리도다"(5)하신 말씀처럼 세상은 암흑시대가 되는 것입니다. "너희는 사람처럼 죽으며 고관의 하나같이 넘어지리로다"(7) 하십니다. 심판 날에 그들이 제사장이요 목사였다(신들)고 어떤 특혜가 주어지는 것이 아니라 범인과 일반으로 오히려 더 중한 심판을 받게 될 것을 말씀합니다. 말씀을 맡은 자가 받을 심판 기준은 그 무엇보다도 하나님의 말씀을 곧게 하였느냐 굽게 하였느냐에 달렸을 것입

니다. "하나님이여 일어나사 세상을 심판하소서"(8)

적용

이 시대의 말씀의 사역자로 세움받은 우리들은 어떠한지 반성해 보십시다.

묵상해 봅시다

- "너희는 신들이며"가 누구를 가리킵니까?
- 그들의 어떤 점을 책망하십니까?
- 최후의 재판장은 누구이십니까?

암송

하나님이여 일어나사 세상을 심판하소서(8).

제83편

주의 숨긴 자

18 여호와라 이름하신 주만 온 세계의 지존자로 알게 하소
서

내용 관찰

83편은 크게 두 부분으로 나누어 관찰함이 이해에 도움이 됩니다. 첫째
부분은 1-8입니다. 여기서는 "주의 백성"(3)과 이를 공격하려는 "연합"(8)
군이 대치상태에 있음을 보게 됩니다. 그러나 둘째 부분에서는 연합군은
"낭패와 멸망을 당하게 하사"(17) 오직 "주만 온 세계의 지존자로 알게 하소
서"(18)하고 승리를 확신하는데 이릅니다.

83편의 배경이 내용으로 보아서(6-8) 여호사밧 왕 때의 사건이라는 추정
이 가능합니다. 역대하 20장에 보면 "모압 자손과 암몬 자손들이 마온 사
람들과 함께 와서 여호사밧을 치고자"(1)합니다. 이때 여호사밧은 기도하
기를 "우리를 치러오는 이 큰 무리를 우리가 대적할 능력이 없고 어떻게 할
줄도 알지 못하옵고 오직 주만 바라보나이다"(대하20:12)고 간구합니다. 그
때에 하나님이 하신 말씀이 "이 전쟁은 너희에게 속한 것이 아니요 하나님

께 속한 것이니라"(대하20:15)고 말씀하십니다. '이 전쟁'이란 궁극적으로 여자의 후손으로 하여금 뱀의 머리 를 상하게 하시려는 영적 전쟁이여 연합군은 이를 저지하려는 사탄의 추종자들을 의미합니다.

그렇습니다. 83편에서도 이 점을 볼 수 있어야만 합니다. 본문 6-8에 보면 모압(6)과 암몬(7)과 기타 연합군이 공격하고 있는 것을 보게 됩니다. 적들은 말하기를 "그들을 멸하여 다시 나라가 되지 못하게 하여 이스라엘의 이름으로 다시는 기억되지 못하게 하자"(4)고 전멸시키려 합니다. 또한 "우리가 하나님의 목장을 우리의 소유로 취하자"(12) 합니다. 이 말은 사탄이나 하는 말입니다. 주님의 비유 중에 예수님을 가리켜 "이는 상속자니 다 죽이고 그의 유산을 차지하자"(마21:38)한다는 말씀이 이와 부합합니다. 그래서 이들을 "주의 원수"요, "주를 미워하는 자"(2)라고 부르고 자신들을 "주의 백성" "주의 숨긴 자"(3)라고 말하고 있는 것입니다.

둘째 부분(9-18)에서 "주는 미디안인에게 행하신 것같이"(9) 즉 그들을 옛날 사사 시대에 대적들을 멸하심과 같이 멸해 달라고(9-17) 기도하고 있습니다. 그러나 멸망 받기만을 구하고 있는 것이 아니라 "그들이 주의 이름을 찾게 하소서"(16하)하고 그들의 구원을 위해서도 간구하고 있는 것이 복음적입니다. "주께서 숨기신 자를 치려고 서로 의논"(3) 한다는 말씀을 주목하십시다. 주의 숨긴 자란 27:5에서 "여호와께서 환난 날에 나를 그 초막 속에 비밀히 지키시고 그 장막 은밀한 곳에 나를 숨기시며" 하신 대로 주의 성도들을 의미합니다만 그들이 "주의 숨긴 자"가 될 수 있는 길은 그리스도의 구속으로 말미암아서 뿐입니다. 성도들은 그리스도와 함께 하나님 안에 감추어져 있는 자들입니다(골3:3). 그러므로 "주의 숨긴 자"란 "만세와 만대로부터 감추어졌던"(골1:26) "아버지 품속에 있는 독생자"(요1:18)이신 것입니다. "어찌하여 이방 나라들이 분노하며 민족들이 헛된 일을 꾸미는가 세상의 군왕들이 나서며 관원들이 서로 꾀하여 여호와와 그 기름 부음 받은 자를 대적하며"(2:1-2)하신 대로 사탄은 시종일관 그분을 치려고 간계를 꾀하며 서로 의논하고(3) 있는 것입니다. 그러나 결론에서 "그들로 수치를 당하여 영원히 놀라게 하시며 낭패와 멸망을 당하게 하사"(17) 하고, 그들의 궤계가 이루지 못할 것을 말씀합니다. "이름하신 주만 온 세계의 지존자로 알게 하소서"(18)하고 끝맺고 있습니다. 이는 분명 일시적인 전쟁에서의 승리만을 간구하고 있는 내용이 아닙니다. 그 전쟁 너머로 그리스도께서 최후 승리하시고 영광을 얻으실 메시야 왕국을 바라보고 있는 것입니다.

적용

이 전쟁은 아직도 끝나지 않고 있습니다. 적들은 지금도 연합하여 하나님의 목장을 자기 소유로 만들려고 공격하고 있음을 명심하십시오. 하나님의 목장은 교회와 가정이요 그리고 나 자신일 수가 있습니다.

묵상해 봅시다

- 83편은 어떻게 두 부분으로 나누어집니까?
- 적들의 하는 말이 무엇입니까?
- 주의 숨긴 자에 대해서 말해 봅시다.

암송

주께서 숨긴 자(3)

제84편

그 마음에 시온의 대로가 있는 자

7 그들은 힘을 얻고 더 얻어 나아가 시온에서 하나님 앞에
각기 나타나리이다

내용 관찰

84편은 성전에 올라가 하나님 앞에 나타나기를 열망하는 순례의 시입니다. 세 부분으로 나누어서 관찰함이 도움을 줍니다. 첫째 부분은 1-4인데 "내 영혼이 여호와의 궁정을 사모하여 쇠약함이여"(2)한대로 하나님의 임재 하시는 성전에 나아가게 되기를 쇠약해지도록 사모하고 있습니다.

둘째 부분은 5-8인데 그는 드디어 시온의 대로를 통해서(5) "하나님 앞에"(7) 나아가고 기도를 드림으로(8) 하나님과 교제하고 있습니다. 셋째 부분인 9-12에서는 "악인의 장막에 사는 것보다 내 하나님의 성전 문지기로 있는 것이 좋사오니"(10)하고 주의 집에 언제까지나 거하기를 원하고 있습니다. 84편의 핵심은 "나아가 시온에서 하나님 앞에 각기 나타나리이다"(7)에 있습니다.

이 말씀이 1차적으로는 성전에서 멀리 떨어져 있는 한 영혼이 주의 전을

갈망하는 말씀일 수가 있습니다. 그러나 본문은 거기 머물지 아니하고 더 나아가고 있습니다. 구원 문제란 다름 아닌 범죄 함으로 하나님 존전에서 추방당한 죄인이 어떻게 하나님 앞에 나아갈 수 있느냐 하는 문제이기 때문입니다. 84편을 해석하는 열쇠는 "그 마음에 시온의 대로가 있는 자"(5)라는 말씀입니다. 구약의 성도들은 우리가 생각하는 것보다 훨씬 신령한 면을 알고 있었습니다. 율법의 대명사인 모세도 "너희는 마음에 할례를 행하고"(신10:16)함으로 사도바울이 로마서에서 "할례는 마음에 할지니"한 의문에 있지 아니하고 영에 있음을 알았던 것입니다. "그 마음에 시온의 대로가 있는 자"란 표현은 하나님 앞에 나아가는 길은 육적인 문제가 아니라 마음 즉 신령에 속한 문제임을 인식하고 하는 말씀인 것입니다.

그렇다면 어떤 사람이 시온 즉 하나님의 보좌 앞에 나아가는 대로가 그 마음에 있는 자입니까? 의롭지 못한 인간이 거룩하시고 의로우신 하나님 앞에 나아가는 것이 어떻게 가능하여졌는가를 알고 확신함을 의미합니다. 즉 예수 그리스도의 대속의 은총을 믿는 자입니다. 이에 대한 명백한 답변이 벧전 3:18에 있습니다. "그리스도께서도 단번에 죄를 위하여 죽으사 의인으로서 불의한 자를 대신하셨으니 이는 우리를 하나님 앞으로 인도하려 하심이라" 하십니다. 또 히브리서 10:19에서도 "그러므로 형제들아 우리가 예수의 피를 힘입어 성소에 들어갈 담력을 얻었나니 그 길은 우리를 위하여 휘장 가운데로 열어놓으신 새로운 살 길이요"하십니다. 가로막혔던 휘장이 찢어지면서 언제 길이 열렸습니까? 이를 알고 믿는 사람이 "그 마음에 시온의 대로가 있는 자"입니다.

신약시대의 성도라 하여도 이에 분명하지 못하다면 그는 "그 마음에 시온의 대로가 있는 자"라 말할 수는 없는 것입니다. 그러므로 우리는 다만 "참 마음과 온전한 믿음으로 하나님께 나아가자"(히10:22) 합니다. "그들은 힘을 얻고 더 얻어 나아가 시온에서 하나님 앞에 각기 나타나리이다"(7)가 이를 의미합니다. 자신에게 자격이 있어서가 아닙니다. "주께 힘을 얻고"(5) "힘을 얻고 더 얻어"(7)에 있습니다. 오직 "예수의 피를 힘입어" 이것이 주께 힘을 얻는 비결입니다. 계시가 온전히 나타나기 전인 구약시대는 성막이 있는 시온에 나타나기를 갈망하였다 하더라도 이는 그림자요 이제는 이 말씀을 통해서 우리가 "은혜의 보좌 앞에 담대히 나아가게"(히4:16) 되었음을 찬양하며 증거해야 마땅합니다.

84편이 말씀하고 있는 복 있는 자는 어떠한 사람입니까. "주의 집에 사는 자"(4) "그 마음에 시온의 대로가 있는 자"(5) 그리고 결론은 "주께 의지하는 자"(12) 입니다. 이들이 누구들입니까. 인칭대명사가 "내 영혼이"(2)하고 1인칭으로 시작하여, "그들은 힘을 얻고"(7)하고 3인칭으로 말하다가 "우리 방패이신 하나님이여"(9)하고 주를 의지하는 모든 자를 포용해서 "우리"라고 말씀하고 있습니다. 주를 의지하여 그 마음에 시온의 대로가 있는 우리 모두는 참으로 복 있는 자입니다.

적용

형제의 마음에도 시온의 대로가 있습니다. 힘을 얻고 더 얻어 하나님 앞에 나아가기를 사모하십시오.

묵상해 봅시다

- 84편의 1차적인 내용이 무엇입니까?
- 그 마음에 시온의 대로가 있는 자란 어떤 의미입니까?
- 84편이 말씀하는 행복자는 어떤 사람들입니까?

암송

그 마음에 시온의 대로가 있는 자는 복이 있나이다(5).

제85편

의와 화평이 서로 입맞추었으며

10 인애와 진리가 같이 만나고 의와 화평이 서로 입맞추었으며

내용 관찰

85편은 세 부분으로 나누어집니다. 1–3은 과거에 입은 은혜를 진술합니다. "주의 땅에 은혜를 베푸사 야곱의 포로 된 자들이 돌아오게 하셨으며"(1) 죄악을 사하시고 덮으셨나이다(2) "주의 진노를 돌이키셨나이다"(3) 함과 같이 포로에서 돌아오게 해주신 은혜입니다.

둘째 부분(4–7)은 현재의 고난에서도 구원되기를 간구하고 있습니다. "주의 분노를 거두소서"(4) "영원히 노하시며 대대에 진노하시겠나이까"(5) 하고 호소합니다. "주의 인자하심을 우리에게 보이시며 주의 구원을 우리에게 주소서"(7)하고 포로에서 귀환한 후에 직면한 어려움에서도 구해 주시기를 기도합니다. 선지서를 보면 한결같이 남은 자들이 포로에서 귀환하게 될 것을 말씀하면서 번영과 많은 축복들을 약속하고 있습니다. 그러나 귀환한 후의 상황은 선지자들이 예언한 복보다는 많은 어려움에 직면하게

되었던 것입니다. 복원되는 재건 성전은 솔로몬의 성전에 비해서 너무나 초라하였으며 그나마 주변의 극심한 반대에 부딪혀 16년 동안이나 중단되었으며 백성들은 나태한 가운데 또다시 세속화되어 가고 있었습니다. "우리를 다시 살려달라"(6)고 간구합니다.

셋째 부분(8-13)은 미래에 성취될 예언적인 말씀입니다. 85편의 중심점은 여기에 있습니다. 구속사의 맥락에서 성경을 볼 때에 이스라엘 백성이 애굽에서 구속받은 것이 영원한 구속이 아니듯이 바벨론의 포로로부터 귀환하게 된 것이 성령이 말씀하고 있는 궁극적인 구원은 아니었던 것입니다. 만일 그렇다면 그리스도의 대속적인 죽음은 무의미한 것이 됩니다.

시편 기자는 "내가 하나님 여호와께서 하실 말씀을 들으리니"(8)함과 같이 하나님의 뜻을 깨닫게 되었는데 그것은 화평의 말씀이었습니다(8하). 즉 선지자들을 통하여 주신 언약이 메시야가 오실 때에 성취될 것임을 깨닫게 된 것입니다. 본문 8절에 "화평을 말씀하실 것이라"했는데 에스겔 37:24에 보면 "내 종 다윗이 그들의 왕이 되리니 그들 모두에게 한 목자가 있을 것이라"하고 메시야에 대한 예언을 하시면서 "내가 그들과 화평의 언약을 세워서"(겔37:26)하고 이 언약이 그때 이루어질 것을 말씀합니다. 이에 시편 기자는 "진실로 그의 구원이 그를 경외하는 자에게 가까우니 영광이 우리 땅에 머무르리이다"(9) 하고 "진실로" 그렇게 될 것을 믿습니다 하고 감격해합니다. 이 말씀이 85편의 핵심입니다.

"영광이 우리 땅에 거하리이다"는 표현은 "하나님이 우리와 함께 계시다"(마1:23)는 임마누엘을 의미합니다. 요 1:14에 "말씀이 육신이 되어 우리 가운데 거하시매 우리가 그의 영광을 보니 아버지의 독생자의 영광이요" 하고 말씀합니다. 이보다 더 경이롭고 영광스러운 일은 달리 없습니다. 이것이 영광이 우리 땅에 거하리이다의 의미입니다. 학개 2:9에서도 재건되는 성전의 초라함에 낙심하고 있는 백성들에게 "이 전(殿)의 나중 영광이 이전(前) 영광보다 크리라"고 위로하고 있는데 이는 참 성전으로 오실 예수 그리스도의 영광이 솔로몬 성전의 영광보다 클 것을 가리키는 말씀입니다.

예언적인 말씀인 8-13절에는 "화평"(8,10), "구원"(9), "영광"(9), "의"(10,11,13)라는 복음적인 단어들이 많이 등장합니다. 메시야가 오시게 되면은 "인애와 진리가 같이 만나고 의와 화평이 서로 입맞추었으며"(10)하신 만남과 연합(입맞춤)이 이루어질 것입니다. 어떻게 이런 일이 가능하여집니까. 오직 예수 그리스도의 구속으로 말미암아 중간에 막힌 담이 제거되었기 때문입니다.

죄는 분리시키나 화목 제물이 되신 그리스도는 만남과 교제의 회복을 가져다 주셨습니다. 이것이 8절에서 말씀하신 "화평"이었던 것입니다.

화평의 언약은 그리스도의 초림으로 성취되었으나 그 완성은 그리스도의 재림 때에 이루어질 것입니다.

적용

구원 얻은 형제에게도 현재 많은 문제가 그대로 남아 있을 것입니다. 고난 너머로 미래에 주어질 영광을 바라보십시오.

묵상해 봅시다

- 과거에 은혜 베푸심이 무엇입니까?
- 현재의 간구가 무엇입니까?
- 미래에 주어질 영광이 무엇입니까?

암송

인애와 진리가 같이 만나고 의와 화평이 서로 입맞추었으며(10)

제86편

은총의 표징

17 은총의 표적을 내게 보이소서 그러면 나를 미워하는 그
들이 보고 부끄러워하오리니 여호와여 주는 나를 돕고 위로
하시는 이시니이다

내용 관찰

　86편은 곤고한 한 영혼이 하나님 앞에 나아가 단독자로서 기도와 간구
⑹를 올리고 있는 내용입니다. 86편은 기도의 모범이라 해도 과언이 아닐
만큼 간절함과 순전함을 담고 있습니다. 얼마나 "주 하나님 여호와"를 구하
고 있는가를 보십시오⑷=33번 언급). 얼마나 간절하며 얼마나 진실된지를
보십시오. 얼마나 하나님을 높이고 있는가를 주목하십시오.

　86편은 자고로 "육체에 계실 때에 자기를 죽음에서 능히 구원하실 이에
게 심한 통곡과 눈물로 간구와 소원을 올린" 그리스도의 모형적인 기도로
인식되어 왔습니다. 기도의 절정은 "영원토록 주의 이름에 영화를 돌리오
리니"⑿라는 말씀입니다. 9절에서도 "주의 이름에 영화를 돌리리이다"하
고 하나님의 영광을 최우위에 두고 있습니다. 이는 "아버지께서 내게 하라

고 주신 일을 내가 이루어 아버지를 이 세상에서 영화롭게 하였사오니"(요 17:4)하신 말씀을 연상케 합니다. 이어서 "이는 내게 향하신 주의 인자하심이 크사 내 영혼을 깊은 스올에서 건지셨음이니이다"(13)고 말씀합니다.

이 말씀은 신약에 의해서 그리스도의 부활에 대한 예언으로 인정되고 있는 "내 영혼을 스올에 버리지 아니하시며 주의 거룩한 자로 썩지 않게 하실 것임이니이다"(16편:10)와 결부시켜 생각할 때에 이는 명백한 부활에 대한 증언으로 받아드려질 수가 있습니다. 16편이나 86편 이 모두 다윗의 시임을 감안할 때에 더욱 그러합니다. 그렇다면 결론에서 "은총의 표적을 내게 보이소서 그러면 나를 미워하는 그들이 보고 부끄러워하오리니"(17)한 '표적'은 무엇을 뜻하는 것이겠습니까. "교만한 자가 일어나 나를 치고 강포한 자의 무리가 내 혼을 찾았사오며 자기 앞에 주를 두지 아니하였나이다" 한 그 교만하고 강포한 자들이 보고 부끄러워할 그 '표적'이 무엇을 가리킴으로 보아야만 하겠습니까. 그것은 어떤 표적보다도 그가 하나님의 아들 그리스도이셨음을 증거하는 표징인 부활을 가리킴이 분명합니다.

주님께서도 "악하고 음란한 세대가 표적을 구하나 요나의 표적밖에는 보여줄 표적이 없느니라"(마16:4)고 주님의 부활이 최종적인 표적임을 말씀하셨습니다. 사도바울도 아덴에서 행한 설교를 통해서 "이에 그를 죽은 자 가운데서 다시 살리신 것으로 모든 사람에게 믿을 만한 증거를 주셨음이니라"(행17:31)고 이것이 최고의 표적임을 증거하고 있습니다. 그리스도의 부활이야말로 대적자들을 치명적으로 부끄럽게 만든 '표적'이었던 것입니다. 로마서 1:4에서도 "성결의 영으로는 죽은 자들 가운데서 부활하사 능력으로 하나님의 아들로 선포되셨으니"합니다. 부활하심으로 그분이 하나님의 아들이셨음을 입증하는 표적이었다는 말씀입니다.

그런 의미에서 86편의 간구는 '영혼'에 대한 간구가 핵심을 이루고 있습니다. "내 영혼을 보존하소서"(2) 합니다. "내 영혼이 주를 우러러보오니 주여 내 영혼을 기쁘게 하소서"(4) 합니다. "내 영혼을 깊은 스올에서 건지셨음이니이다"(13)고 말씀합니다. 대적자들이 내 혼을 찾고 있다고(14) 말씀합니다. 또한 본문은 하나님의 선하신 성품을 드러내고 있습니다. "주는 선하사 사죄하기를 즐거워하시며 주께 부르짖는 자에게 인자함이 후하심이니이다"(5) 합니다. "주는 긍휼히 여기시며 은혜를 베푸시며 노하기를 더디하시며 인자와 진실이 풍성하신 하나님이시오니"하고 증언합니다. 예수그리스도의 부활 사건은 선하신 하나님은 영화를 받으시고 원수들은 부끄러움을 당한 사건이었던 것입니다(17).

적용

86편은 개인적인 기도입니다. 본문을 통해서 기도의 모범을 삼으십시오. 형제의 기도에 최우위에 두고 있는 것이 무엇입니까?

묵상해 봅시다

• 86편의 중심적인 기도가 무엇입니까?
• 은총의 표적은 무엇을 의미합니까?
• 표적으로 인하여 하나님과 대적자들이 받게 된 것은 무엇입니까?

암송

은총의 표적을 내게 보이소서(17)

제87편

지존자가 친히 세우시리라

5 시온에 대하여 말하기를 이 사람, 저 사람이 거기서 났다
고 말하리니 지존자가 친히 시온을 세우리라 하는도다

내용 관찰

87편의 주제는 시온입니다. 시온이란 하나님의 성막 또는 성전이 세워
진 곳입니다. 그러므로 구약에서 말씀하는 시온이나 성전은 신약에 와서
임마누엘 하실 예수그리스도를 가리키며 주님의 구속하심으로 말미암아
"너희가 하나님의 성전인 것과"하고 교회로 주어진 것입니다. 그러므로 87
편의 주제는 교회의 영광스러움입니다.

87편은 세 부분으로 나누어집니다. 1–3에서 시온이 하나님의 영광스러
운 성읍임을 말씀하고 있는데 "하나님의 성이여 너를 가리켜 영광스럽다
말하는도다"(3) 하십니다. 이는 성 자체가 영광스러운 것이 아니라 하나님
께서 그 성에 임재하시기 때문입니다. 4–6에서는 시온의 백성들을 말씀하
고 있는데 열방들도 그 수 가운데 들 것을 말씀합니다. 라합은 애굽을 상징
하는 말씀이고(사30:7) "바벨론 · 불레셋 · 두로 · 구스도 나를 아는 자 중에

있다 말하리라 하시고 거기서 났다 하리로다"(4) 하십니다. 이는 이방인들도 구원에 참예하게 될 것을 예언하는 말씀입니다. 2절에서 성보다 "시온의 문들을 사랑하시는도다"하신 것도 이들 이방인들이 이 문을 통하여 구원에 들어오게 되기 때문입니다. 계시록 21:25에 보면 이 문이 도무지 닫지 아니하실 것을 말씀합니다. 마지막 7절에서는 하나님의 성 시온에서의 기쁨을 말하면서 모든 근원이 시온에 있음을 말씀합니다. 87편은 한마디로 시온의 영광을 말씀합니다. 그러므로 87편은 예수 그리스도로 말미암아 신약의 교회가 유대인과 이방인이 하나가 되어 세워질 것을 말씀해 주고 있습니다.

87편을 해석하는 중요한 요점은 "터전"(1), "세우리라"(5), "근원"(7) 이라는 세 단어의 연결점에서 찾을 수가 있습니다. '터전'(基地)라는 말은 터라는 뜻입니다. 역대상 21:25에 보면 다윗은 "그 기지 값으로 은 육백 세겔을 달아 오르난에게 주고" 성전 터를 사는 것을 볼 수가 있습니다. 그렇다면 교회의 터는 누구에 의해서 어떻게 마련되었습니까. 성경은 "이 닦아 둔 것 외에 능히 다른 터를 닦아 둘 자가 없으니 이 터는 곧 예수 그리스도라"(고전 3:11) 말씀합니다. 교회는 이 터 위에 세움을 받은 것입니다.

다음은 "지존자가 친히 시온을 세우리라"(5)는 말씀인데 이는 "내가 이 반석 위에 내 교회를 세우리라"(마16:18)에서 그 성취를 봅니다. 열방들을 가리켜 "거기서 났다 하리로다"고 4,5,6에서 거듭거듭 거기서 태어남이 강조되어 있습니다. 말하자면 시온이 그들의 어머니라는 뜻 입니다. 이는 전에 멀리 있던 이방인들도 예수 그리스도로 말미암아 거듭나서 교회의 일원이 될 것을 말씀합니다. 모든 그리스도인들은 거기서 났으며 그 수 가운데 들었고 하나님의 자녀로 등록되었으며(6) 함께 연결하여 성전으로 세워져 가고 있는 것입니다.

신약성경에 있는 에베소서는 87편의 해설이다 하여도 과언이 아닌데 "이는 이방인들이 복음으로 말미암아 그리스도 예수 안에서 함께 상속자가 되고 함께 지체가 되고 함께 약속에 참여하는 자"(엡3:6)되어 "하나님이 거하실 처소가 되기 위하여 예수 안에서 함께 지어져 가느니라"(엡2:22)고 말씀합니다.

마지막으로 "모든 근원이 네게 있다"(7)는 말씀은 하나님께서 일찍이 아브라함에게 "너는 복의 근원이 될지라"(창12:2)하셨고", 네 씨로 말미암아 천하 만민이 복을 얻으리니"(창22:18) 하신 구원의 근원이 예수 그리스도에게 있음을 선포하는 말씀입니다. "노래하는 자와 뛰어 노는 자"(7)란 구원얻은 성도들을 가리킵니다. 사탄이 제 아무리 방해하여도 "하나님의 견고한 터는 섰으니"(딤후2:19) 시작하신 이가 "그 말씀을 이루고 속히 시행하시리라"(롬9:28)고 완성하실 것을 말씀합니다.

적용

형제도 거기서 났으며 그 수 가운데 들었고 연결하여 세워져가고 있음을 인하여 하나님을 찬양하십시오.

묵상해 봅시다

• 기지의 일차적인 의미와 궁극적인 의미가 무엇입니까?
• 친히 시온을 세우리라는 구속사적 의미가 무엇입니까?
• 나의 모든 근원이 네게 있다 함은 무엇을 뜻합니까?

암송

지존자가 친히 시온을 세우리라(5).

제88편

고난의 한 가운데서

1 여호와 내 구원의 하나님이여 내가 주야로 주 앞에서 부르짖었사오니

내용 관찰

88편은 시편에서 가장 비통하고 암담한 시로 여겨지고 있습니다. 한마디로 시편에 나타난 욥기라고 말씀드릴 수가 있습니다. 한 줄기의 빛도 보이지 않는 기나긴 밤중의 시입니다.

표제에 나오는 "마할랏르안놋"은 고통스러운 질병을 의미한다고 말합니다. 어떤 학자는 시의 저자가 문둥병으로 고통을 당했으리라고 생각합니다. 그는 "어릴 적부터 고난을 당하여 죽게 되었다"(15)고 말합니다. "나의 생명은 스올에 가까왔사오니 나는 무덤에 내려가는 자 같이 인정되고 힘없는 용사와 같다"(3-4)고 말하고 있는 것으로 보아 시체나 다름이 없는데 모진 목숨만이 붙어 있는 상태같이 보입니다. 긴 병에 효자 없다고 그의 오래된 병은 "내가 아는 자를 내게서 멀리 떠나게 하시고"(8) "내게서 사랑하는 자와 친구를 멀리 떠나게 하시었다"(18)고 말합니다.

그렇다면 이제 그에게 남은 것이라고는 무엇이 있을까를 생각하게 합니다. 있습니다. 그가 가지고 있는 것이 이 시에 나타나 있습니다. 그것은 믿음입니다. "여호와 내 구원의 하나님이여 내가 주야로 주 앞에서 부르짖었사오니"(1) 합니다. "여호와여 내가 매일 주를 부르며 주를 향하여 나의 두 손을 들었나이다"(9) 합니다. "여호와여 오직 내가 주께 부르짖었사오니 아침에 나의 기도가 주의 앞에 이르리이다"(13)

이것이 믿음이 아니고 무엇입니까. 나 자신이 이런 경우에 처했다면 이만큼 믿음을 지킬 수가 있을 것인가를 눈을 감고 생각에 잠겨봅니다. 그의 몰골은 눈뜨고 차마 볼 수 없는 지경인 듯 싶습니다만 그의 자세를 조금도 흐트러뜨림이 없이 "주야"(1)로, "매일"(9), "부르짖어"(13) 기도하는 모습에서 그 어느 시편을 통해서 보다도 믿음의 승리를 보게 됩니다. 주께서는 이 사람을 향해 "이만한 믿음을 보지 못하였노라"(마8:10) 말씀하실 것입니다.

10-12에서 그의 믿음의 내용들을 볼 수가 있는데 이점이 88편의 핵심입니다. 세 절 속에는 "주를 찬송"(10), "주의 인자" "주의 성실"(11), "주의 기적" "주의 공의"(12)가 들어있습니다. 그는 주께서 "찬송"(10) 받으시기에 합당하신 분임을 믿고 있습니다. 하나님은 "인자"하시고 "성실"(11)하신 분임을 믿고 있습니다. 그는 하나님께서 우리를 위하여 행하여 주신 "주의 기적"과 "주의 공의"(12)를 알고 있었습니다. 그는 죽지 않고 살아서 주를 찬송하게 되기를 바라고 있으며 주의 인자와 성실을 선포하게 되기를 원하고 있으며 주의 기적과 주의 공의를 더욱 알기를 사모하고 있습니다.

성령께서는 88편의 사람을 통해서 늘 불만족 속에 살아가던 나 자신이 얼마나 행복한 존재인가를 깨닫게 해주십니다. 그리고 찬송하지 못했던 일, 전도하지 못하고 배우기를 게을리했던 자신을 부끄럽게 만듭니다. 88편을 통해 주시는 메시지는 실망이 아니라 도전과 격려입니다.

적용

어두움이 짙을 때 별빛이 더욱 영롱함을 아십니까. 바울 사도는 "우리가 환난 중에도 즐거워하나니 이는 환난은 인내를, 인내는 연단을, 연단은 소망을 이루는 줄 앎이로다"(롬5:3-4)고 증언했습니다. 믿음은 검증이 필요합니다. 형제는 어떤 도전을 받으셨습니까?

묵상해 봅시다

• 88편에 나타난 처지가 어떠한지 살펴봅시다.

• 그런 중에서도 그는 어떻게 하고 있습니까?(1,9,13)

• 그가 믿고 있는 믿음의 내용들이 무엇입니까?(10-12)

암송

여호와 내 구원의 하나님이여(1)

제89편

주의 인자와 성실

35 내가 나의 거룩함으로 한 번 맹세하였은즉 다윗에게 거짓말을 하지 아니할 것이라

내용 관찰

89편은 성경을 왜 구속사의 관점에서 보아야만 하는지를 뚜렷하게 보여주는 시입니다.

현재의 상황은 "주께서 주의 기름 부음 받은 자에게 노하사 물리치셔서 버리셨으며 주의 종의 언약을 미워하사 그의 관(冠)을 땅에 던져 욕되게 하셨으며 그의 모든 울타리를 파괴하시며"(38-40)등으로 보아 왕은 폐위되어 노예로 끌려가고 예루살렘 성은 파괴당한 상황입니다. 이는 필시 느브갓네살에 의하여 예루살렘이 함락당하고 포로로 끌려온 상황일 것입니다.

이런 경우를 당하여 경건한 성도는 하나님께서 다윗에게 하신 언약을 상기시키며 이를 붙잡고 간구를 올리고 있는 것입니다. "주께서 이르시되 나는 내가 택한 자와 언약을 맺으며 내 종 다윗에게 맹세하기를 내가 네 자손을 영원히 견고히 하며 네 왕위를 대대에 세우리라 하셨다"(3-4)하고 언

약을 내세우고 있습니다.

그러므로 89편에는 다윗과 맺으신 "언약"(3,28,34,39)이 강조되어 있습니다. 또한 하나님의 "인자"(1,2,14,24,28,33,49)와 "성실"(1,2,5,8,24,33,49)이 강조되어 있습니다. 왜냐하면 하나님께서 다윗에게(아브라함에게 하신 언약도 물론이요) 언약을 세워주심은 그럴만한 자격이나 공로가 있어서가 아니요, 하나님의 '인자'하심이 언약을 세워주셨으며 하나님의 '성실'하심이 그 언약을 반드시 지켜주실 것이기 때문입니다. 이처럼 경건한 성도는 머리로는 언약을 묵상하고 가슴에는 언약을 믿는 믿음이 있고 발은 언약 위에 견고히 서 있으며 손은 언약을 굳게 붙잡고 있는 것입니다. 하나님께서 아브라함이나 다윗에게 하신 언약 즉 그의 자손으로 메시야를 보내셔서 만민의 구주가 되게 하시겠다는 언약을 행위언약이 아니고 은혜 언약이었습니다. 하나님께서 주권적으로 성취하고야 말겠다는 일방적인 언약이었습니다.

그러므로 시편 기자는 하나님께 아뢰기를 "만일"(30) 그 자손이 죄를 범하면 "내가 회초리로 그들의 죄를 다스리며 채찍으로 그들의 죄악을 벌하리로다"(32), "그러나 나의 인자함을 그에게서 다 거두지는 아니하며 나의 성실함도 폐하지 아니하며"(33), "내 언약을 깨뜨리지 아니하고 내 입술에서 낸 것은 변하지 아니하리로다"(34) "내가 나의 거룩함으로 한 번 맹세하였은즉 다윗에게 거짓말을 하지 아니할 것이라"(35)고 하신 언약을 상기시켜 드리고 있습니다. 자신들이 이런 징벌을 당하는 것은 분명 죄값으로 당하는 것임을 인정하면서 하나님의 언약을 붙잡고 주의 인자하심과 성실하심에 호소하고 있는 것입니다. 그러므로 그는 "어찌하여" 이런 재난을 당하느냐고 묻지 않고 "여호와여 언제까지니이까 언제까지 불붙듯 하시겠나이까"(46)하고 긍휼을 호소하고 있는 것입니다.

성령께서 89편을 통해서 말씀하시고자 하는 핵심은 인자하신 하나님이 다윗과 맺으신 언약이 궁극적으로는 그의 자손으로 오실 메시야에 대한 것이요, 성실하신 하나님은 그 언약을 반드시 지켜 주신다는 사실입니다. 한마디로 "즐겁게 소리칠 줄 아는 백성은 복이 있나니(즉 복음)"(15)를 말씀을 하시려는 것입니다.

89편에서 다윗은 메시야의 예표적 인물로 등장합니다(19-29). 그와의 관계를 아버지와 아들의 관계로(26) "장자"(27)로 묘사하고 있음에 유의하십시오. 현재 그들이 징벌을 당한 것은 자신들의 범죄 때문이거니와 다윗의 위에 오르실 왕께서 받으실 징벌은 우리 대신 당하실 징벌이었습니다.

마지막 부분에 '비방'이라는 말이 네 번이나 나오고 있음을 주목하십시오(50-51). "이 비방은 주의 원수들이 주의 기름 부음 받은 자의 행동을 비방한 것이로소이다"(51)고 말씀합니다. 이는 그리스도를 비방한 것이요, 하나님이 이루시는 구속의 역사를 비방한 것으로 결단코 무사치 못할 것입니다. 형제여 이제 하나님의 언약(성경)에 대해서 확신을 갖게 되었습니까? 언약하시고 성취해 주시는 하나님을 더욱 경외하며 찬양하게 되었습니까? "여호와를 영원히 찬송할지어다 아멘 아멘"(52).

적용

형제의 머리와 가슴과 발과 손에는 무엇이 있습니까?

묵상해 봅시다

• 현재 상황은 어떠합니까?
• 시편 기자가 붙들고 있는 것이 무엇입니까?
• 내적자들의 비빙은 누구를 비방한 것입니까?

암송

한 번 맹세하였은즉…거짓말을 하지 아니할 것이라(35).